Lo que otros dicen [sobre] Venci[endo al Enemigo]

"La mayoría de los creyentes que conozco han caído en estas trampas mortales de la calumnia, la murmuración y la ofensa. *Venciendo al Enemigo* detendrá en seco al diablo, y le librará de toda una vida de visión, unción y destino disminuidos".

—*Sid Roth*
Presentador de *¡Es sobrenatural!*

"Kynan Bridges tiene una maravillosa habilidad para expresar verdad bíblica. Va directamente al grano, trata los temas más escabrosos, y aplica el remedio de Dios. *Venciendo al Enemigo* no es una excepción porque va a la raíz de muchos problemas y trampas que nos roban la victoria. Lea este libro práctico, reciba la verdad, ¡y prepárese para caminar en un nuevo nivel de libertad y poder!".

—*Aliss Cresswell*
Director de Spirit Lifestyle y MorningStar Europe

"¿Por qué ser engañado por el diablo? El libro del Dr. Kynan Bridges hace un gran trabajo desenmascarando al acusador: Satanás. ¡Se sorprenderá de lo que el diablo ha estado intentando en su vida y en su iglesia! Este libro es una herramienta increíble para luchar contra los pecados "buenos" dentro de la iglesia que causan tanta división: calumnia, murmuración y ofensa. Con autoridad del reino y poder pastoral, *Venciendo al Enemigo* muestra el peligro de prestar oídos al diablo, y la bendición de escoger a Cristo en cambio. La revelación de este libro dejará al descubierto a Satanás, desafiará a los creyentes, ¡y cambiará su vida!".

—*Obispo George G. Bloomer*
Autor del éxito de ventas *Witchcraft in the Pews*
Autor de *Break Loose*
Pastor de Bethel Family Worship Center
Durham, NC

"*Venciendo al Enemigo* expone las sutiles tácticas que nuestro enemigo, el acusador, usa deliberadamente para destruirnos. El Dr. Kynan Bridges provee un plan estratégico para recuperar lo que usted ha perdido en su autoridad, y echar al acusador permanentemente de su vida. *Venciendo al Enemigo* es una poderosa adición a su biblioteca de referencia".

—Cindy Stewart
Autora de 7 *Visions, Believing God* y *Believing His Word*
Pastora de The Gathering with Jesus
Tarpon Springs, FL

"Dios ha dado a mi amigo, Kynan Bridges, una introspección profunda en el arma más poderosa contra usted. En *Venciendo el Enemigo*, Kynan expone esas acosadoras voces de inseguridad, ofensa, culpa, y vergüenza como lo que realmente son: instrumentos del diablo diseñados para robarle su destino. ¡Prepárese para experimentar restauración, sanidad y libertad! A través de una enseñanza a fondo una aplicación profunda, ¡usted aprenderá cómo reconocer, combatir, y acallar la difamación de Satanás para finalmente vivir en la victoria de la Voz de la Verdad".

—Kyle Winkler
Autor, *Activating the Power of God's Word*
Creador del App Shut Up, Devil!
www.kylewinkler.org

"Creo que el nuevo libro del pastor Kynan Bridges, *Venciendo al Enemigo*, de hecho provee la clave que ayudará a la iglesia a sostener el derramamiento del Espíritu Santo por el que tanto ha orado, y del que tanto ha hablado. Tiene poco que ver con que Dios envíe a alguien soberanamente del cielo; tiene todo que ver con estar posicionado para administrar eficazmente el mover de Dios, de generación en generación. ¿Por qué vemos goteos del derramamiento cuando Jesús profetizó ríos? Sencillo. Hemos sido llamados a dirigir la lucha contra las potestades de las tinieblas, *no el uno contra el otro*. *Venciendo al Enemigo* vierte luz sobre la mentira favorita de Satanás que, en mi opinión, ha truncado el avivamiento, ha destruido iglesias, y ha paralizado a personas para que no cumplan sus destinos personales. Es algo así de grande. El pastor Kynan hace un trabajo fantástico desmenuzando las distintas estrategias del diablo, y finalmente exponiendo el eterno manual de estrategias del enemigo. Mi oración es esta: que no lea este libro como cualquier otro, sino que de algún modo actúe como si usted se hubiera apoderado del antiguo manual de estrategias del diablo. Imagínese tener el conocimiento exclusivo de un infiltrado sobre las tácticas clave que el enemigo de su alma planea usar contra usted. ¡*Venciendo al Enemigo* le aporta eso! Al leerlo, confío en que comenzará a anticipar el siguiente movimiento del diablo, y tendrá la ventaja ganadora sobre sus armas ofensivas: murmuración, calumnia y engaño".

—*Larry Sparks*
Vicepresidente de Destiny Image
Autor de *Breakthrough Faith*
lawrencesparks.com

"Conocí por primera vez al Dr. Kynan Bridges cuando ambos aparecimos como invitados en el mismo y popular programa cristiano de televisión. Pude reconocer que Kynan es inteligente, locuaz, carismático, atento y humilde. Obviamente está ungido, pero también es un hombre que ama al Señor, y se interesa genuinamente por las personas. Ese día también tuve la bendición de obtener uno de sus libros, y al leerlo descubrí que además de todo eso, también es un gran escritor. Realmente me gustó ese primer libro, ¡y realmente me gusta este! Creo que *Venciendo al Enemigo* le ayudará a ordenar sus conversaciones diarias para que glorifiquen a Dios, y también le ayudará a evitar o recuperarse de las heridas que pueda haber sufrido mediante las dañinas palabras de otros. Incluso diría que todos los cristianos deberían leerlo. En estas páginas, Kynan revela el poder destructivo de la calumnia, la murmuración y la ofensa, y nos enseña a todos cómo evitar quedar atrapados en sus garras. Al leerlo, aprópiese de la poderosa enseñanza de Kynan, ¡y sea libre en todos los aspectos!".

—*Karen J. Salisbury*
Autora de *How to Make the Right Decision Every Time*
y *Why God Why?*
www.karenjsalisbury.org

"*Venciendo al Enemigo* es un libro que expone al enemigo como el gran mentiroso que es. Mediante una enseñanza honesta y profunda, el Dr. Bridges ayuda a los creyentes a identificar la voz del enemigo en sus vidas, e invita al lector a vivir en la verdad de quién es él o ella en Cristo. Le animo a leer este libro, y a personalizar las oraciones que contiene para que pueda cerrar la boca del enemigo en su vida, ¡oír la voz de Dios con claridad, y vivir su verdad con convicción!".

—*Katherine Ruonala*
Katherine Ruonala Ministries
www.katherineruonala.com

VENCIENDO AL ENEMIGO

VENCIENDO AL ENEMIGO

CÓMO PREVALECER CON **AUTORIDAD**

KYNAN BRIDGES

WHITAKER HOUSE Español

A menos que se indique lo contrario, las citas de la Escritura son tomadas de *La Santa Biblia, Reina-Valera 1960* (rvr), © 1960 por Sociedades Bíblicas en América Latina; © renovado 1988 por Sociedades Bíblicas Unidas. Usadas con permiso. Todos los derechos reservados. Las citas de la Escritura marcadas (ntv) son tomadas de la *Santa Biblia, Nueva Traducción Viviente,* © 2008, 2009 por Tyndale House Foundation. Usadas con permiso de Tyndale House Publishers, Inc., Wheaton, Illinois 60189. Todos los derechos reservados.

Negritas y cursivas en las citas de la Escritura indican énfasis del autor.

Traducción al español por:
Belmonte Traductores
Manuel de Falla, 2
28300 Aranjuez
Madrid, ESPAÑA
www.belmontetraductores.com

Editado por: Ofelia Pérez

Venciendo al Enemigo
Cómo Prevalecer con Autoridad

Publicado originalmente en inglés por Whitaker House bajo el título:
Unmasking the Accuser

Kynan Bridges Ministries, Inc.
PO Box 159
Ruskin, FL 33575
www.kynanbridges.com
info@kynanbridges.com

ISBN: 978-1-62911-825-3
Ebook ISBN: 978-1-62911-826-0
Impreso en los Estados Unidos de América.
© 2017 por Kynan Bridges

Whitaker House
1030 Hunt Valley Circle
New Kensington, PA 15068
www.whitakerhouseespanol.com

Por favor, envíe sugerencias sobre este libro a: comentarios@whitakerhouse.com.

Ninguna parte de esta publicación podrá ser reproducida o transmitida de ninguna forma o por algún medio electrónico o mecánico; incluyendo fotocopia, grabación o por cualquier sistema de almacenamiento y recuperación sin el permiso previo por escrito de la editorial. En caso de tener alguna pregunta, por favor escríbanos a permissionseditor@whitakerhouse.com.

1 2 3 4 5 6 7 8 9 10 11 24 23 22 21 20 19 18 17

DEDICATORIA

Dedico este libro al Señor Jesucristo,
el Rey de reyes y Señor de señores.
También se lo dedico a Gloria Bridges, mi amorosa, maravillosa
y virtuosa esposa, la madre de mis cuatro hijos, y mi socia y
seguidora número uno en la vida y el ministerio. Te amo más
de lo que las palabras pueden expresar.
Y lo dedico, además, a todos aquellos a los que la iglesia
ha hecho daño. Mi oración es que encuentre sanidad y
restauración en las páginas de esta obra.
¡Que Dios le bendiga!

RECONOCIMIENTOS

En primer lugar, quiero dedicar un momento para reconocer a mi precioso Señor Jesucristo. Por medio de Él es como soy capaz de escribir este, y todos los libros. A mi esposa: significas más que la vida misma. Gracias por apoyarme durante todos estos años. A mi equipo ministerial, ¡gracias! A mi iglesia (*Grace & Peace Global Fellowship*), que ha sido una pieza clave orando y apoyando este proyecto, ¡gracias! Al equipo de Whitaker House, gracias por su duro trabajo y apoyo en oración, y su ayuda para que este mensaje llegue al mundo: estoy agradecido por todo lo que hacen. Gracias especialmente al equipo de producción y edición, incluidos Christine Whitaker, Judith Dinsmore y Cathy Hickling, en Whitaker; Crystal Dixon, Patricia Holdsworth, Camilla Hippolyte, Gloria Bridges, y todo el equipo de *Kynan Bridges Ministries*, por nombrar algunos.

También quiero dedicar un momento para reconocer a grandes hombres y mujeres de fe que han impactado mi vida y ministerio de forma positiva (directa o indirectamente), entre los que se incluyen: Pastor Wayne C. Thompson, Dr. Mark Chironna, John G. Lake, Derek Prince, Dr. Charles Stanley, Oswald Chambers, Smith Wigglesworth, John Wesley, Jack Coe, Oral Roberts, Kathryn Khulman, R. W. Shambach, Sid Roth, Pastor Martin D. Harris, Mike Bickle, Hank y Brenda Kunneman, Joan Hunter, Dr. E. V. Hill, Marilyn Hickey, Pastor Tony Kemp, Dr. Douglas Wingate, Evangelista Reinhard Bonnke, Dr. Rodney Howard-Browne, Dr. T. L. Lowery y Dr. Myles Munroe.

ÍNDICE

Prólogo de James Goll 15
Prefacio 19
  1. ¿Quién le habla al oído? 21
  2. Acusando al acusador 33
  3. El poder de la calumnia 45
  4. Diga no al chisme 57
  5. El espíritu de ofensa 69
  6. No muerda el cebo 85
  7. Un modo más excelente 101
  8. Cuidado con Balaam y Absalón 115
  9. El credo del asesino 129
10. La agenda de Satanás 141
11. El espacio de la gracia 151
12. No erréis 167
13. La ley del honor 181
14. El guarda de mi hermano 195
15. Cuando la iglesia lastima 207
16. Sanar las heridas del pasado 221
Acerca del autor 237

PRÓLOGO

Como un veterano de la guerra espiritual, la oración y los caminos reveladores de Dios, el contenido de este libro lo forman cosas que enseño. De modo que me emociona ver otra voz, otra persona de carácter elevado, una persona en otra esfera, enseñando lo que yo enseñaría. ¡Sí! Este libro está lleno de herramientas prácticas, verosímiles e inspiracionales para ayudarle a crecer y madurar en su caminar con Dios.

Sin importar quién sea usted, sin importar dónde vive, sin importar lo que hace, Dios le está hablando a usted. Ahora Él está diciendo muchas cosas, cosas que moldean y cambian nuestro mundo, pero primero piense simplemente en ese hecho lleno de gracia: *¡Dios le está hablando a usted!* No es tan solo las *cosas* que Él susurra a nuestros corazones, es *que* Él susurra a nuestros corazones y nos transforma en amantes de Él. Cuando mantenemos cerca este conocimiento mientras vivimos el día a día, escuchando su voz, realizamos en silencio una parte del arte perdido de practicar su presencia. Observamos crecer la gracia. El amor. La perseverancia. La bondad.

Pero Dios no es el único que nos habla; la de Él no es la única voz en nuestro oído. Otras cientos de voces giran a nuestro alrededor demandando nuestra atención y, con frecuencia, derribándonos.

Si somos sinceros, todos lo sabemos. En lugar de inclinarnos hacia la influencia segura del Espíritu, nos encontramos prestando oídos a cosas que no deberíamos. Murmuración; nimiedades; chismes; queja. Si ha estado cerca de cristianos, por desgracia sabe exactamente de qué estoy hablando. ¿Quién entre nosotros no ha estado en una situación en que las palabras causaron heridas que están por encima de toda comprensión? En mis años de ministerio mediante *God Encounters Ministries*, lo he visto una vez tras otra. Por lo tanto, ¿de dónde provienen todas esas heridas?

La respuesta es más incómoda de lo que la mayoría de nosotros estamos dispuestos a admitir. Es más personal de lo que queremos confrontar. Mi amigo, el Dr. Kynan Bridges, habla magistralmente palabras de verdad sobre la discordia y la desunión que se filtran en el precioso cuerpo de seguidores de Dios, demostrando que cuando prestamos oídos a la murmuración y la calumnia, estamos dando la bienvenida a la serpiente antigua, que es el diablo y Satanás. ¡Él es quien planta acusaciones y engaño en nuestras mentes mediante los labios de personas incluso con buenas intenciones! *El diablo usa nuestras palabras para herir.* ¡Qué llamado a la atención!

Las palabras tienen poder, son tan poderosas como una espada de doble filo, y podemos utilizarlas para un gran bien o para un gran daño. Si no tenemos cuidado, podemos causar estragos con nuestras palabras, en especial cuando de una boca procede bendición y maldición (véase Santiago 3:10). Las palabras que escuchamos afectan las palabras que decimos, y las palabras que decimos afectan a cada persona que se cruza en nuestro camino. Por eso *Venciendo al Enemigo* es un libro profético que necesitamos desesperadamente en la actualidad, que tiene el potencial de cambiar radicalmente cada palabra que es declarada en nuestras vidas, influenciando nuestro destino eterno.

Le aliento a tomar las palabras de este libro, y dejar que arrojen una brillante luz de claridad a las conversaciones de su vida, al igual que han brillado en la mía.

Si queremos perseguir con pasión el fuego del Espíritu, debemos dejar a un lado todas las demás voces excepto la de Él. Eso requerirá discernimiento: a veces, nuestro Padre celestial habla mediante las palabras de las personas que nos rodean. Y como escribió el Dr. Bridges: "A veces Satanás habla en primera persona". Pero este libro será su manual para desenmascarar las poderosas mentiras que salen de la boca del diablo, y discernir la verdad que sale de la boca de Dios. En lugar de permitir que haya mentiras en la puerta principal de nuestra mente, participemos en una conversación estupenda, internacional y sobrenatural que declara las palabras de nuestro Dios santo, y no las palabras del acusador de los hermanos.

Imagine cuán poca calumnia, murmuración y ofensa habría en nuestras vidas, ¡y en el mundo! Imagine el gozo de nuestro Creador al observarnos difundir bendiciones y poder transformacional, en lugar de maldición y crítica estancada. Imagine la sanidad, reparación y reconciliación que surgirían en los corazones de los creyentes. Me emociona este libro.

Una vez más, seamos el olor fragante de Cristo para todas las naciones. ¡Hablemos vida!

—Dr. James W. Goll
Fundador de *God Encounters Ministries*
Autor de *Hearing God's Voice Today,*
The Seer, Passionate Pursuit, y otros

PREFACIO

Calumnia, murmuración y ofensa.

Yo lo llamo el trío del diablo.

He aconsejado a miles de personas que están atadas por estas tres fuerzas debilitantes. La calumnia, la murmuración y la ofensa han afectado a incontables personas en el mundo en general, y en la iglesia en particular. Quizá usted ha sido calumniado por un ser querido, ha sido víctima de la murmuración, o le han herido dentro de la iglesia. O quizá usted ha sido el perpetrador de tales conductas. Independientemente de cuál sea el caso, Dios quiere que usted disfrute de libertad como nunca antes la había experimentado.

Pero tengo noticias duras para usted: este viaje requerirá honestidad. Honestidad con Dios y honestidad consigo mismo. En las páginas de este libro dejaremos al descubierto al acusador como quien realmente es: un mentiroso que desea vernos a usted y a mí amargados, quebrantados y derrotados. Expondremos el poder destructivo de la calumnia, la murmuración y la ofensa, y aprenderemos a evitar el quedar atrapados en sus garras. Discerniremos las tácticas engañosas e insidiosas que el enemigo intenta usar para manipularnos y conseguir que nos apartemos del destino que Dios ha ordenado para nosotros. Recibirá poderosas claves bíblicas que le ayudarán a sanar de las heridas de ofensas y daños del pasado.

¡Es mi oración que el Espíritu Santo le hable con claridad y poder en cada una de estas páginas!

I
¿QUIÉN LE HABLA AL OÍDO?

Pero la serpiente era astuta, más que todos los animales del campo que Jehová Dios había hecho; la cual dijo a la mujer: ¿Conque Dios os ha dicho: No comáis de todo árbol del huerto? (Génesis 3:1)

Sus ojos brillaban de interés, asombro y suspenso. Su rostro estaba cubierto de anticipación. Su mano estaba asiendo el fruto prohibido. Mientras luchaba con el conflicto interior del bien y el mal, lo correcto y lo incorrecto, su siguiente decisión determinaría su destino, y el destino de toda la raza humana. Y con un bocado, todo cambió.

Mientras le daba a probar del fruto a su marido, se dio cuenta de que algo había salido mal. El suspenso se convirtió en sospecha, y la anticipación se convirtió en vergüenza. *"¿Qué he hecho?"*. Un conocimiento repentino inundó su ser: este pecado le había costado más de lo que estaba dispuesta a pagar, y le llevó más lejos de lo que estaba dispuesta a ir.

¿Puede ver la mirada en el rostro de Eva cuando comió del árbol del conocimiento del bien y del mal? ¿Se imagina la traición que sintió como resultado de transgredir la ley de Dios? ¿Puede sentir la vergüenza que pasó cuando se dio cuenta de que el sabor del fruto no merecía el costo de su futuro, el costo de su vida? ¡Y todo esto fue el resultado de una pequeña conversación que deshonraba a su Creador!

Esta no es solo la historia del destino de Adán y Eva en el huerto del Edén. Es también la historia de la mentira favorita de Satanás. Tantos creyentes han creído esta mentira, una y otra vez, que la historia de la Iglesia ha comenzado a sonar como un disco rallado. Incontables otros, como Adán y Eva, aceptan una narrativa del enemigo que les roba su paz mental, su gozo e incluso su futuro, mientras corren para abrazar la mentira de que el verdadero conocimiento se puede encontrar fuera de Dios. La mentira de que está bien escuchar cualquier voz que no sea la de Dios. La mentira de que prestar oído a la calumnia y la murmuración del enemigo, y dejarla hervir hasta que se convierte en ofensa, es, de algún modo, inocente o inofensivo.

La verdad es que *la conversación que usted escucha puede costarle todo.*

Eva y la serpiente

La plaga de calumnia, murmuración, ofensa y amargura no se puede resolver de la noche a la mañana porque no ocurrió de la noche a la mañana. Comenzó mucho antes de que usted y yo fuésemos conscientes de su devastación; comenzó con el primer hombre y la primera mujer del planeta. El comienzo del relato bíblico de la caída de la humanidad es una pequeña conversación entre Eva y la serpiente.

> *Pero la serpiente era astuta, más que todos los animales del campo que Jehová Dios había hecho; la cual dijo a la mujer: ¿Conque Dios os ha dicho: No comáis de todo árbol del huerto?*

La palabra *serpiente* aquí viene de la palabra hebrea *nachash*, que también puede significar "adivinación". La conversación que mantuvo la serpiente (el diablo) con Eva fue mucho más que una conversación. La serpiente estaba susurrando una *adivinación* en el oído de Eva, tentándole a buscar el conocimiento del bien y del mal, de las cosas futuras y desconocidas, mediante medios sobrenaturales. En otras palabras, Eva estaba siendo seducida para que buscase conocimiento, sabiduría y visión fuera de los confines de la voluntad de Dios. Fue cautivada para que creyera que se estaba perdiendo alguna información muy pertinente con respecto a la felicidad de su vida. La serpiente le estaba invitando a un territorio que estaba fuera de su jurisdicción, y manipulando sus expectativas y sus deseos. Dios nunca quiso que fuera asunto de Eva el conocer su futuro. Su responsabilidad era conocer la instrucción de Dios, y la responsabilidad de Dios era administrar el futuro de ella. Pero ella quería lo que Dios tenía. ¡Ella quería saber lo que Dios sabía!

La Biblia también nos dice que la serpiente era astuta. Esta es la palabra hebrea *aruwm*, que significa "lista, hábil y taimada". Esa nunca fue una conversación inocente, sino un intento diabólico de retirar a Adán y Eva de su posición en el huerto del Edén.

MENTIRA DE SATANÁS:
A USTED NO LE AFECTA LO QUE OYE.
#¿QUIÉNLEHABLAALOÍDO?

¿Alguna vez se ha preguntado por qué Eva le habló a la serpiente, para empezar? ¿Por qué permitió que le hablase a su vida? Quizá haya oído el refrán: "La curiosidad mató al gato". Bueno, en este caso, la curiosidad trajo la maldición. Ella permitió que las palabras de la serpiente le hablaran, y anularan las instrucciones que Dios había dado. Lo que usted escucha es fundamental para su vida espiritual porque está directamente adherido a su fe. La fe produce manifestación; cualquier cosa que acepte en sus oídos determinará las acciones de su vida. Lo que usted oye siempre obrará a favor o en contra suya, dependiendo de lo que deje entrar. Le afectará, tanto en su calidad como en su cantidad.

Por lo tanto, ¿quién le habla al oído? Usted tiene que saber esto: Satanás, el diablo, es un mentiroso. Ha sido un mentiroso desde el principio, y es incapaz de decir la verdad. No es una fuente creíble de información porque nada de lo que dice es veraz, incluyendo lo que dice acerca de usted, y lo que le dice a usted. ¡No le preste su oído al enemigo!

Cada vez que permitimos que la voz errónea nos hable al oído, nos cuesta algo. Cuando Eva escuchó, le costó la gloria de Dios, su paz mental, y la posición de la humanidad como viceregentes en la tierra. Las palabras son semillas, y Eva se dio cuenta por las malas de que cada semilla produce una cosecha.

La sutileza de la calumnia

Quizá nunca lo había visto así, pero la primera transgresión registrada en la Biblia no es comer del fruto prohibido; es la calumnia. *Calumnia* se define como la acción o delito de hacer una declaración hablada falsa que daña la reputación de una persona. ¿La reputación de quién se estaba dañando? ¿Quién fue la primera víctima de la calumnia? ¡Dios! El diablo dijo mentiras acerca de Dios en un intento de difamar el carácter de Dios ante los ojos de Eva. El enemigo de su alma quería que ella creyera que Dios no le estaba contando toda la historia. Quería que ella pensara que Dios le estaba ocultando algo. De hecho, la palabra para *Satanás* (*shatan*) significa literalmente "alguien que quebranta la fe".

Él se acercó sigilosamente a Eva, y con sus primeras palabras insinuó que Dios había hecho una ridícula petición. "*¿***Conque** *Dios os ha dicho: No comáis de* **todo árbol** *del huerto?*". "*Con que*" implica "¿Es realmente cierto que...?", y observemos que dice "*todo árbol*". Ahora bien, apuesto lo que quiera a que Satanás sabía exactamente cuál era la regla, pero astutamente calumnió a Dios haciéndolo parecer un viejo malo con un huerto lleno de hermosos árboles frutales, que no compartiría ni *uno*.

Tras la respuesta de Eva de que solo les había prohibido comer del árbol del conocimiento del bien y del mal, la serpiente se vuelve más osada. Contradice directamente a Dios para arrojar sospechas sobre las intenciones de Dios y hacer que Eva dude. "*No moriréis*", dijo la serpiente. En cuanto ella prestó atención a su calumniosa acusación contra Dios, sus ojos espirituales fueron entenebrecidos, y resultó engañada.

NUESTRAS CONVERSACIONES MOLDEAN NUESTRAS PERCEPCIONES, Y NUESTRAS PERCEPCIONES MOLDEAN NUESTRA REALIDAD.

¿Alguna vez ha mirado a alguien de una forma distinta debido a una conversación? Quizá alguien le dijo algo sobre una hermana o hermano de la iglesia, y ahora no lo ve más con esos ojos de inocencia de antes. Jesús dijo: "*Mirad lo que oís; porque con la medida con que medís, os será medido, y aun se os añadirá a vosotros los que oís*" (Marcos 4:24). Eva no miró, y ahora no veía a Dios con los mismos ojos inocentes de antes, y tampoco lo haría el resto de la humanidad.

La influencia del chisme

Hablar con Satanás nunca es una buena idea, a menos que esté usando las palabras de Jesús: "Quítate de delante de mí, Satanás" (véase

Mateo 16:23). Cuando Eva comenzó a charlar con la serpiente, estaba abriendo la puerta a todo tipo de males. Al principio ella le corrigió: *"Del fruto de los árboles del huerto podemos comer"* (Génesis 3:2), pero después dejó que la serpiente se le arrimase un poquito. La serpiente había exagerado las reglas, y ahora Eva también lo hace: *"pero del fruto del árbol que está en medio del huerto dijo Dios: No comeréis de él,* **ni le tocaréis**, *para que no muráis"* (versículo 3). ¡Dios nunca dijo que no lo tocaran! Quizá Eva solo estaba siendo precavida en exceso. Pero creo que ocurría algo más. Ella está creyéndose la mentira de Satanás de que Dios es un viejo ruin. *¡Ni siquiera nos deja tocar el fruto!,* piensa ella.

MENTIRA DE SATANÁS: QUIZÁ DIOS NO TIENE RAZÓN.

#¿QUIENLEHABLAALOÍDO?

Ahora bien, llamar a esto chisme parecería algo exagerado, y sí, parece distinto a las charlas del supermercado. Pero hay una similitud importante entre ambas aquí: Eva y la serpiente están hablando de manera informal acerca de Dios y representándolo mal cuando piensan que Él no está en la sala. ¡A mí me suena a murmuración! El chisme y la calumnia abrieron la puerta a una narrativa alterna, una opinión alterna. *Quizá Dios no tiene razón*, pensaba Eva.

En el momento en que puso atención a la voz del diablo, la opinión de Eva se volvió más importante que lo que Dios dijo. Como resultado de la ruptura de confianza en el carácter de Dios, Eva dejó de confiar en su Palabra, y ya no veía la necesidad de guardar sus mandamientos.

> *Y vio la mujer que el árbol era bueno para comer, y que era agradable a los ojos, y árbol codiciable para alcanzar la sabiduría; y tomó de su fruto, y comió; y dio también a su marido, el cual comió así como ella.* (Génesis 3:6)

¿Qué cambió? ¿Por qué el árbol adoptó una atracción distinta a la de antes? La respuesta es clave para un principio espiritual muy importante. En cuanto Eva prestó atención a las mentiras del enemigo, cambió la forma en que veía las cosas. Las conversaciones que entretenemos moldean nuestra cosmovisión. Por eso la Biblia usa el término *adivinación* para describir lo que le ocurrió a Eva en el huerto del Edén. Ella estaba bajo el embrujo del enemigo. Al mirar el árbol, quedó seducida por su belleza, y sucumbió a su deseo de experimentar su dicha. ¡Las palabras afectan lo que vemos y cómo lo vemos!

El problema, como suele ocurrir también con nuestras opiniones, fue que su opinión estaba basada en una falsedad. ¡El árbol no les haría ser como dioses! Ella *ya* fue creada a imagen y semejanza de Dios. ¡Lo que el diablo le prometió ya era posesión de Eva!

Más que una conversación

¡Creo que puede ver que la conversación entre la serpiente y Eva fue algo más que solo una conversación! Fue un intercambio que alteró la vida. Algo quedó depositado en el interior de Eva, que afectaría a su matrimonio, a sus hijos y a cada persona que llegó al mundo después de ella. Había un significado eterno en esa conversación. Desencadenó una secuencia de eventos en los cuales aún seguimos viviendo, y así será hasta que Cristo regrese.

MENTIRA DE SATANÁS: ES TAN SOLO UNA CONVERSACIÓN.
#¿QUIENLEHABLAALOÍDO?

Ahora escúcheme cuando digo que este intercambio en el huerto no es tan distinto a las conversaciones que *nosotros* tenemos diariamente. ¿Qué ocurriría si nos diéramos cuenta de que cada conversación en la que participamos deposita algo muy dentro de nosotros que podría afectarnos durante días, meses y quizá incluso años y generaciones venideras? Jesús iba en serio cuando nos dijo: "Mirad lo que oís" (Marcos 4:24).

Cuando Dios creó a Adán, le hizo un ser espiritual parlante. La humanidad se distinguía de todas las demás especies de la tierra por su capacidad de articular pensamientos de forma inteligible. Así como Dios creó el mundo físico mediante las palabras, la humanidad recibió el poder de comunicarse, y al hacerlo, moldear su entorno. Las palabras moldean nuestro mundo. Dios lo hizo así por una razón, y por eso las cosas que dicen las personas tienen un efecto tan profundo sobre nuestra vida. Por eso la calumnia y la murmuración están atadas en nuestra vida espiritual, creando una red de mentira, engaño y destrucción como hicieron en el huerto.

El diccionario define *conversación* como "un intercambio oral de sentimientos, observaciones, opiniones o ideas". Viene de la antigua palabra francesa *conversation*, que significa: "vivir juntos, tener trato uno con otro, o el acto de vivir con". ¿Qué ocurriría si tuviera que "vivir con" todo aquello sobre lo que conversara? Me imagino a Eva meditando cientos de años después en la conversación que tuvo con la serpiente, y lo que habría hecho de modo distinto si hubiera sabido lo que le costaría.

¡Guarda tu corazón!

La Biblia nos amonesta: **"Sobre toda cosa guardada**, *guarda tu corazón; porque de él mana la vida"* (Proverbios 4:23). Dicho de forma sencilla, la Biblia nos dice que guardemos nuestros corazones. ¿Por qué es esto tan importante? Antes de que respondamos a esta pregunta, primero debemos entender lo que es realmente el *corazón*. El corazón es el asiento de nuestros más profundos anhelos, deseos, pensamientos, afectos, pasiones y emociones. Es el lugar desde donde ejercemos nuestra voluntad. Este versículo nos dice que *"de él mana la vida"*; esta frase significa que el corazón es literalmente una salida, un escape.

¿Ha estado alguna vez en un cine? Estoy seguro de que la respuesta es sí. Lo que usted ve en la gran pantalla es una proyección de lo que ocurre dentro del cubículo. Hay una pequeña bovina de película que ilustra cada escena de la película, y el proyector lo muestra de forma magnificada sobre la pantalla que usted tiene delante.

Su corazón es como ese proyector de cine. Interpreta experiencias y las proyecta en su conciencia, afectando así toda su vida. La narrativa del corazón determinará las actitudes y acciones de su vida. En el mundo natural, todo lo que aparece en la bovina de la película se proyectará en la gran pantalla. En el mundo espiritual, si al dolor, el trauma, la herida y la decepción se les permite entrar en la película del corazón, serán retransmitidos en forma magnificada en la "gran pantalla" de nuestras vidas. Esencialmente, todo lo que permitamos que entre en el corazón manará de nuestro corazón al interactuar con otros.

Por eso la Biblia nos dice que sobre toda cosa guardada guardemos lo que entra mediante la puerta de nuestro oído, y la puerta de nuestros ojos. Todo aquello de lo que hablamos afecta a nuestra meditación, y todo aquello en que meditamos entra en nuestro corazón. ¡Su meditación es su medicina!

El problema es que nosotros, al igual que Eva, somos muy curiosos. Todos los seres humanos tienen una profunda susceptibilidad por las conversaciones interesantes sobre otras personas. Dondequiera que miremos, parece haber una historia jugosa sobre un escándalo reciente, o noticias de un triángulo amoroso dramático, o un gobierno encubierto que ha sido expuesto. Por desgracia, la Iglesia a menudo ha seguido los patrones del mundo produciendo lo que yo llamo "tabloides cristianos", que se glorían exponiendo el mismo tipo de drama dentro del círculo de creyentes, quizá tan solo un poco espiritualizado. En mi opinión, son mucho peores que los tabloides seculares, porque Dios ha llamado a la Iglesia a un estándar más alto que el mundo. ¡Él ha llamado a la Iglesia a los estándares de Dios!

Cada vez que escuchamos algo calumnioso, negativo o difamador de otra persona, esas palabras calan profundamente en los huecos de nuestro corazón, y pueden potencialmente producir daño a nuestra vida. La Biblia dice: *"Las palabras del chismoso son como bocados suaves, y penetran hasta las entrañas"* (Proverbios 18:8). La palabra "bocados" literalmente implica algo "quemado en" nuestra conciencia. En otras palabras, usted no puede desoír algo. Tenga cuidado cuando alguien esté intentando hablarle con la intención de difamar a otra persona. Tenga cuidado cuando lea tabloides cristianos que hacen dinero con el último escándalo o fracaso moral de la Iglesia. Estas cosas están diseñadas para dañar su corazón e impedirle ver cosas con pureza y gracia. Ser puro es estar libre de contaminantes y suciedad.

¿Qué tal si usted creyera que cada conversación que tiene es una semilla que producirá una cosecha exponencial? ¿Continuaría teniendo las mismas conversaciones? Nadie puede decir honestamente que las conversaciones negativas no contaminan. Aunque usted no sea quien inicie la conversación, aunque usted sea tan solo un oyente, ¡esa conversación aún puede tener un efecto dramático sobre su vida y su futuro!

El fruto es la ofensa

Sé que dije que este es un trío demoniaco, no una pareja demoniaca. La calumnia y la murmuración inevitablemente dan como resultado un tercer mal: la ofensa. Y es la ofensa lo que está destruyendo la Iglesia desde su interior.

Cuando era un creyente joven, yo era muy impresionable. Suponía que todos tenían mis mejores intereses en mente, y que todos en la iglesia estaban de acuerdo con el liderazgo. ¿Por qué no iban a estarlo? Descubrí por las malas que ese no siempre es el caso. En aquel tiempo yo estaba activamente involucrado en mi iglesia, y las personas lo sabían. Un día, un líder de la iglesia me dijo que quería reunirse conmigo después del servicio. Yo siempre estaba feliz de ir a almorzar con personas en la iglesia, y realmente me encantaba comer. Salimos, y yo estaba muy emocionado.

Pero mientras estaba sentado enfrente de ese ministro disfrutando de nuestra comida, él comenzó a decir cosas muy negativas del pastor principal. Aparentemente, el pastor le había ofendido, y me estaba extendiendo a mí esa ofensa. Me tomó tan desprevenido que no supe qué decir; yo tenía un tremendo respeto por ambas personas, y no quería ser discutidor. Él sabía que las cosas que dijo realmente me estaban doliendo. Estaba confundido, impactado y decepcionado. ¿Estaba diciendo él la verdad? Yo no veía a mi pastor como él lo estaba describiendo en esa conversación, pero también quería prestar atención a las palabras que me decía. ¡Las semillas de la calumnia y la murmuración estaban luchando por encontrar un lugar en mi corazón!

CADA CONVERSACIÓN ES UNA SEMILLA QUE PRODUCE UNA COSECHA EXPONENCIAL.

Tras unas cuantas reuniones más con ese ministro, sentí un fuerte impulso del Señor de terminar la relación y no dar continuidad a nuestras reuniones, y eso es exactamente lo que hice. Tristemente, esa persona en concreto dejó la iglesia, y experimentó mucha devastación en su vida personal y su ministerio. Años después, regresó y se disculpó con el pastor por sus acciones. Estoy agradecido de que este pastor finalmente pudiera ver el error de sus caminos, y acudir a un lugar de reconciliación. De esa experiencia aprendí una lección muy valiosa. Tenga cuidado con quién, y qué cosas permite usted que entren por sus oídos. ¿Qué habría pasado si la calumnia y la murmuración se hubieran arraigado en mi corazón? Habrían producido el mismo fruto que produjeron en el corazón de este pastor: ¡la ofensa! ¡Eso hubiera resultado en mi propia espiral descendente! Creo que podemos evitar las trampas del enemigo al guardar en nuestro corazón historias como esta.

Verá, es un círculo mortal. El ciclo natural de una planta produce vida: las semillas crecen hasta hacerse plantas, las plantas dan frutos que después arrojan semillas, y entonces crece una nueva planta de esas semillas, y el ciclo continúa. La calumnia y la murmuración también operan en un ciclo, pero el ciclo de estos espíritus produce muerte. La calumnia y la murmuración plantan semillas en su corazón, crecen y producen el fruto de la ofensa y la amargura, y la ofensa después produce más calumnia y murmuración en su corazón y en los corazones de quienes le rodean.

Aquí no hay excepciones. Ninguno de nosotros está exento. Todas las conversaciones plantan semillas, ya sean buenas o malas, y las malas conversaciones están destruyendo la Iglesia. Deberíamos aprender la lección del huerto del Edén que puede potencialmente ahorrarnos años de angustia, dolor y decepción: ¡no escuche al diablo!

Preguntas de discusión

1. ¿Cómo afectan nuestras conversaciones a nuestra cosmovisión?
2. Si cada conversación es una semilla que produce una cosecha exponencial, ¿qué cosecha segará usted de las conversaciones que ha tenido hoy? ¿Esta semana?
3. Cada cristiano, joven o anciano, tiene que guardar su corazón. ¿Cómo puede usted guardar el suyo?

Testimonio

Un querido hermano me llamó angustiado un día. "Pastor, quiero informarle que me voy de la iglesia". Yo me quedé perplejo porque pensaba que no había ningún problema con este hombre. "¿Por qué?", le pregunté rápidamente. "No me llevo bien con una persona en concreto", respondió él.

Al comenzar a hablar, me di cuenta de que había otro asunto respaldando su deseo de irse. Nuestra conversación comenzó a revelar las tácticas del enemigo. Tras una hora de charla en el teléfono, ambos nos dimos cuenta de que el problema no era el que parecía ser. Básicamente se podría resumir todo en un sencillo malentendido. Con oración y conversación pudimos rectificar por completo el problema. ¿Qué habría ocurrido si él hubiera empezado a despotricar sin saber todos los detalles o sin poder hablar de su dolor? Se habría saboteado innecesariamente una situación estupenda. Por eso es tan importante que oremos, hablemos, y estemos dispuestos a oír una parte distinta de la historia. Ahora este individuo es un querido miembro de nuestra iglesia.

Oración

Padre, en el nombre de Jesús, te doy gracias por tu verdad. Gracias por haber iluminado mi corazón sobre las conversaciones que tenemos. Al igual que recibí enseñanza de tu Palabra, recibo tu instrucción de alejarme del conocimiento de parte de Satanás, la serpiente antigua. Declaro que mi mente es la mente de Cristo. Declaro que los poderes de la calumnia, la murmuración y la ofensa se rompen en mi vida. Declaro que mis conversaciones son edificantes y enriquecedoras. Padre, te pido que me des tu corazón con respecto a este asunto. Cada semilla en mí que no produzca un buen fruto, la desarraigo ahora mismo. Te pido estas cosas en el nombre de tu Hijo Jesucristo.

Amén.

2
ACUSANDO AL ACUSADOR

Porque no tenemos lucha contra sangre y carne, sino contra principados, contra potestades, contra los gobernadores de las tinieblas de este siglo, contra huestes espirituales de maldad en las regiones celestes. (Efesios 6:12)

Permítame hacerle una pregunta seria: ¿le ha ofendido alguna vez alguien que profesaba ser cristiano? ¿Alguna vez ha experimentado dolor o decepción en la iglesia? ¿Alguien del coro, en el comité de diáconos o desde el púlpito le ha ofendido profundamente de alguna manera? Es muy probable que la respuesta a todas estas preguntas sea "sí". Todos hemos tenido experiencias dolorosas, tanto dentro como fuera de las cuatro paredes de la iglesia. A menudo lo disculpamos diciendo: *Bueno, todos somos humanos, ¿verdad?* Pero ¿qué tal si hay mucho más que tan solo la fragilidad de nuestra humanidad? ¿Qué ocurriría si hubiera algo mucho más malévolo actuando tras bastidores?

Iglesias han sido destruidas, familias han sido arruinadas y líderes han sido desacreditados debido a tres simples palabras: calumnia, murmuración y ofensa. Sin embargo, nadie realmente cuestiona nunca quién está detrás de esto, posiblemente porque las herramientas a menudo son personas que parecen irreprochables, como cristianos sumamente estimados.

Piense en esto: ¿quién gana cuando una iglesia se divide, un pastor avergonzado deja el ministerio, o un miembro resulta avergonzado y desacreditado? ¿Quién es realmente el responsable de que los cristianos tengan malicia unos con otros, o guarden rencor en sus corazones contra alguien que les ha herido o que ha abusado de ellos?

Una vez que descubra las respuestas a estas preguntas, verá las cosas desde un punto de vista totalmente distinto, y su vida nunca volverá a ser la misma. Podrá ver la verdad desde la perspectiva de Dios. Experimentará un nivel de libertad que nunca imaginó que pudiera tener.

Lo sé porque me ocurrió a mí.

Una visión del acusador

Un día, tuve una visión que parecía un sueño. Vi a dos cristianos en el estacionamiento de su iglesia local. Parecía que estaban teniendo una conversación normal hasta que observé algo muy peculiar: encima de sus hombros tenían demonios. Y cada vez que uno de ellos le hablaba al otro, el demonio que había sobre los hombros del que hablaba vomitaba sobre el que escuchaba. ¡Era horrible! Le pregunté a Dios: "¿Qué es eso?". Él respondió: "¡Calumnias!".

> LA CALUMNIA ES EL VÓMITO ESPIRITUAL DEL INFIERNO;
> CADA VEZ QUE LA ENTRETENEMOS,
> ¡NOS CONTAMINAMOS CON ELLA!

Las personas de la visión no tenían ni idea de que eso estaba ocurriendo. Tan solo pensaban que eran pensamientos normales e ideas que tenían en su cabeza respecto al otro. Estaban completamente ajenos al hecho de que Satanás estaba detrás de todo ello. Cuando salí de la visión, entendí que representaba lo que ha estado ocurriendo en la Iglesia durante años. Me di cuenta de que Satanás ha victimizado a muchos en el cuerpo de Cristo, de esta forma tan repugnante.

Satanás es el acusador de los hermanos:

Entonces oí una gran voz en el cielo, que decía: Ahora ha venido la salvación, el poder, y el reino de nuestro Dios, y la autoridad de su Cristo; porque ha sido lanzado fuera el acusador de nuestros herma-

nos, el que los acusaba delante de nuestro Dios día y noche.
(Apocalipsis 12:10)

La palabra *acusador* literalmente significa "alguien que acusa delante de un juez". El enemigo de nuestra alma está acusándonos perpetuamente delante de Dios. Cada vez que cometemos un error o fallamos, el enemigo está ahí para señalar nuestras fallas y errores ante nuestro Padre celestial. Como un abogado hábil y engañoso, el diablo se levanta en la sala del juicio del universo, lanzando acusaciones contra la Iglesia de Dios.

No solo lleva acusaciones contra nosotros a Dios, sino que también lleva acusaciones contra los santos entre ellos. Así como quedó ilustrado en mi visión, Satanás susurra sus acusaciones siniestras, en los oídos de los santos, de forma regular, y sin embargo pocos disciernen esta estrategia clandestina. En cambio, nosotros solo oímos ideas que flotan en nuestra cabeza: *¡La hermana Betty no te habló hoy! El pastor dirigió todo el sermón hacia ti.* O: *¿por qué la familia Johnson no te invitó hoy a comer? ¡Quizá no les caes bien!*

MENTIRA DE SATANÁS:
TODA LA IGLESIA ESTÁ EN TU CONTRA.
#ACUSANDOALACUSADOR

Todos hemos sido culpables de albergar esas tonterías infernales en nuestra mente en algún momento. Sin embargo, es tiempo de sacar esos pensamientos de nuestra mente, ¡y enviarlos de nuevo al abismo de donde salieron! ¡En el nombre de Jesús! Dios está a punto de arrancar las capas de protección del diablo ¡de una vez por todas!

El acusador en acción

Hace muchos años, un apreciado amigo mío compartió conmigo un testimonio muy gráfico sobre una experiencia difícil que experimentó en su iglesia. Yo estaba muy cerca de este individuo, y por eso este relato es personal para mí. El ministerio en el que este amigo estaba activo sufrió una división, y aunque mi amigo mantuvo un gran respeto, tanto por el pastor principal como por el pastor que la causó, fue un periodo muy difícil. ¡Las divisiones en las iglesias nunca son fáciles!

Una persona a quien él consideraba un mentor se fue, y se unió a la "otra iglesia", y él y su mentor siguieron en contacto. Un domingo, el joven no tenía quien le llevara a la iglesia, así que llamó a este mentor para ver si podía ir a la iglesia con él. Era una decisión entre ir a la iglesia o quedarse en su casa, y comer sopa de fideos. ¡Decidió ir a la iglesia! Su mentor llegó y lo recogió, y fueron juntos a la iglesia ese domingo. ¡Fue una gran reunión! Esa fue la primera y la última vez que visitó esta otra iglesia. En su mente, fue solo una visita. Dios no le había soltado para que fuera a otra iglesia, y él tampoco tenía deseo de hacerlo.

Pero le llegó la noticia a su pastor de que el joven se había unido a la otra iglesia. Su pastor no se lo tomó muy bien, ¡y dejó que el joven lo supiera! El joven se quedó perplejo. Nunca se había unido a otra iglesia; simplemente fue a una reunión. ¿Cómo era posible que alguien pudiera decir una cosa así?

Él entendió que el pastor estuviera dolido, pues estaba viviendo una época devastadora, y obviamente se había sentido traicionado; a fin de cuentas, casi la mitad de los miembros se habían ido de la iglesia. Por otro lado, él estaba ofendido de que se esparcieran mentiras tan descaradas, y que su pastor las creyera.

Entonces, ¿quién tiene la culpa? ¿El joven? ¿El pastor? ¿La persona o personas que difundieron los rumores? La respuesta es todos y ninguno. El joven nunca pensó que fuera realmente el diablo quien estaba detrás de todo eso. Mire, *él* fue quien deseó levantar sospechas, romper la confianza, y arruinar las relaciones, incluso cuando nadie realmente tenía culpa. La verdad es que ninguno de nosotros es perfecto en cómo nos relacionamos con otros, pero debemos ejercer discernimiento, y recordar que el diablo quiere que creamos lo peor de los demás. Finalmente, el pastor se enteró de la verdad y la vida continuó. Sin embargo, esto abrió los ojos del joven al hecho de que el "acusador" trabaja constantemente.

El propósito de esta historia no es menospreciar o criticar a todas las personas involucradas, sino ilustrar cómo el diablo puede tomar cualquier situación e incluso la mejor de las intenciones, y torcerlas para sus propósitos. Este joven no pretendió ofender a nadie, pero el acusador de los hermanos se aprovechó de la situación. Por eso debemos estar vigilantes. La Biblia dice: *"Sed sobrios, y velad; porque vuestro adversario el diablo,* como león rugiente, anda alrededor buscando a quien devorar" (1 Pedro 5:8). Fue necesario algo de tiempo, pero todas las partes involucradas finalmente encontraron sanidad de los efectos de la traición y la acusación. No importa cuál sea la situación, debemos tomar la decisión consciente de rechazar las mentiras del acusador, y abrazar la verdad de la Palabra de Dios.

La historia detrás de Satanás

Sabemos que la naturaleza de Satanás es la acusación. Pero ¿por qué? ¿Qué motivo tiene para acusar al pueblo de Dios? Bueno, como mencionamos antes, Satanás fue expulsado del cielo como resultado de su rebelión. La Biblia dice:

> *También apareció otra señal en el cielo: he aquí un gran dragón escarlata, que tenía siete cabezas y diez cuernos, y en sus cabezas siete diademas; y su cola arrastraba la tercera parte de las estrellas del cielo, y las arrojó sobre la tierra. Y el dragón se paró frente a la mujer que estaba para dar a luz, a fin de devorar a su hijo tan pronto como naciese... Después hubo una gran batalla en el cielo: Miguel y sus ángeles luchaban contra el dragón; y luchaban el dragón y sus ángeles; pero no prevalecieron, ni se halló ya lugar para ellos en el cielo. Y fue lanzado fuera el gran dragón, la serpiente antigua, que se llama diablo y Satanás, el cual engaña al mundo entero; fue arrojado a la tierra, y sus ángeles fueron arrojados con él.*
> (Apocalipsis 12:3-4, 7-9)

Estos versículos nos dan mucha claridad sobre el aprieto del acusador. Se enalteció en orgullo, y deseó exaltarse por encima del Altísimo (véase Isaías 14:14). Esta rebelión encendió una guerra en los cielos que el diablo obviamente perdió. El versículo al que me gustaría dirigir la atención en particular, sin embargo, es este: *"y su cola arrastraba la tercera parte de las estrellas del cielo, y las arrojó sobre la tierra"*. ¿Qué significa esto?

Bueno, en la Escritura, las estrellas a menudo representan seres celestiales. En otras palabras, las estrellas eran ángeles. El diablo fue tan persuasivo en su agravio contra Dios que se las arregló para convencer a un tercio de los ángeles para que lo siguieran. Esparció su amargura y ofensa a todos los que estuvieron dispuestos a prestar atención a sus acusaciones. ¿Se imagina involucrarse en la división de la Iglesia en el cielo? ¡Eso debió ser algo serio!

Al final, el ejército celestial que se puso del lado del diablo perdió su estado original en el cielo. Fueron despojados de su influencia y, finalmente, arrojados a la tierra. ¡Eso sí es sacar el extremo corto del palo! ¡Tenga cuidado de con quién se asocia! Como las estrellas del cielo, cada vez que prestamos oído a la calumnia corremos el riesgo de perder nuestra influencia y autoridad. ¿Realmente vale la pena hablar necedades al costo de perder su influencia?

Satanás ya no está en el cielo, así que no puede acusar a Dios, pero puede intentar acusarnos delante de Dios; él sabe que el hombre es la creación más preciada de Dios, llena de su poder. Satanás, por lo tanto, se deleita viéndonos tropezar, demostrando nuestra indignidad, usándonos para hacernos tropezar el uno al otro. Él nos acusa delante de Dios y delante de los demás, y lo único que quiere es que nos unamos a él. Quizá nunca ha pensado en las serias implicaciones de la acusación, pero le animo a que lo reconsidere.

Lecciones de Job

Una de las historias más provocadoras y polémicas de la Biblia es la historia de Job. Puede que esté o no familiarizado con la historia, pero en resumen, el libro de Job comienza describiéndolo como un hombre intachable y temeroso de Dios, que vivía una vida recta y se mantenía apartado del mal: *"Hubo en tierra de Uz un varón llamado Job; y era este hombre perfecto y recto, temeroso de Dios y apartado del mal"* (Job 1:1). Además de todo esto, ¡era extremadamente rico! Dios estaba contento con Job, y estaba haciendo alarde de él cuando Satanás, el acusador, le dijo a Dios que la única razón por la que Job le temía (es decir, le respetaba y honraba) era porque Dios le había bendecido mucho. Satanás argumentó que si Dios le quitara su casa, sus muchas posesiones, su sustento y su familia, ¡Job maldeciría a Dios en su cara! Eso fue osado.

Ahora bien, ¿qué está haciendo Satanás aquí? ¡Está calumniando a Job! Recuerde: calumnia es hacer una declaración oral falsa que dañe la reputación de una persona. Satanás estaba diciendo básicamente que a Job realmente no le importaba Dios, ¡y que solo estaba haciendo lo que creía que tenía que hacer para conservar los beneficios y las bendiciones que tenía! Pero Dios conocía a Job; Él conocía el corazón de Job, así que permitió que Satanás arrojara sobre Job todo el mal que pudiera. Permitió que Satanás le arrebatara todo lo que Job tenía, pero Job nunca maldijo a Dios. De hecho, en el versículo 20 del primer capítulo, Job, tras haber recibido los primeros asaltos de malas noticias en una rápida sucesión que incluía el horror de que todos sus hijos habían muerto, cayó en tierra y *adoró a Dios* en su agonía.

Pero Satanás no se dio por vencido. Como es un mentiroso, decidió que Job solo se frenó de maldecir a Dios porque a pesar de todo, Job aún tenía buena salud. Si le fuera quitada, ciertamente maldeciría a Dios en su cara. ¡Se equivocaba de nuevo! Fue tan grave la situación, que Job llegó al punto de llorar deseando no haber nacido nunca, pero jamás se apartó de Dios. Para empeorar aún más las cosas, los religiosos amigos de Job lanzaron un aluvión de críticas, diciéndole por qué estaba sufriendo todos esos males, empezando con Elifaz el temanita, quien dijo: "*Recapacita ahora; ¿qué inocente se ha perdido? Y ¿en dónde han sido destruidos los rectos? Como yo he visto, los que aran iniquidad y siembran injuria, la siegan*" (Job 4:7-8). ¡A veces la gente puede resultarnos de mucha utilidad! No se dieron cuenta de que estaban terminando el trabajo sucio del enemigo al añadir más y más desánimo.

CADA VEZ QUE PARTICIPAMOS EN LA MURMURACIÓN O LA CALUMNIA, ESTAMOS ABRIENDO NUESTRA VIDA Y ALINEÁNDONOS CON EL "ACUSADOR DE LOS HERMANOS".

Al final, Dios restauró la salud de Job, le dio dos veces más de lo que tenía en un principio (¡el doble por sus problemas!), y le bendijo con más hijos e hijas. Hay más, mucho más que podemos aprender de lo que ocurrió con Job, pero uno de los puntos clave a aprender de ello es este: solo porque el acusador lance insultos, y arroje acusaciones a usted y acerca de usted no significa que sean ciertas. Así que no se permita el lujo de quedarse enredado en acusaciones y difamaciones a otros.

¿Trabaja usted para el diablo?

Hace algún tiempo, le pregunté a un grupo al que estaba enseñando si ellos trabajaban para el diablo. Por supuesto, la respuesta de la gente fue: ¡no! Cuando pensamos en trabajar para el diablo, pensamos en alguna ceremonia de mal agüero con un caldero burbujeante en la que una persona vende su alma a Belcebú, pero me gustaría afirmar que trabajar para el diablo es algo mucho más sutil que eso.

Quizá una pregunta mejor sería: ¿De quién es la agenda que está usted promoviendo: de Dios o del diablo? Cada vez que participamos o entretenemos la calumnia, de hecho estamos trabajando para avanzar la causa del reino de las tinieblas. En el momento puede que sintamos justificación para hacerlo, o incluso entretenimiento, pero ¿a qué costo? ¿Quién es el beneficiario?

Cuando entienda la naturaleza de Satanás, podrá discernir si algo es de Dios o del diablo. Si somos sinceros, podemos admitir que ha habido ocasiones en que nos hemos sentido completamente justificados en nuestra conducta cuando en verdad era contraria a la voluntad y la naturaleza de Dios. A menudo hay personas que me dicen: "¡Pero usted no lo entiende! ¡Me lastimaron!". Por desgracia, sentirse herido no es excusa para quebrantar la Palabra de Dios. Sus sentimientos pueden engañarle si no tiene cuidado. Debemos tomar la decisión de que la Palabra de Dios sea la máxima autoridad en nuestra vida, y no nuestros sentimientos.

> **MENTIRA DE SATANÁS:
> SI AMA A ALGUIEN,
> NO PUEDE HACERLE DAÑO.**
> #ACUSANDOALACUSADOR

Yo mismo he visto personalmente la devastación que se produce al seguir los sentimientos. ¡Satanás puede manipular sus sentimientos! Esto no significa que lo que usted siente sea ilegítimo, pero debe hacer que sus sentimientos rindan cuentas a la verdad de Dios. Cuanto más aprendemos a sujetar nuestras emociones a la Palabra de Dios, más libertad disfrutamos.

Un día mientras oraba por mi matrimonio, me encontré quejándome contra Dios por mi esposa. "Si me escuchara, e hiciera esto o aquello…". Continué diciéndole a Dios mis injusticias. La ironía de esto es que mi esposa es prácticamente perfecta. (¡Soy yo el que tiene fallas!). No obstante, eso no impidió que yo siguiera quejándome. De repente, el Señor me dijo: "¡Parece que estoy escuchando al diablo! Él es el acusador de los hermanos, y los acusa delante de Dios, noche y día. ¡Estás ahí sentado acusando a tu esposa!".

¡Me quedé de piedra! ¿Cómo podía yo parecerme al diablo? Porque nunca había considerado el espíritu en el que estaba acudiendo a Dios. Y no estoy solo en esta necedad. Incontables creyentes operan en este espíritu de acusación diariamente. Desde que ocurrió esta experiencia, nunca he vuelto a ver el asunto del mismo modo. ¿Quién hubiera pensado que estaba trabajando contra el plan de Dios al quejarme y acusar a mi esposa?

Tenemos la responsabilidad como creyentes de cubrirnos unos a otros, no de acusarnos unos a otros. Cuando obtenemos la revelación de que hemos sido llamados por Dios a ser ministros de reconciliación, esto cambia la forma en que abordamos nuestras relaciones con las personas, y la forma en que tratamos las ofensas.

MENTIRA DE SATANÁS: LOS CRISTIANOS NO PUEDEN TRABAJAR PARA EL DIABLO.
#ACUSANDOALACUSADOR

¿Quién es el Jefe?

Hace varios años, había un programa de televisión titulado *¿Quién es el jefe?* Se trataba de un jugador de béisbol retirado que trabajaba como amo de llaves residente para una ejecutiva publicista y su hijo. El programa exploraba el cambio de los papeles tradicionales del hombre y de la mujer, con el exjugador de béisbol quedándose en casa para cuidar del hogar, y la divorciada yendo a trabajar. Creo que el título de este programa representa una pregunta muy importante que cada creyente debe plantearse: "¿Quién es el jefe?". En otras palabras, ¿a quién está usted sometido?

La Biblia dice: "*Humillaos, pues, bajo la poderosa mano de Dios, para que él os exalte cuando fuere tiempo*" (1 Pedro 5:6). Anteriormente mencionamos que muchas personas ponen sus sentimientos y emociones por delante de la Palabra de Dios. No hay nada de malo en ser conscientes de nuestros sentimientos, pero cuando comienzan a eclipsar nuestra relación con Dios, tenemos un serio problema. Demasiados cristianos han adoptado una filosofía práctica que les dice que ellos son su propio jefe.

El problema es que si usted ocupa el papel de "jefe", se convierte en el responsable de cada aspecto de su propia vida y cada situación que enfrenta.

Una vez alguien me acusó falsamente en mi trabajo. Fue una acusación muy seria, y podía haberme costado mi puesto. Cuando me enteré, entré en un modo de autodefensa. Comencé a sacar argumentos y contra-argumentos en contra de mi acusador. Pensé en formas de poder luchar contra las acusaciones, y reivindicarme. Escribí un correo electrónico muy elocuente, y a la vez ofensivo para el jefe de recursos humanos. ¡Iba a demostrarles quién era el jefe! Cuando terminé de escribir ese correo tan entendido, apreté el botón de enviar. Varios minutos después, recibí una visita de mi jefe, pidiéndome que fuera a su oficina. De repente, comencé a cuestionarme si enviar ese correo había sido una buena idea.

Mientras entraba en su oficina, observé que el director de recursos humanos también estaba en la sala, sentado cerca del escritorio. Sabía que eso era algo más que una discusión informal. En mi mente, había diseñado la defensa perfecta, pero cuando terminé de hablar con mi jefe y el director de RH, estaba avergonzado y un poco humillado. Mire, *no culpable* no es lo mismo que *inocente*. Aunque yo no era culpable de todo aquello de lo que se me había acusado, había cometido algunos errores graves en el proceso.

Mientras salía de la oficina del jefe, oí a Dios hablándome con estas palabras: ¡"Quédate quieto y ve mi salvación!". Me dijo que al intentar luchar mi propia batalla, le estaba excluyendo a Él de la situación. Me recordó que Él era el jefe y no yo.

CADA VEZ QUE INTENTAMOS DEFENDERNOS DE UNA ACUSACIÓN, OBSTACULIZAMOS QUE DIOS NOS DEFIENDA.

La Biblia dice: "*Jehová es mi luz y mi salvación; ¿de quién temeré? Jehová es la fortaleza de mi vida; ¿de quién he de atemorizarme?*" (Salmos 27:1). Por lo tanto, si Dios es nuestra salvación, entonces ¿por qué intentamos constantemente salvarnos? Si Él es nuestra defensa, entonces ¿por qué intentamos con tanto empeño defendernos? El Señor, a través de mi jefe y el director de RH, me había dicho que estuviera quieto. Eso iba en contra de todo lo que me dictaban mis instintos naturales, pero me di cuenta de que no estaba preparado para el trabajo de ser mi propio jefe en esa situación concreta. Al meditar en la situación, me di cuenta de que había muchas cosas que había hecho mal, aunque sentía que yo era quien había sido acusado falsamente. Dios tiene una manera de encender la linterna sobre nosotros cuando intentamos culpar a otro. Finalmente, retiré mi derecho a defenderme, y le pedí perdón a Dios por caminar en orgullo.

La persona que me acusó finalmente fue despedida. No me alegré de que la despidieran, pero me enseñó una lección muy valiosa: ¡Dios está en control! Él es el jefe. Si tan solo siguiéramos su guía, experimentaríamos un nivel de paz e integridad que apenas podemos imaginar.

Preguntas de discusión

1. ¿Cuáles son algunas formas en que usted ha visto a cristianos haciendo la obra del diablo, de manera no intencionada?

2. ¿Es posible sentir algo que es contrario a la voluntad de Dios? Si es así, dé ejemplos.

3. ¿Alguna vez ha estado en alguna situación en la que intentó ser el jefe, pero encontró paz al entregar en cambio las riendas a Dios? Descríbalo.

Práctica

1. Lea Isaías 14:12-21. ¿Por qué cree que Satanás se rebeló? Contrástelo con lo que Pablo dice sobre Jesús en Filipenses 2:5-8.

2. ¡Su meditación es su medicina! Medite en qué y a quién ha prestado atención que pudiera alterar su perspectiva, y dañar su relación con Dios y con otros. Piense en: familia, amigos, conocidos, programas de radio, podcasts, programas de televisión, películas, blogs, redes sociales, noticieros.

3. ¿Está usted trabajando para el diablo en sus relaciones? Repase la lista lentamente, y pídale al Espíritu que toque su corazón si ha estado actuando como un acusador para alguna de las siguientes posibilidades: cónyuge, hijos, padres, hermanos, miembros de la iglesia, pastores, compañeros de trabajo, vecinos, amigos, oficiales locales, oficiales nacionales.

Testimonio

Acababa de incorporarme a una iglesia estupenda, y todo parecía ir muy bien. Pero un día mientras estaba en la reunión de la iglesia, mi pastor me miró de cierta manera. Esa mirada me recordó una experiencia muy traumática que había tenido en una iglesia hacía años: había sido criticada de forma específica y directa desde el púlpito. Comenzaron a surgir las emociones negativas de esa situación. Pensé para mí: "¡No me quieren aquí!". De inmediato me puse a la defensiva, y comencé a desarrollar mi plan de salida.

Sin embargo, en vez de salir corriendo por la puerta de atrás de la iglesia, intenté calmarme y decidí hablar con el pastor. Entonces le pregunté por qué yo no le caía bien, y él se quedó muy confundido. ¡Resultó ser que ni siquiera me estaba mirando a mí! Quedé muy aliviada. Esta experiencia me enseñó que tenía algunos asuntos sin resolver que tenía que solucionar. Los pastores oraron conmigo, y me ayudaron a resolver esos desafíos. Ahora estoy sirviendo fielmente en el equipo de liderazgo. Nada de esto habría ocurrido si me hubiera ido.
—*Barbara*

Oración

Padre, en el nombre de Jesús, te doy gracias por la verdad de tu Palabra. Sé que me amas con todo tu corazón. Sé que soy la niña de tus ojos. Sé que eres mi defensor, y como resultado de ello, decido no defenderme. Tu nombre es torre fuerte, y el justo corre a él y es salvado. Reconozco que cada vez que hablo en defensa propia obstaculizo que avance tu juicio justo; por lo tanto, te permitiré hablar por mí. Tomo autoridad sobre el espíritu de brujería, y rompo su poder fuera de cualquier área de mi vida. Renuncio a trabajar para el diablo de cualquier forma, manera o situación. Lo resistiré con cada célula de mi ser. Digo no al espíritu de acusación, en el nombre de Jesús. Asumo la responsabilidad por cada uno de mis pensamientos y acciones. Padre, decido ser agradecido por las cosas que has hecho en mi vida, y renuncio a quejarme, en el nombre de Jesús. ¡Amén!

3
EL PODER DE LA CALUMNIA

La muerte y la vida están en poder de la lengua, y el que la ama comerá de sus frutos. (Proverbios 18:21)

Las palabras son muy poderosas. Las palabras que decimos pueden crear o destruir. ¡Tienen el poder de la vida y de la muerte! De hecho, las palabras que decimos dan permiso y acceso al bien o al mal. Este principio se aplica más directamente a nuestra relación con otros creyentes. Nuestras palabras son un vehículo para la bendición o para la maldición. Cada palabra que decimos puede herir o sanar.

Quizá piense que aquí estoy rayando en la exageración; ¿realmente importa tanto lo que decimos? Pero si miramos la Biblia, podemos encontrar un ejemplo tras otro del poder de la lengua. Es más que un músculo que nos ayuda a comer y gustar; es también una fuerza creativa.

Al principio de la creación, Dios creó el mundo al *hablar*. Él usó el poder de su Palabra para crear el universo visible. Del mismo modo, el primer acto del hombre en el huerto del Edén fue poner nombre a los animales (una expresión idiomática que denota el apego de identidad y propósito a las personas y cosas).

Como hemos visto, fue la conversación de Eva con la serpiente lo que llevó la muerte y el pecado al mundo. La serpiente embrujó a Eva usando sus palabras para manipularla y controlarla. ¿No es una ironía que la misma actividad que Dios usó como vehículo para establecer propósito y significado se convirtiera en el mismo vehículo que introdujo la maldición?

¡Eso sigue ocurriendo hoy! ¿Alguna vez ha escuchado a una persona contar una historia acerca de otra persona, y al terminar de hablar usted literalmente quería agredir a la persona de la que estaban hablando? Usted, amigo, fue una víctima de la calumnia. ¡Sí, dije que usted fue una *víctima*! ¿Por qué? Porque la persona de la que estaban hablando no fue la única a la que apuntaba el enemigo; el enemigo también le estaba apuntando a *usted*. Él quería contaminar su corazón y su mente para con otra persona. Tenga cuidado de a quién permite que le influencie. ¡Tenga cuidado de a quién permite que le hable!

No se meta en problemas

"Cuida tu lengua y mantén la boca cerrada, y no te meterás en problemas" (Proverbios 21:23 NTV). La palabra *problemas* en este versículo viene de la palabra hebrea *tsarah*, que significa angustia, problema o vejación. ¿Quién pensaría que nuestra lengua pudiera ser la fuente de mucha vejación en nuestra vida y en las vidas de otros? Sin embargo, eso es exactamente lo que nos dice la Palabra de Dios. Una de las primeras lecciones que aprendí como creyente fue a no ser tan liberal con mi boca. La Biblia dice: *"En las muchas palabras no falta pecado; mas el que refrena sus labios es prudente"* (Proverbios 10:19).

Esto no es tan diferente a la lección que muchos aprendimos de niños. Recuerdo muchas ocasiones en las que dos o tres niños estaban peleándose y algo se rompió, o alguien se hizo daño, y después todo, el mundo tenía una historia que contar a los adultos. "¡Él lanzó eso! ¡Ella dijo aquello! ¡Él me empujó y me choqué con la lámpara!". Y ¿sabe lo que solían decir los adultos? *"¡No tengo que saberlo todo!"*. Así también, como cristianos, no tenemos que saberlo todo. Los pastores no tienen que saberlo todo. Los líderes no tienen que saberlo todo. Los miembros no tienen que saberlo todo.

Muchos cristianos sufren de lo que yo llamo el "síndrome del pie en la boca". Nunca olvidaré una vez en que le estaba hablando a alguien de otra persona, y la persona me dijo: "¡Deja de decir esas cosas! ¡Ella es mi hermana!". Ahora bien, yo no debería haber dicho eso en primer lugar, pero aprendí ese día que tenía que tener cuidado al hablar acerca de otros, porque uno nunca sabe qué o a quién estamos afectando con las palabras que decimos.

La fábula de las dos lenguas

¿Dónde comienza la calumnia? Dentro de nuestra boca. El apóstol Santiago usó muchas metáforas útiles para ayudarnos a entender el poder de las palabras que pronunciamos con nuestra lengua:

> *Mirad también las naves; aunque tan grandes, y llevadas de impetuosos vientos, son gobernadas con un muy pequeño timón por donde el que las gobierna quiere. Así también la lengua es un miembro pequeño, pero se jacta de grandes cosas. He aquí, ¡cuán grande bosque enciende un pequeño fuego! Y la lengua es un fuego, un mundo de maldad. La lengua está puesta entre nuestros miembros, y contamina todo el cuerpo, e inflama la rueda de la creación, y ella misma es inflamada por el infierno. Porque toda naturaleza de bestias, y de aves, y de serpientes, y de seres del mar, se doma y ha sido domada por la naturaleza humana; pero ningún hombre puede domar la lengua, que es un mal que no puede ser refrenado, llena de veneno mortal. Con ella bendecimos al Dios y Padre, y con ella maldecimos a los hombres, que están hechos a la semejanza de Dios. De una misma boca proceden bendición y maldición. Hermanos míos, esto no debe ser así. ¿Acaso alguna fuente echa por una misma abertura agua dulce y amarga? Hermanos míos, ¿puede acaso la higuera producir aceitunas, o la vid higos? Así también ninguna fuente puede dar agua salada y dulce.* (Santiago 3:4-12)

La Biblia dice que nuestra lengua puede ser un mal indomable. Es una fuente de la que sale tanto agua dulce como amarga. Esta es la paradoja de la vida cristiana: con una misma boca bendecimos a Dios, y con la misma boca maldecimos a los hombres.

El apóstol Juan dice después: "*Si alguno dice: Yo amo a Dios, y aborrece a su hermano, es mentiroso*" (1 Juan 4:20). Quizá usted me diga: "¿Y eso que tiene que ver? ¡Yo no odio a mi hermano!". Pero debemos definir lo que realmente significa odiar. Y antes de definir el odio, debemos definir el amor. El amor no habla mal de su prójimo. Más bien, cuando amamos a alguien lo cubrimos, lo bendecimos. Lo contrario ocurre con el odio. Cuando odiamos a alguien, hablamos mal de esa persona. Puede ser tan sencillo como tener un poco de envidia del éxito continuo de alguien, y tener el deseo de que fracase. O esperar que alguien quede al descubierto. ¡Pero esto no es el amor de Dios! La Biblia dice que el amor cubre multitud de pecados (véase 1 Pedro 4:8). La Biblia dice que cualquiera que guarda su lengua y su boca guarda también su alma de angustias (véase Proverbios 21:23).

Hace muchos años me metí en una conversación sobre un pastor de nuestra zona. Ese pastor tenía una reputación muy cuestionable, y se había visto metido en medio de unas alegaciones escandalosas. Como la iglesia era grande e importante, todos conocían a ese pastor y sus circunstancias. También era muy rico, y muchas personas le criticaban por su estilo de vida de opulencia. Mientras hablábamos con algunos hombres de nuestra iglesia, comencé a unirme a ellos en la crítica a ese pastor. Incluso nos estábamos riendo de algunos aspectos de su vida.

MENTIRA DE SATANÁS: NO ES CALUMNIA SI SE TRATA DE ALGUIEN FAMOSO.
#ELPODERDELACALUMNIA

Pero mientras estaba allí de pie, oí una pequeña voz en mi interior, diciéndome: *Ellos hablarán igual de ti*. Inmediatamente me quedé callado, y pensé para mí: *¿Cómo podrían hablar de mí de esta manera?* Lo que no entendía era que las circunstancias son temporales, y que las cosas son siempre susceptibles de cambiar. ¿Quién hubiera pensado que pocos años después yo tendría una iglesia creciente y próspera en la misma zona? ¿Quién hubiera imaginado que yo mismo sería susceptible de recibir acusaciones idénticas? A fin de cuentas, ¡en ese entonces ni siquiera era pastor!

Al margen de que ese pastor se hubiera equivocado mucho o no, la moraleja de la historia permanece: tenga cuidado con lo que dice. Tenga cuidado con de quién se burla. Tenga cuidado de contra quién habla. Porque todo lo que usted siembre, eso cosechará. Como vimos antes, la Biblia nos dice de forma muy clara que la vida y la muerte están en poder de la lengua, y que quienes la aman comerán de sus frutos. Esto nos sugiere que nuestras palabras son semillas; cada semilla tiene la capacidad de producir una cosecha. El pastor de quien ellos hablaron mal sigue predicando y enseñando la Palabra de Dios. He aprendido que el punto del hombre ¡a menudo es la coma de Dios!

Cuando entendamos la importancia de las palabras que decimos, cambiaremos la manera en que abordamos las relaciones, tanto dentro como fuera de la iglesia.

La espada de doble filo

La Biblia dice que la Palabra de Dios es como un arma:

Porque la palabra de Dios es viva y eficaz, y más cortante que toda espada de dos filos; y penetra hasta partir el alma y el espíritu, las coyunturas y los tuétanos, y discierne los pensamientos y las intenciones del corazón. (Hebreos 4:12)

La Palabra de Dios hablada con su boca es una espada. Esta espada de dos filos es única porque tiene la capacidad de traspasar y discernir, cortar y sanar, corregir y cerrar. A menudo me recuerda los instrumentos quirúrgicos de un cirujano experto. Él tiene la capacidad de tomar el mismo cuchillo que una persona podría usar para asesinar a su víctima, y usarlo en cambio para realizar un trasplante de corazón para dar vida.

¿Se dio cuenta de que sus palabras tienen un poder similar? Se pueden usar para herir o para sanar. Jesús dijo que por sus palabras usted será justificado, y por sus palabras será condenado (véase Mateo 12:37). Por eso es tan importante tener cuidado con nuestras palabras.

Conozco de primera mano la tragedia de hablar palabras sin consideración. Cuando era un joven creyente, era muy crítico. A menudo me preguntaba: ¿Por qué la gente no lo entiende? ¿Por qué este hermano cometió ese error? ¿Por qué esa hermana tomó una decisión tan mala? ¡Sencillamente no lo entendía! Si fueran tan espirituales como yo, no tendrían esos problemas, ¿verdad? Poco me imaginaba que yo mismo tendría mis luchas en el futuro.

Verá, la misericordia que usted muestre a otros es la misma misericordia que le mostrarán a usted. La Biblia lo dice así: *"Con el misericordioso te mostrarás misericordioso, y recto para con el hombre íntegro"* (Salmos 18:25). La realidad es que todo lo que decimos influencia nuestras vidas, de forma directa o indirecta. Yo era crítico e impaciente con otros porque yo mismo tenía que entender la realidad de mi propia condición. Yo mismo tenía una necesidad urgente de gracia y misericordia. Cuando usted muestra misericordia a otros, Dios le extiende misericordia a usted en su hora más difícil. Sin embargo, si usted es intolerante y crítico con otros, al final recibirá lo mismo.

Hace muchos años había un famoso televangelista que tuvo un fracaso moral muy grave y público. Debido al amplio alcance de su ministerio televisivo, todos vieron su humillante escándalo. De hecho, una de las personas que más habló y que fue más fundamental durante ese tiempo fue otro conocido televangelista. Incluso ayudó a exponer el escándalo. Sin embargo, con el tiempo, este mismo hombre que tenía tantas ganas de exponer a otro fue sorprendido en un escándalo él mismo. ¡Qué irónico! Él quebrantó la ley bíblica de "No juzguéis, para que no seáis juzgados" (véase Mateo 7:1). Él sufrió la misma vergüenza (si no más) y humillación que su hermano caído. ¿Por qué? Yo lo llamo ¡la locura de la hipocresía! En el libro de Romanos dice: *"Por lo cual eres inexcusable, oh hombre, quienquiera que seas tú que juzgas; pues en lo que juzgas a otro, te condenas a ti mismo; porque tú que juzgas haces lo mismo"* (Romanos 2:1). Hoy, por la gracia de Dios, ambos ministerios han sido restaurados; sin embargo, el punto aún permanece: ¡la calumnia nunca es una bendición!

MENTIRA DE SATANÁS: SI ES ANÓNIMO, NO ES UN GRAN PROBLEMA.
#ELPODERDELACALUMNIA

Siempre que juzgamos a otros (concretamente hablando mal de ellos), terminamos condenándonos a nosotros mismos. ¡Si tan solo aprendiésemos esta lección tan valiosa! ¿Qué sucedería si le dijera que cada vez que usted dice alguna palabra negativa de alguien, literalmente una daga se clava en su cuerpo? ¿Seguiría hablando mal de esa persona? (¡Espero que no dependa de la situación!). Muchos seríamos culpables de asesinato al terminar el día.

La razón por la que no vemos las cosas así es porque a menudo rendimos nuestros ideales a una cultura que nos exonera de la responsabilidad de las palabras que decimos. Creemos que podemos decir lo que queramos, y que no habrá retribución alguna.

Desgraciadamente, la proliferación de las redes sociales ha exacerbado este problema. La pantalla y el teclado de la computadora aparentemente han concedido a las personas licencia para decir lo que quieran. Hay un término para este fenómeno: ¡trolear! Como el mítico trol que esperaba escondido bajo el puente a que viandantes inocentes cruzaran para poder atacarlos, el trol de las redes sociales se esconde bajo el puente del anonimato, y ataca a las personas simplemente porque se cruzan en su camino, y sin consideración alguna por la naturaleza del daño de las cosas que escriben. No debemos ser trols, amados: Dios nos ha llamado a ser corderos, amables y obedientes al Buen Pastor, quien nos guía por sendas de justicia por amor de su nombre.

¡Declare vida!

Por eso debemos tener cuidado con lo que decimos de otras personas. La Biblia dice: *"no murmuréis los unos de los otros"* (Santiago 4:11). Permítame hacerle una pregunta: ¿cuál fue el nombre de la persona que cometió un pecado sexual en la iglesia de los corintios? La razón por la que no puede responder a esta pregunta es porque Pablo nunca mencionó su nombre. Nunca se escribió en el boletín ni se publicó en ninguna revista o tabloide. Aunque es cierto que Pablo corrigió un pecado, no lo hizo a costa de la reputación y el bienestar de su hermano caído. El problema es que las personas no saben la diferencia entre "exponer a las personas", y exponer al enemigo. A menudo confundimos "corregir" a alguien con avergonzar a la persona. Estos dos conceptos son mutuamente exclusivos. Corregir significa identificar una conducta o acción equivocada, y llevar verdad e instrucción para que la persona pueda cambiar su conducta. Esto es totalmente distinto a escribir un artículo denigrante sobre alguien que cometió un error, o hablar de forma negativa de la penuria o el fracaso de alguien. ¿De qué se podría beneficiar de todas estas cosas la persona implicada?

TODO LO RELATIVO AL ACUSADOR ES EXPONER, ACUSAR Y CONDENAR, MIENTRAS QUE TODO LO REFERENTE AL ESPÍRITU SANTO ES CONVENCER, CORREGIR Y SANAR.

Un día, estaba leyendo un artículo en una revista cristiana. Ese artículo hablaba del fallo moral de un pastor en particular, pero observé que no había ánimo, reconciliación o restauración en el tono del artículo. Era casi como si el autor estuviera deleitándose con el fallo moral del pastor, y esperase un resultado negativo. No intento suponer la intención del escritor de ese artículo, pero el tono generalizado que llegaba al lector era de condenación, condenación, condenación.

Al seguir leyendo el artículo, mi espíritu comenzó a entristecerse. Sabía que el Espíritu de Dios no se estaba glorificando en eso. De hecho, estaba saturado de la naturaleza clandestina del acusador. Todo lo relativo al acusador (alias Satanás) es exponer, acusar y condenar, mientras que todo lo tocante al Espíritu Santo es convencer, corregir y sanar.

> **MENTIRA DE SATANÁS: NUESTRA TAREA ES EXPONER A TODOS.**
> #ELPODERDELACALUMNIA

¿Cómo era posible que un artículo cristiano informara y promoviera tanta negatividad en nombre del Señor? ¿No se dan cuenta de que eso no es beneficioso para nadie? Dicho con sencillez, probablemente ellos no reconocían el poder y el impacto tan negativo de sus palabras. Como dije antes, cada vez que hablamos acerca de alguien o a alguien, nuestras palabras tienen un efecto tangible. He oído a muchas personas decir que tenemos la responsabilidad de dejar al descubierto a las personas cuando fallan o caen; dicen que debemos "exponer al enemigo". Estoy de acuerdo con la última frase, pero la primera frase es totalmente falsa y antibíblica.

Jesús modeló un estilo de vida totalmente distinto. En la historia de la mujer sorprendida en adulterio, Jesús hace lo impensable. Mientras los líderes religiosos estaban listos para acusar, condenar y finalmente matar a la mujer por su pecado, Jesús dio una orden profunda: el que esté libre de pecado que tire la primera piedra (véase Juan 8:7). La Biblia nos dice que aquellos hombres dejaron caer sus piedras al suelo y se fueron. Jesús después miró a la mujer avergonzada y preguntó: "¿Dónde están los que te acusaban?". Ella respondió que se habían ido. Entonces Jesús dijo las palabras más hermosas y vivificantes del mundo: *"No yo te condeno; vete, y no peques más"* (Juan 8:11). En esta profunda ocasión bíblica, Jesús habló vida a una situación de muerte.

¿Cuándo fue la última vez que consideramos nuestra responsabilidad declarar vida a una persona o situación que parece muerta o derrotada? Quiero que se imagine que su hijo o su hija tuviera un fallo muy debilitante en su vida. ¿Escribiría al tabloide más popular de su ciudad? ¿Llamaría a los medios de comunicación, y les daría los chismes más jugosos? ¡No! Usted disciplinaría a su hijo o a su hija en privado, y declararía vida para restaurarlo. Este es el camino que se nos marca en el libro de Santiago:

Hermanos, si alguno de entre vosotros se ha extraviado de la verdad, y alguno le hace volver, sepa que el que haga volver al pecador del error de su camino, salvará de muerte un alma, y cubrirá multitud de pecados. (Santiago 5:19-20)

El apóstol Santiago exhorta a la Iglesia a llevar verdad al error, de tal forma que haga que quien está en el error se convierta. La palabra griega *epistrefo* usada aquí significa "regresar, o volver al amor". Esta es una verdad muy poderosa. Cada persona en el cuerpo de Cristo tiene la responsabilidad de hacer volver al otro a la verdad.

Sin embargo, después Santiago dice algo muy interesante: *"el que haga volver al pecador del error de su camino, salvará de muerte un alma, y cubrirá multitud de pecados"*. La palabra *cubrir* aquí es la palabra griega *kalypto*, que significa: esconder, velar u ocultar el conocimiento de una cosa. Contrariamente a la opinión popular, Dios a menudo está centrado en cubrir el pecado, ¡no en exponerlo! No es cuestión de mentir, engañar o manipular. Más bien, así como los padres cubren a sus hijos, Dios nos cubre de que seamos expuestos. Una vez que una persona se vuelve de su error, la gracia de Dios cubre y esconde su pecado, y le lleva a un lugar de restauración.

Sin embargo, si siempre intentamos descubrir los fallos de las personas hablando mal contra ellas, estamos trabajando inconscientemente contra el plan de Dios. Quiero que piense en usted mismo por un instante. ¿Cuántas de sus cosas ha tapado Dios? ¿Cuántas cosas ha dicho y hecho en privado que Dios nunca expuso públicamente? ¿Cómo, entonces, podemos usted o yo tener la audacia de actuar con santurronería y orgullo, y erigirnos como jueces, jurados y ejecutores? Quizá quiera pensárselo dos veces antes de hablar tan rápidamente.

La lengua de sabios

En mis muchos años de ministerio, me he dado cuenta de que las personas tienen que ser animadas, levantadas y fortalecidas. El acusador quiere desanimar, abusar y debilitar a la novia de Cristo, pero Dios quiere desenmascarar sus tácticas malignas y liberarnos ¡de una vez y para siempre! El profeta Isaías dio una poderosa profecía:

> *Jehová el Señor me dio lengua de sabios, para saber hablar palabras al cansado; despertará mañana tras mañana, despertará mi oído para que oiga como los sabios.* (Isaías 50:4)

Cada vez que ministro, le pido al Señor que me dé la *"lengua de sabios"*. Le pido que me enseñe a hablar dando palabras certeras y a tiempo para aquellos que puedan estar cansados. Una de las formas más fáciles de desarrollar la lengua de sabios es escuchar la voz de Dios. Cada mañana cuando nos levantamos, debemos pedirle a Dios que nos hable, y nos muestre su perfecta voluntad para nuestras vidas.

También debemos pedirle a Dios que nos dé su corazón para las personas. Una de las razones por las que a menudo hablamos tan rápidamente palabras de muerte es porque no vemos a las personas como Dios las ve. La verdad es que quizá ni siquiera nos vemos *a nosotros mismos* como Dios nos ve. Por lo tanto, ¿cómo podemos ver a otros con la verdadera luz?

Un querido pastor amigo mío me contó una historia que me impactó profundamente. Me dijo que había un pastor en su ciudad que tuvo un fracaso moral. Ese pastor era bastante popular y tenía una iglesia creciente, pero cuando se hizo pública la noticia de su caída, lo perdió todo, incluso su familia. Todos dejaron de relacionarse con este pastor, y la iglesia se desintegró. Varios años después, mi amigo se encontró con este pastor en un restaurante. Al verlo, escuchó al Espíritu Santo decir: "Ve a hablarle y a amarle". Así que se acercó a la mesa y dijo: "Obispo, ¿cómo está? ¡Le aprecio, señor!". Le dio un abrazo y le animó. Las lágrimas brotaron en los ojos del pastor. Cuando mi amigo se fue, el Señor le dijo: "¡Tú podías estar donde él está sentado y él donde tú!". El pastor que me contó esta historia se quedó tan humillado por esa experiencia que le dejó una marca indeleble en su corazón, como sucedió también en el mío. Por eso debemos rehusar ser agentes de muerte. En su lugar, ¡debemos declarar vida!

Que el Señor nos conceda la sabiduría y la gracia de usar nuestras palabras para sus propósitos (véase Efesios 4:29). Asegurémonos de que estamos edificando a nuestros hermanos y hermanas en Cristo, en vez de derribarlos. Antes de decir algo acerca de otra persona, tómese un momento para pensar en el profundo impacto de sus palabras.

Preguntas de discusión

1. ¿Por qué cree que Dios nos juzga según nuestras palabras? (véase Mateo 12:33-37).
2. ¿Cuál es nuestra responsabilidad cuando vemos a una hermana o un hermano que se aleja de la verdad?
3. ¿Hubo alguna vez en que alguien le hablase vida, en vez de muerte? Descríbalo.

Testimonio

Uno de mis miembros, a quien ayudé y en quien invertí durante años, se ofendió conmigo por algo que hice. En vez de acudir a mí e intentar aclarar el asunto y entenderlo, varios se fueron de la iglesia apresuradamente y frustrados. Después fueron a otros miembros de la iglesia, y me difamaron. Fue muy doloroso. Para empeorar aún más las cosas, comenzaron a decir mentiras sobre mí incluso a las personas más cercanas. Yo estaba tan enojado que quería que pagaran por sus acciones. Un día, el Espíritu Santo comenzó a dar convicción a mi corazón, y me dijo que Él estaba en control. Me mostró áreas de mi inmadurez y pecado en mi propio corazón. Me arrepentí delante del Señor, y bendije a esa persona desde el fondo de mi corazón. Aunque la relación no volvió a ser como era originalmente, pude encontrar paz y libertad al soltar cada una de las ofensas. —*Emeka*

Oración

Padre, tu Palabra declara que la vida y la muerte están en poder de la lengua. Reconozco que mi lengua tiene el poder de producir vida o muerte. En este momento, escojo declarar vida sobre cada situación y persona con la que entre en contacto. *Muéstrame tu amor por otros, para que pueda amarlos también de ese mismo modo. Antes de hablar acerca de otra persona, meditaré en el profundo impacto de mis palabras. Escojo declarar bendición y sanidad sobre mis hermanos y hermanas en Cristo. Que mis palabras sean un vehículo para salvar vidas ¡y hacer volver a otros del error de sus caminos! Dame la lengua de sabios para poder hablar una palabra a tiempo al hermano o hermana que pueda estar cansado. Despierta mis oídos para escuchar como los sabios, en el nombre de Jesús.*

¡Amén!

4
DIGA NO AL CHISME

*El que **anda en chismes** descubre el secreto; no te entremetas, pues, con el suelto de lengua.* (Proverbios 20:19)

A principios de los años noventa había un programa de televisión titulado *In Living Color* (A todo color). Era básicamente un programa de comedia, en el que cada uno de los cómicos representaba sátiras de "situaciones cómicas". Uno se trataba sobre una mujer llamada Srta. Bonita. Esta mujer afroamericana desempleada y de mediana edad se asomaba por la ventana de su apartamento urbano en Nueva York, se pasaba los días hablando desde su ventana con las vecinas, y después se dirigía a la audiencia. Su dicho favorito era: "No quiero chismear, pero…", y por supuesto, comenzaba a sacar a la luz todos los secretos de cada persona que pasaba por allí.

En el programa, era gracioso. Pero en la vida real, no es nada divertido. Y esta situación de la Srta. Bonita se reproduce en demasiadas personas de nuestras iglesias. Numerosos creyentes no se dan cuenta del efecto dañino del chisme en el que participan. Otros muchos lo usan como una salida plausible para expresar su aburrimiento y sus frustraciones. Al igual que la Srta. Bonita, meten su cabeza en los asuntos de los demás, y buscan formas de disfrutar del siguiente chisme emocionante acerca de alguien dentro y fuera de la iglesia.

Se dé usted cuenta o no, el chisme está estrictamente prohibido en la Escritura. No se equivoque: ¡es un pecado! Dios dio un mandato a los israelitas, diciendo: *"No andarás chismeando entre tu pueblo"* (Levítico 19:16). En el libro de Proverbios, la Biblia dice que las palabras de un chismoso son como heridas (véase Proverbios 26:22).

¿Cuándo fue la última vez que usted consideró que el chisme puede herir profundamente?

El efecto del chisme

Había una señora a la que conocí hace muchos años que me recordó a la Srta. Bonita. Hablaba de todas las personas de las que se pueda pensar. Me hablaba de cada ministro de la ciudad, de cada cosa escondida que cualquiera hubiera hecho, y de cada tipo de automóvil o casa que tenía cada persona. Cuando saltaba algún escándalo, ella era la primera persona en enterarse.

Entonces, un día, el escándalo llegó a visitarla a su misma puerta. Su propia gente estaba involucrada en algunas actividades bastante alarmantes. Ella tuvo que vivir esa situación extrema para darse cuenta de que las personas tendrán que cosechar lo que hayan sembrado. Ella pensaba que lo que estaba haciendo no era tan malo, porque nunca le había afectado a ella. Pero cuando su familia y ella estuvieron en situación de riesgo, rápidamente cambió de opinión. Aunque esa fue una experiencia muy dolorosa para ella, aprendió a ser compasiva con otros mediante su propio quebrantamiento. La buena noticia es que su familia se recuperó de la devastación, y la vida continuó.

Así pues, ¿qué es realmente el chisme? Yo la defino como conversación y comentarios informales y sin restricciones acerca de otras personas, por lo general incluyendo detalles que tenían la intención de ser privados, o que no está confirmado que sean ciertos.

De acuerdo, ahora permítame darle una definición del *efecto* del chisme. Cuando mis hijas eran más pequeñas les poníamos abalorios en el cabello. Esos abalorios eran de distintos colores y tonos, pero todos eran del mismo tamaño. De vez en cuando, los abalorios de nuestras hijas se soltaban, y se esparcían por el suelo. A veces había veinte, a veces treinta o más abalorios por el suelo. ¡No era la gran cosa! Lo único que teníamos que hacer era recogerlos del suelo. ¿Verdad? El problema es que cuando uno se arrodilla en el suelo, ¡es difícil encontrarlos todos! Esos abalorios rebotaban, y se esparcían por todos los rincones del salón y de la cocina.

A veces encontrábamos abalorios en los lugares más extraños, ¡que se habían caído quizá hacía tres meses!

Ocurre lo mismo con el chisme. Una vez que se suelta, se esparce cada vez más lejos de lo que uno se imaginaba o pretendía, y es casi imposible retirarlo. Una vez que se ha dicho, no se puede retirar.

Hace muchos años vi una película titulada *La duda*, acerca de un sacerdote católico que estaba bajo sospecha de tener una relación indebida con uno de los niños de la iglesia. No pretendo entrar en los detalles de la película, pero tenía una historia que nunca olvidaré.

Había una mujer que fue al sacerdote de la parroquia a confesarse, y le dijo que tenía un problema con el chismorreo. Le dijo que no podía controlarse. Cada vez que se enteraba de una noticia nueva, la contaba sin validar o verificar dicha información. Le preguntó al sacerdote qué era lo que podía hacer para vencer ese vicio. Él le dijo que se fuera a casa, tomase una almohada, se subiera al tejado, cortara la almohada, y que después regresara. Así que la mujer se fue e hizo exactamente lo que él le dijo. Después regresó al sacerdote. "¿Cortó la almohada?", le preguntó. "Sí", respondió ella. "¿Y qué ocurrió?", preguntó él. Ella le explicó que cuando cortó la almohada, salieron las plumas y volaron por todas partes, alrededor suyo y por toda la ciudad. El sacerdote le dijo que fuera entonces y recogiera todas las plumas. "¡Pero eso es imposible!", dijo ella.

"Y eso", respondió el sacerdote, "es lo que hace el chisme".

Aprendí una lección muy útil de esa historia. Una vez que decimos algo sobre alguien a otra persona, es imposible retirarlo. Eso es lo que hace que el chisme sea tan, tan peligroso.

La toxicidad del chisme

De niños, estando en Atlanta, mis amigos y yo a menudo jugábamos fuera en el patio durante todo el día. Algo que nunca olvidaré es el olor del tanque séptico que había junto a nuestra casa. Cada vez que rebosaba, se producía un hedor fétido que inundaba todo el patio. Dicen que nuestro sentido del olfato es el sentido más fuerte que se apega a los recuerdos, y debe ser cierto porque me acuerdo de ese olor como si fuera ayer. El olor de las aguas residuales es muy difícil de olvidar.

El tanque séptico no tiene un olor más fuerte que el chisme en la iglesia. Para ser franco, el chisme es algo parecido a los desperdicios tóxicos:

es fétido, venenoso y repugnante. Muchos cristianos se han vuelto sépticos en sus pensamientos, actitudes y relaciones. En otras palabras, están infectados con dolor y amargura, y están "desbordándose" hacia las vidas de otros. Cada persona con la que se encuentran y hablan inevitablemente queda contaminada por el dolor y el daño que acarrean.

Si le pidiera que se comiera el drenaje de un tanque séptico, estoy seguro de que se quedaría horrorizado por mi petición, y sin embargo, ¿cuántas veces se ha sentado usted a entretener chismes? Recuerde: el que oye el chisme ¡es tan culpable como el que lo difunde! Y si le hablan de otra persona en su cara, le hablarán a otros de usted ¡a sus espaldas!

¿Conoce el término "Agente Naranja"? Es una mezcla química que usó el ejército de los Estados Unidos durante la guerra de Vietnam. Lo esparcieron sobre una gran extensión de acres para matar la vegetación y hacer que las tropas enemigas fueran más fáciles de localizar, y también lo utilizaron para destruir cosechas que darían sustento a las tropas enemigas. Este poderoso químico no solo despojó a los árboles y plantas de sus hojas y su vida, sino que también, como se descubrió más adelante, tuvo los efectos a largo plazo de tumores, defectos de nacimiento, erupciones, enfermedades psicológicas y cáncer. La población vietnamita y los soldados estadounidenses y sus familias quedaron devastados por estos efectos inesperados y desastrosos. Es un buen ejemplo de un "arreglo rápido" que no salió bien. Lo que tenía la intención de acabar tan solo con la vegetación terminó matando a personas.

¿Puede ver cómo eso se puede comparar con el chisme? Muy a menudo, suponemos que el resultado de las palabras que "esparcimos" será el que planeamos y nada más, y que no tendrá ningún efecto a largo plazo. Lo cepillamos de nuestra conciencia con frases como: "Era un decir". ¡No podíamos estar más equivocados! Cada vez que hablamos, no solo estamos "diciendo" algo, sino que siempre sembramos semillas. Y recordemos que plantar semillas produce cosechas. Murmurar de nuestros hermanos y hermanas los expone y los convierte en blancos, se diera usted cuenta o no de eso antes del hecho. El chisme se extiende como una enfermedad, y puede matar fácilmente el carácter de alguien. Por eso lo prohíbe Dios.

La Biblia dice: *"El hombre bueno, del buen tesoro de su corazón saca lo bueno; y el hombre malo, del mal tesoro de su corazón saca lo malo; porque de la abundancia del corazón habla la boca"* (Lucas 6:45). Creo que muchos cristianos tienen que sufrir una desintoxicación del alma. Deben desinfectar su mente y corazón. ¿Cómo experimentamos esta limpieza? Primero, debemos meditar en la Palabra de Dios, y restablecer nuestra vida mental sobre el fundamento de la verdad de Dios. Segundo, debemos abstenernos de cualquier forma de chisme y ofensa. Así como un drogadicto tiene que pasar por una desintoxicación fisiológica, así también la persona ofendida debe desintoxicarse de cualquier ofensa.

El chisme distorsiona la verdad

Vivimos en una era interesante, a la que a menudo se hace referencia como la era de la información. Las personas tienen más acceso a información que nunca en este punto de la historia. Como resultado de esto, noticias, chismes, escándalos, y otra información deplorable está solo a la distancia del clic de un botón. Este fenómeno ha afectado en gran medida a nuestra cultura, y ha influenciado grandemente a la Iglesia.

MENTIRA DE SATANÁS:
HABLAR ACERCA DE AMIGOS
NO ES DISTINTO A
RECORRER EL FACEBOOK.
#DIGANOALCHISME

Cuando era niño, solía jugar a un juego llamado "teléfono" con mis amigos. Todos nos sentábamos en fila, y la primera persona se inventaba una frase como "el gato se enfermó ayer", y la susurraba al oído de la siguiente persona. Sin aclarar lo escuchado, el segundo niño susurraba la frase en el oído del tercer niño, y así hasta llegar al último niño de la fila. Al final, la frase por lo general ¡era algo sin sentido!

Del mismo modo, el chisme tuerce la verdad. Lo que oiga mediante un chisme será siempre una distorsión de los hechos. ¿Alguna vez ha desarrollado emociones muy negativas acerca de alguien con quien que nunca ha interactuado ni conversado? ¿Por qué? Por lo general se debe a que alguien le contó algo acerca de otra persona, y usted creyó sus palabras como si fueran el evangelio, en lugar de investigarlo por usted mismo. Ahora, ciertamente es apropiado pedir opiniones o consejos, especialmente cuando nuestra seguridad está en juego. Pero cuando, en situaciones sociales usamos el chisme como nuestra principal fuente de información, estamos cometiendo un gran error.

¿Alguna vez ha intentado defender a alguien cuando no sabía cuáles eran todos los detalles de lo que hizo esa persona? Nunca olvidaré una historia que una vez me contó mi pastor. Estaba aconsejando a una mujer que estaba teniendo problemas con su esposo, y ella comenzó a decirle al pastor todas las cosas que estaba haciendo su marido: ser verbalmente abusivo, emocionalmente abusivo, mentalmente abusivo con ella, jugando juegos mentales. Mi pastor dijo que se enojó tanto en la sesión de consejería, que quiso ir a buscar al marido de inmediato, y confrontarlo. Se lo dijo a la esposa, pero el Señor le interrumpió y dijo: "¿Hijo? Pregúntale cómo le conoció". Mi pastor le dijo a la mujer: "No sé por qué el Señor me está diciendo esto, pero me dijo que le preguntara a usted cómo conoció a ese hombre". La mujer bajó la cabeza. Resultó ser que se lo arrebató a su última esposa. El marido se llenó de amargura cuando se dio cuenta de que la mujer que lo robó no era tan distinta a la mujer de la que fue robado. El Señor le dio a mi pastor la sabiduría para ayudar a esta mujer a superar el dolor y sanar el matrimonio, pero fue un proceso.

El punto que quiero sacar de esta historia es simple: antes de saltar, antes de tomar una decisión, antes de ponerse del lado de alguien, antes de actuar, tiene que conocer qué está ocurriendo realmente en esa situación. Y no puede saberlo si sus ideas han sido distorsionadas por las palabras de otro. Yo tengo una política en mi vida: no defiendo ninguna situación hasta que conozco lo mejor que puedo el carácter y las acciones de todas las personas involucradas.

Una de las peores formas de chisme es cuando lo espiritualizamos. Esto es muy común en la iglesia. Algunas personas incluso tienen la audacia de llamar a esto *discernimiento*. ¡El discernimiento bíblico no está ni siquiera en la misma categoría que el chisme. Uno se origina del Espíritu Santo, y el otro se origina en la carne. E iría aún un paso más allá: el otro se origina en el infierno.

Por favor, no me malentienda; creo que los dones del Espíritu, incluido el discernimiento de espíritus, son muy importantes. Sin embargo, también creo que los dones del Espíritu vienen con un manto de responsabilidad. En otras palabras, si Dios le muestra algo acerca de otra persona, usted tiene la responsabilidad bíblica de orar por esa persona, no chismear acerca de ella.

Mi versión favorita del chisme espiritualizado es todo lo que viene en forma de: "Tenemos que orar por…". Esta frase se ha usado para encubrir más chisme y calumnia que asientos hay en el *Super Bowl*. Los religiosos usan este método para desarmar a sus oyentes, y para engañarse a sí mismos acerca de la moralidad de sacarlo a relucir. "Tenemos que orar por la adicción de tal persona". "Tenemos que orar por tal persona, porque sus hijos ya no vienen a la iglesia". "Tenemos que orar por tales personas, porque están teniendo un año terrible y no están respondiendo bien".

MENTIRA DE SATANÁS: EL CHISME TIENTA SOLAMENTE A LAS ANCIANAS.
#DIGANOALCHISME

Estaba hablando con algunos colegas cierto día, y ellos contaron una conversación que tuvieron con una de sus amigas. Estaban intentando convencer a su amiga de que su pastor estaba equivocado en cuanto a alguien en particular. Y ahora me estaban contando a mí toda la situación, ¡con la esperanza de que yo respaldara su acusación al pastor! Les hice una pregunta: ¿cómo se sentirían si el pastor del que se estaba hablando de esa forma fuera *el de ellos*? Se quedaron callados.

El problema con el chisme es que a menudo deshumaniza y devalúa a sus víctimas. Si alguna vez comparte un pequeño chismorreo sobre alguien y se pregunta: ¿Será esto chisme? Yo tengo una regla general para usted. Pregúntese: ¿Me gustaría que alguien dijera esto acerca de mí? Si no es así, entonces por favor, ¡no lo diga! Otra regla es preguntarse: ¿*Diría esto si el hermano/hermana del que estoy hablando estuviera aquí delante*? Si la respuesta es no, entonces por favor, ¡no lo diga!

Permítame ser claro; ¡Dios odia el chisme! ¿Por qué es tan difícil entender esto? ¿Por qué creemos que es una ofensa menor tirar por tierra a nuestro hermano o hermana en Cristo? Salomón escribió: "*El hombre perverso levanta contienda, y el chismoso aparta a los mejores amigos*" (Proverbios 16:28), y Pablo evalúa la murmuración al igual que las contiendas, envidias y soberbias, como pecados que espera no encontrar en la iglesia: "*Pues me temo que cuando llegue, no os halle tales como quiero, y yo sea hallado de vosotros cual no queréis; que haya entre vosotros contiendas, envidias, iras, divisiones, maledicencias, murmuraciones, soberbias, desórdenes"* (2 Corintios 12:20).

¡Debemos asumir nuestra responsabilidad por los chismes que decimos! A principios de 1960, un psicólogo de Yale llevó a cabo una serie de experimentos sociales que impactó al mundo. Situaron a los diversos participantes del estudio en una sala delante de una caja con una palanca que daba descargas eléctricas en niveles de intensidad de uno a diez. Mediante el cristal, los participantes podían ver la sala adyacente donde un actor, el "aprendiz", estaba conectado a la caja. Los participantes, no obstante, no tenían ni idea de que era un actor; pensaban que era otro participante. El participante recibía la instrucción de administrar descargas al aprendiz por cada respuesta incorrecta. Una tercera persona, el experimentador, leía las preguntas, y les decía a los participantes cuándo administrar las descargas. La mayoría de los participantes mostraron inquietud en las etapas iniciales, pero cuando el experimentador les aseguró que estarían libres de cualquier responsabilidad, lo hicieron reticentemente. Al administrar las descargas, el actor gritaba de dolor. Tras una cierta duración, se le decía al participante que subiera la intensidad al nivel 10, que era mortal. De nuevo les aseguraron que toda la responsabilidad recaería sobre el experimentador, y en la mayoría de los casos, ¡el participante obedeció!

El estudio demuestra las cosas terribles que somos capaces de hacer cuando pensamos que no somos responsables. La razón por la que muchos cristianos participan del chisme es porque erróneamente piensan que están exentos de responsabilidad respecto a las partes implicadas. Nada podría estar más lejos de la verdad. ¿Qué ocurriría si le dijera que cada vez que usted chismea sobre alguien, alguien muere? ¿Seguiría haciéndolo? El daño espiritual del chisme puede ser mucho peor que la muerte física.

Canibalismo espiritual

En la naturaleza hay solo unas cuantas especies que se comen a los de su propia especie. Este fenómeno está considerado como una anomalía. En el mundo de los humanos, los que participan de esta práctica son considerados caníbales, y es una de las abominaciones más infames.

Sin embargo, hay otra especie que tiene tendencia a devorar a los de su propia especie: ¡los cristianos! Pablo advierte a la iglesia: *"Pero si os mordéis y os coméis unos a otros, mirad que también no os consumáis unos a otros*" (Gálatas 5:15). Los judaizantes estaban participando en el canibalismo espiritual. Muchos santos hoy día son culpables de esto mismo. Cada vez que usted chismea, muerde, critica o calumnia a un hermano o hermana en Cristo, está "devorándolo". Sí, quizá siga de una pieza físicamente, pero su reputación y su estima han sido canibalizadas.

Las consecuencias del canibalismo físico son graves. Las investigaciones realizadas sobre una tribu que tradicionalmente practicaba el canibalismo funerario demostró que su canibalismo resultaba en un trastorno neurológico degenerativo incurable.[1] Lo mismo ocurre con el canibalismo espiritual. Cuando devoramos a los de nuestra propia clase mediante la calumnia y el chisme, nos enfermamos y acortamos las expectativas de vida de nuestro propio destino.

A veces, este canibalismo es sutil. ¿Alguna vez ha hablado con alguien que "ensombrece" a otra persona con sus palabras? Cuando usted menciona el nombre del individuo, hacen algún gesto o expresa desdén por la persona de forma no verbal. Esto es lo mismo que hablar mal de otra persona. ¡No sea un caníbal espiritual! No juzgue y chismee sobre sus hermanos o hermanas en Cristo. ¡Bendiga y no maldiga! ¡Hágales bien a aquellos que le usan y le persiguen. Recuerde: ¡somos lo que comemos!

Según se oscurezcan más los días, la iglesia debe estar unida y caminar en amor como nunca antes. Los espíritus de calumnia y chismorreo han estado proliferando en el cuerpo de Cristo, pero es tiempo de que hagamos un cambio. Es tiempo de que la Iglesia resista la tentación de arrojar a nuestros hermanos y hermanas debajo del autobús. Es tiempo de dejar de devorarnos unos a otros, y caminar en perdón y compasión los unos con los otros. Creo que Cristo va a regresar a buscar a una esposa gloriosa y amorosa, y no una iglesia de lobos y caníbales.

Preguntas de discusión

1. ¿Alguna vez han murmurado de usted? ¿Cuál fue su respuesta?
2. ¿Por qué el chisme parece no tener nunca bien entendida toda la información?

---

1. "Fore", Encyclopedia of World Cultures, Encyclopedia.com, http://www.encyclopedia.com/humanities/encyclopedias-almanacs-transcripts-and-maps/fore (9 de noviembre de 2016).

3. ¿Es demasiado fuerte llamar al chisme "canibalismo espiritual"? ¿Por qué o por qué no?

Práctica

1. Las redes sociales han hecho que sea más fácil declarar muerte, ¡pero también declarar vida! Tome la decisión este mes de cambiar la mayoría de sus posts de negativos a positivos, y observe qué tipo de respuestas recibe.

2. Dedique un tiempo a desintoxicarse del chisme. Haga de ello un tema de oración en su tiempo a solas durante una semana. Pídale a Dios que abra sus ojos para que vea cuándo está murmurando, ya sea que lo note o no. Ordene al diablo que deje de tentarle con el chisme, y medite en Efesios 4:29, Colosenses 4:6; Proverbios 15:7; 1 Tesalonicenses 5:11; Proverbios 24:11-12; Proverbios 15:2-4.

3. Usando las preguntas: "¿Quisiera que dijeran esto de mí?" y "¿Diría esto si el tema de conversación estuviera aquí en la sala?", lleve la cuenta durante una semana de cuántos comentarios ha retenido. ¿Le ha sorprendido?

Testimonio

En cierto momento de mi vida tenía cada vez con mayor frecuencia discusiones con mi cónyuge. Era como si el enemigo estuviera susurrando acusaciones en mi oído, y cuanto más escuchaba esas acusaciones, más enojado estaba. En cierto punto, tuve que preguntarme: "¿Por qué estoy enojado?". Cuanto más me examinaba a mí mismo, más entendía que ese enojo no provenía de mí directamente, sino que estaba instigado por el enemigo. Eran inseguridades que sentía en mi interior, y que a su vez yo proyectaba sobre mi cónyuge. El Dr. Kynan nos enseñó que Satanás es el acusador de los hermanos, y que muchas veces Satanás habla en primera persona. Comencé a estar en desacuerdo con esos pensamientos impíos, y de repente el enojo y la frustración comenzaron a ceder. Pude humillarme a mí mismo, y acudir a mi cónyuge y buscar perdón, sanidad y restauración. Ahora sé estar atento a cuando el acusador intenta susurrar a mi mente.
—*Anónimo*

Oración

Padre, en el nombre de Jesús te doy gracias por quien eres y por todo lo que has hecho en mi vida. Hoy reconozco la naturaleza destructiva de la murmuración. Reconozco que la murmuración es una abominación y que no glorifica tu nombre. Te pido que me perdones por participar en el chisme en cualquiera de sus formas, ya sea hablando o escuchando. Reconozco que cada persona en el cuerpo de Cristo es mi hermano o hermana; por lo tanto, decido no oír ninguna palabra que no edifique al cuerpo de Cristo. Señor, que solo hable las palabras que te agraden. Te pido estas cosas en el nombre de Jesús.

¡Amén!

5
EL ESPÍRITU DE OFENSA

Un sábado ya avanzada la noche, estaba sentado en mi cama cuando algo cayó sobre mí. Las luces comenzaron a parpadear de repente a mi alrededor, y me encontré moviéndome por el tiempo y el espacio. ¿Era eso una visión? ¿Era un sueño? No lo sé, pero sí sé que en cuestión de segundos estaba de pie en la escena de la crucifixión. Mientras el polvo llenaba el aire, oí el quejido de nuestro Señor al agonizar en la cruz. El sonido de látigos penetraban mis oídos. Pude ver a los soldados romanos. Pude ver la multitud. Incluso pude ver las filacterias de los fariseos que estaban allí, observando el desarrollo del crimen más horrendo de la historia. ¿Qué estaba sucediendo? Mientras mi mirada estaba fija en el rostro del Salvador del mundo, oí hablar a una voz: "Hijo mío, yo tomé todas las ofensas del mundo para que tú ya no tuvieras que seguir viviendo en ofensa".

Momentos después, había regresado. Esta visión (o sueño) se hizo eco en mi corazón. Entendí que la ofensa es un asunto *espiritual*, y que ha plagado la Iglesia durante demasiado tiempo. Debería desaparecer en el momento en que entendemos lo que Cristo logró en la cruz, pero no sucede así.

¿Cuántas personas de las que están leyendo este libro hace más de un día que son salvas? De acuerdo, si usted es salvo desde hace más de veinticuatro horas, sabe sin lugar a dudas que las ofensas son una parte real de ser creyente. Si ha asistido a cualquier iglesia en cualquier lugar del mundo, probablemente ha descubierto que hay un número interminable de cosas y personas que tienen el potencial de ser ofensivos: la manera y el tono en el que un hermano, hermana, administrador de la iglesia o anciano nos habla; que alguien nos haya reconocido o no; cuando un oficio o tarea en particular se nos niega… las posibilidades son incontables. Una vez, un hombre me dijo que la forma en que colocamos nuestras televisiones en la pared de la iglesia era insoportable para él. ¡Eso sí que es una obsesión!

Todos podemos contar experiencias que de algún modo nos resultaron ofensivas, pero aunque quizá lo sepamos intuitivamente, ¿qué significa realmente ofenderse? ¿De dónde viene? ¿Cómo sabemos cuándo nos han ofendido? Y más importante aún, ¿cómo somos libres del espíritu de ofensa?

Cuando descubra las respuestas a estas importantes preguntas, aprenderá a reconocer las tácticas del enemigo antes de que se lleguen a materializar. Comencemos.

Las ofensas vendrán

Pasé una cantidad enorme de horas en la iglesia cuando era niño. De hecho, a veces mi madre me llevaba a la iglesia ¡en contra de mi voluntad! Esa fue la vida que vivimos, especialmente creciendo en el Sur. Como alguien a quien no le ha resultado extraño el entorno de la iglesia, tampoco me ha resultado extraña la ofensa. A decir verdad, la ofensa y yo nos hemos conocido bastante bien durante los años. Jesús les dijo a sus discípulos:

> *Imposible es que no vengan tropiezos… Mirad por vosotros mismos. Si tu hermano pecare contra ti, repréndele; y si se arrepintiere, perdónale. Y si siete veces al día pecare contra ti, y siete veces al día volviere a ti, diciendo: Me arrepiento; perdónale.* (Lucas 17:1, 3-4)

Pensemos de nuevo en la primera parte: *"Imposible es que no vengan tropiezos"*. En otras palabras, ¡es imposible que no experimentemos ofensas! ¿Sabe por qué? ¡Porque Satanás quiere que nos ofendamos! ¡Quiere que nos desanimemos! Quiere que la Iglesia sea desconfiada; quiere que la Iglesia esté distraída para que no se una para cumplir su propósito. ¡Tenemos que hacer que el diablo note que la ofensa no nos será un obstáculo hoy! Nunca nos ofendemos, ¡en el nombre de Jesús!

Más allá del hecho de que el diablo quiere que nos ofendamos, debemos entender también que las personas (aparte de Cristo) fundamentalmente tienen defectos. Y donde hay personas con defectos, siempre existirá la propensión a la ofensa.

Pero Jesús fue más allá, y dijo que si su hermano peca contra usted, debe perdonarlo. ¿Qué significa el término *pecar*? Cuando piense en pecar, piense en una propiedad que dice: "No pasar". Significa que no puede poner su pie en esa propiedad, no puede pasar más allá de la señal. Jesús estaba hablando específicamente de las ofensas en un contexto relacional: esas áreas específicas de nuestras vidas donde las personas traspasaron un lindero que habíamos establecido en nuestro corazón o en nuestra mente. La persona entró en ese territorio en el que no debería haber entrado. Se metieron en áreas que estaban fuera de sus límites.

Ahora, el problema con el pecado en la relación es que la mayoría de las personas no saben qué áreas están fuera de los límites, ¡para sus amigos o incluso para ellos mismos! Los linderos a menudo están basados en experiencias que hemos tenido en el pasado, son distintos para cada persona, y pueden ser impredecibles. Por ejemplo, si un miembro de la iglesia ha sufrido duras palabras y abuso verbal de un líder de la iglesia en el pasado, quizá incluso sin darse ni cuenta de ello, tendrá una tolerancia muy pequeña con cualquier líder de una iglesia. Está siendo atormentada por los fantasmas del pasado.

La casa encantada

¿Qué tendrán las casas encantadas que atraen tanto a los niños? Recuerdo cuando iba a la escuela durante la época de Halloween y mis compañeros de clase tenían muchas historias horribles de sus experiencias en casas encantadas. Los viejos edificios se convertían en laberintos terroríficos con espíritus malignos que le saltaban encima, fantasmas que sonaban por los altavoces, y toda forma creativa de asustar.

Bueno, yo no creo en fantasmas, pero sí creo que muchos creyentes están viviendo dentro de una casa encantada. ¿A qué me refiero con esto? Muchos cristianos están siendo encantados e incluso atormentados en sus mentes por experiencias negativas. Se les recuerda constantemente su dolor y decepción. Estos "fantasmas" habitan la casa de su mente, su voluntad y sus emociones.

Cuando nos ocurren cosas malas, la mente pinta un cuadro de ellas, y lo ata a sentimientos y emociones específicas. Por eso ciertas personas y lugares nos recuerdan con fuerza experiencias previas. Quizá usted se integra en una nueva iglesia, y el enemigo le recuerda que la última iglesia a la que asistió le hirió o le decepcionó. Si acepta esos pensamientos como propios, comenzará a sentir lo mismo que sentía en el pasado, y finalmente entrará en la misma conducta de aislamiento que caracterizó esa experiencia traumática de su pasado. ¡Lo veo continuamente! Tales cristianos están encantados.

Por lo general, no atribuyen ofensa a nada siniestro o demoniaco, y tan solo suponen que es el resultado de pensamientos y emociones naturales. Nada podría estar más lejos de la verdad. Las ofensas entran en la categoría de un "espíritu inmundo", queriendo decir que este espíritu tiene la tarea concreta de contaminar al creyente, y llevar condenación a su vida espiritual. No se equivoque: la ofensa contamina su servicio, su alabanza, sus relaciones, e incluso su adoración.

Esta es una de las principales razones por las que nos ofendemos: alguien (ya sea consciente o inconscientemente) dice o hace algo que nos recuerda una experiencia pasada negativa, toca un área herida de nuestro corazón o de nuestra vida. Ahora bien, la conducta abusiva o inapropiada siempre es inaceptable al margen de las experiencias del pasado. Pero el punto que estoy intentando establecer es que algunas conductas pueden ser apropiadas, y a la vez molestarnos. Todos tenemos un pasado, y no podemos cambiar eso. Pero Satanás quiere tomar lo que está fuera de nuestro control, nuestro pasado, y usarlo para estropear lo que tenemos bajo nuestro control: nuestro presente.

Creo que la Palabra de Dios es un "cazafantasmas". Él desea liberarle del dolor de la ofensa para que pueda vivir la vida abundante. Las ofensas vendrán, pero no tenemos que ofendernos.

Vanos argumentos

Para entender cómo opera la ofensa, debemos obtener un mejor entendimiento de los argumentos, porque las ofensas vienen de los argumentos:

Porque las armas de nuestra milicia no son carnales, sino poderosas en Dios para la destrucción de fortalezas, derribando argumentos y toda altivez que se levanta contra el conocimiento de Dios, y llevando cautivo todo pensamiento a la obediencia a Cristo. (2 Corintios 10:4-5)

Los *"argumentos"*, según se usa en este pasaje, son formas de pensar que son contrarias a la Palabra de Dios, y por lo tanto socavan la vida espiritual exitosa. Por ejemplo, quizá alguien muy cercano ha herido profundamente a una persona, y esta piensa: *No le perdonaré nunca*. Esta línea de pensamiento es totalmente contraria al mandamiento de Dios de perdonar.

¿Por qué los llamo *vanos* argumentos? Porque por lo general, estos argumentos tienen su raíz en el orgullo. Cuando nos concentramos en nosotros mismos más que en Dios o en otros, puede que seamos culpables de albergar orgullo. La mayoría de las ofensas vienen de nuestra tendencia a tomarnos todo de forma personal. ¿Sabe que lo que le hace el diablo no es personal? Parece personal, pero no es personal. Se lo hará a cualquiera. ¿Se imagina a un ladrón entrando en la casa de un jubilado, abriendo la puerta con una palanca, robando su televisor y un jarrón de cristal, y que una ancianita salga y diga: "¿Por qué me hace esto a mí? ¿Por qué a mí? ¿Por qué entró usted en mi casa?". Y que el hombre dijera: "¡Porque soy un delincuente, señora! Su casa era la más cercana a mí, y tenía que robar a alguien!". Así es como actúa el diablo.

MENTIRA DE SATANÁS: USTED ESTÁ EN EL CENTRO DEL PLAN DEL DIABLO.
#ELESPÍRITUDEOFENSA

¿Se imagina cómo se sintió Jesús cuando Judas Iscariote, alguien que había viajado con Él, enseñado con Él y trabajado con Él, después va y le vende por una bolsa de monedas? Sin embargo, ¡Jesús no se lo tomó como algo personal! Sabía que era Satanás intentando entrometerse en el plan de Dios. Nos vimos envueltos en el fuego cruzado entre el diablo y Dios. Recuerde: el diablo es el acusador de los hermanos. *Él* es quien intenta manipular su espacio mental y usar su mente para su taller.

Control mental

Las ofensas comienzan en la mente, pero si se dejan intactas, se convierten en fortalezas mentales que perpetúan la esclavitud y la derrota. Probablemente usted nunca pensó en las ofensas de este modo, pero es absolutamente crucial saber la verdad sobre este asunto extremadamente serio. Las ofensas comienzan como pensamientos que giran en nuestra mente. Una vez que aceptamos el pensamiento como propio, la ofensa searraiga en el corazón.

Recuerdo sentarme en un estudio bíblico hace varios años, y mientras el pastor estaba predicando, recibí el pensamiento: *Al pastor no le caigo bien*. El pensamiento era tan insistente y penetrante que lo acepté como un hecho. Me preguntaba qué le habría hecho yo al pastor para no caerle bien. Cada vez que me miraba, yo pensaba: *Está viendo en mí algo que no le gusta…*

Después, me di cuenta de que mi pastor no estaba pensando nada parecido a eso. Era un producto de mi imaginación. Con el paso del tiempo, fui capaz de disfrutar de una relación sana y emocionante con mi pastor porque estuve dispuesto a decir *no* a la ofensa. ¿Sabe que su mente puede jugarle malas pasadas? ¿Sabe que podemos rechazar a personas solo porque pensamos que nos están rechazando? Usted piensa que no le cae bien a alguien. A usted no le cae bien esa persona, así que supone que el sentimiento es mutuo. ¿Sabe algo? Todo podría estar tan solo en su mente.

DEBEMOS DISCERNIR LA DIFERENCIA ENTRE NUESTROS PROPIOS PENSAMIENTOS Y LAS ACUSACIONES QUE EL ENEMIGO PLANTÓ EN NUESTRA MENTE.

He experimentado esto de primera mano siendo pastor. Ya he perdido la cuenta de las veces que personas me han acusado de que no me caen bien. Dicen que lo saben por la expresión de mi rostro. La verdad es que, en la mayoría de los casos, ¡ni siquiera soy consciente de la expresión de mi rostro! Soy una persona expresiva, y a veces mi cara refleja lo que estoy sintiendo, lo cual no tiene nada que ver con las personas que tengo delante de mí.

Los creyentes se meten en problemas porque no reconocen que el pensamiento que se está propagando en su mente no viene de ellos. Es su responsabilidad interrogar cada pensamiento para asegurarse de que esté alineado con la Palabra de Dios, y si no está en línea con la Palabra de Dios, ¡deben derribarlo! El apóstol Juan nos dijo que probásemos los espíritus, para asegurarnos de que eran de Dios (véase 1 Juan 4:1). Pruebe los espíritus, interróguelos, entrevístelos: *¿De dónde vinieron? ¿Quién los envió? ¿Por qué están en mi cabeza? ¿Qué les dio la autorización para estar aquí? ¿Son ustedes de Dios? ¿Son del diablo? ¿Son de mi loco pasado? ¿Son de mi trauma? ¿De dónde vinieron?*, porque tengo que saberlo antes de aceptarlos como míos.

Si siempre se pregunta de dónde viene el pensamiento, se ahorrará mucho sufrimiento, muchos problemas, y muchas dificultades en su vida. Antes de que se vaya, antes de que abandone el barco, antes de irse del trabajo, antes de salir de la iglesia, antes de abandonar esa relación, antes de hacer algo que después lamente, compruebe. *¿Viene esto de mí?*

Una forma de saber cuándo un pensamiento viene del diablo es que cuando está alimentado por Satanás, usted no puede justificarlo o explicarlo. Cuando no es racional, cuando no puede cuantificarlo o calcularlo, cuando le ha puesto un filtro tornasol y aun así no tiene un buen resultado, entonces es satánico. El diablo es un mentiroso. Todo lo que dice es mentira. ¡Todo! ¿Enfermedad? Es una mentira. ¿Ataduras? ¡Mentira! ¿Pobreza? Mentira. La Biblia dice que tenemos que derribar esos argumentos. Derríbelos. No les deje que se queden demasiado tiempo.

Usted y yo no tenemos que someternos a patrones de pensamiento negativos. Podemos decidir vivir libres y en victoria. Podemos escoger deshacernos de duda, sospecha y temor. Dicho de forma simple, podemos tomar el control de nuestra mente, y derribar esos vanos argumentos. Recuerde: como creyente nacido de nuevo, su espíritu tiene jurisdicción sobre su mente. Solo porque llegue un pensamiento no significa que tenga que aceptarlo. Muchos pensamientos los envía el enemigo, pero están disfrazados como si fueran nuestros propios pensamientos, sentimientos y emociones. Podemos derrotarlos ejercitando autocontrol en nuestra mente.

La batalla de la mente

He escuchado decir que la mente es el campo de batalla de la guerra espiritual. ¡No podía ser más cierto! Nuestros pensamientos afectan a nuestro corazón, y nuestro corazón afecta a nuestras acciones, nuestras acciones moldean nuestro carácter, y nuestro carácter determina nuestro destino. En esencia, si queremos cambiar nuestra vida, debemos cambiar nuestra manera de pensar. Demasiados creyentes son hipersensibles, y se ofenden con facilidad. Por desgracia, se nos anima en el mundo occidental a creer que nuestros sentimientos y emociones tienen una importancia suprema. Pero la verdad es que la Biblia da una jerarquía muy diferente. Lo más importante para un cristiano es la Palabra de Dios, alias, la verdad. Cuando establecemos en nuestro corazón y nuestra mente que la verdad de Dios es la autoridad máxima para nuestra vida, podemos comenzar a ver la victoria.

Debe entender que las fortalezas están habitadas por fuerzas demoniacas. Satanás vive en el marco de los patrones de pensamiento negativos. Muchos cristianos han hospedado al diablo en una torre de apartamentos en su mente. ¡Y ni siquiera está pagando renta!

Recientemente, pasé conduciendo por lo que antes era un gran edificio, y me di cuenta de que el edificio había sido demolido. El equipo de demolición llegó y destruyó ese edificio durante la noche. En un momento estaba ahí, y al momento ya no estaba. Esta es la imagen cuando la Biblia nos dice que derribemos argumentos. En vez de "derribar", imagínese a un equipo de demolición dinamitando el edificio de sus vanos argumentos. La Biblia nos dice que demolamos cada fortaleza mental, y que destruyamos todo argumento que intente exaltarse sobre el conocimiento de Dios. ¿Cómo logramos esta hazaña? Dicho de forma simple, la Palabra de Dios es nuestra bola de demolición. Mediante la Palabra de Dios rompemos malos patrones de pensamiento arraigados en la ofensa.

**MENTIRA DE SATANÁS:
ES CORRECTO REVIVIR DIARIAMENTE
SU DOLOR Y DECEPCIÓN.
#ELESPÍRITUDEOFENSA**

Durante años sufrí los efectos debilitadores de la ofensa en mi corazón. Siempre que hablaba de la situación que había causado la ofensa, notaba que el dolor emergía, y me parecía tan real como lo era el día que sucedió. Un día el Señor me habló y me preguntó: "¿Por qué sigues reviviendo experiencias dolorosas?". Honestamente, hasta entonces nunca había pensado en lo que estaba haciendo. De hecho, incluso espiritualizaba esta práctica negativa. Pensaba: *Solo estoy hablando de mis experiencias*. Pero la verdad era que estaba erigiendo una estructura impía en mi mente.

Dios me estaba diciendo que era tiempo de derribar la vieja casa de dolor, trauma, experiencias negativas y amargura, para que Él pudiera construir una casa nueva, una casa de paz, gozo, gracia, amor y favor. Era tiempo de cambiar de dirección. Era tiempo de pasar de la Calle Apenas Puedo con Ello, número 666, a Calle de la Victoria, número 777. La forma de lograrlo es mediante la meditación en la Palabra de Dios. Con *meditar* no me refiero a ir a un templo budista, o hacer tai chi o yoga. La meditación bíblica conlleva pensar, hablar o musitar la Palabra de Dios para uno mismo, una y otra vez. Tenemos que renovar nuestra mente con la Palabra de Dios. Como dijo Pablo:

> *Así que, hermanos, os ruego por las misericordias de Dios, que presentéis vuestros cuerpos en sacrificio vivo, santo, agradable a Dios, que es vuestro culto racional. No os conforméis a este siglo, sino transformaos por medio de la renovación de vuestro entendimiento, para que comprobéis cuál sea la buena voluntad de Dios, agradable y perfecta.* (Romanos 12:1-2)

Cuanto más meditamos en la Palabra de Dios, más poder e ímpetu le damos al ariete que tiene el poder de demoler las fortalezas mentales.

¡Aleluya!

La prisión de la ofensa

El enemigo siempre usa una ocurrencia, situación o dolor para llevarnos a su malvado plan. La víctima a menudo ni siquiera reconoce que ha sido atraída hacia una trampa, hasta que es demasiado tarde. Por ejemplo, recuerdo una situación en particular en la que una persona de mi iglesia tenía la impresión de que yo hablaba acerca de ella en mis sermones. ¡Se sorprendería de la frecuencia con la que ocurre esto! Como resultado, comenzó a distanciarse de m,í y de las demás personas de la iglesia. Pensaba: *El pastor está hablando de mí desde el púlpito, ¿cómo pudo hacer una cosa así?* Comenzó a hacer juicios y evaluaciones basadas en su percepción de lo que realmente estaba ocurriendo. Finalmente dejó la iglesia.

¿Cómo podría algo aparentemente tan trivial hacer que alguien tome una decisión tan seria? No se trata de lo que ocurrió, sino de la forma en que se percibió. La *ofensa* se puede definir como una molestia o resentimiento suscitado por algo que se percibe como un insulto o desdén hacia nosotros mismos, o hacia nuestros estándares o principios. La persona resultó vejada y molesta por lo que percibió como un ataque personal contra su carácter. Irónicamente, yo no estaba hablando ni quiera de esa persona. Después, la persona regresó y expresó su agravio, y la situación se rectificó. Pero ¿a qué costo?

Hace años vi una película que se convirtió en una de mis favoritas, titulada *Huracán Carter*, protagonizada por Denzel Washington. Basada en una historia real, la película trata de un boxeador apodado "El huracán" que fue falsamente acusado de asesinato y encarcelado durante muchos años. Mientras estaba en prisión, el boxeador encontró la luz, y comenzó a escribir libros atractivos desde su celda. Un joven de Canadá leyó sus libros, y decidió hacer una campaña para exonerar al boxeador falsamente acusado. En una escena muy emotiva, el joven está frustrado porque su apelación no tuvo éxito y el boxeador sigue aún en prisión, y le dice al personaje de Denzel Washington: "¡Vamos a sacarlo de aquí!". Denzel Washington pacíficamente responde: "El odio me llevó a la cárcel, ¡pero el *amor* me va a sacar de ella!".

LA OFENSA NO ES SOLO UNA EMOCIÓN NEGATIVA; ES UN ESPÍRITU MALIGNO CUYA TAREA ES MANTENERLO ATADO.

Esa escena me recuerda a muchas personas en las iglesias hoy día. La ofensa es algo más que una mera reacción emocional al dolor, es un espíritu que produce atadura. Innumerables creyentes han sido llevados a la cárcel de la ofensa y la amargura como resultado de su aceptación de falsas acusaciones, mentiras y engaños del enemigo.

¿Cuántas personas nunca han rectificado el dolor que sienten, y en su lugar entran en un estado de resentimiento? ¿Cuántos están añadiendo una barra a su celda cada día, al habitar en un problema que realmente fue un malentendido? ¿Cuántos maravillosos siervos de Dios están sentados en cárceles que la iglesia ayudó a crear, o al menos no les advirtió que existían?

Amados, esta no es la voluntad de Dios. Debemos ser vigilantes para no dar al enemigo ningún lugar en nuestra vida. Debemos guardar nuestro corazón contra las ofensas, y debemos buscar la reconciliación los unos con los otros cuando se ha producido una ofensa. La ofensa quizá le haya encarcelado, ¡pero el amor y el poder de Dios le sacarán de ella en el nombre de Jesús!

Cómo romper el espíritu de ofensa

¿Cómo rompemos el espíritu de ofensa? Lo desglosaremos de forma más minuciosa en futuros capítulos, pero aquí tiene tres pasos importantes.

Perdón

El perdón rompe el poder de la ofensa. El Evangelio de Lucas nos dice en el capítulo 17: *"Si tu hermano pecare contra ti, repréndele; y si se arrepintiere, perdónale"* (versículo 3). Las Escrituras además nos dicen que deberíamos perdonar sin contar cuántas veces hemos perdonado. Jesús le dijo a Pedro que perdonara *"setenta veces siete"* (Mateo 18:22). Esto no significa que usted lo haga 490 veces, ¡y después deje de hacerlo! No, simbólicamente significa que debe perdonar infinitamente.

**MENTIRA DE SATANÁS:
SI NO PUEDE OLVIDARLO,
TAMPOCO PUEDE PERDONARLO.**
#ELESPÍRITUDEOFENSA

El problema en la Iglesia es que realmente no perdonamos. Ponemos a las personas en el limbo, y eso no es lo mismo que perdonar. Esencialmente, estamos diciendo: "Voy a darle un contrato condicional. Voy a ser amable con él, pero si él me la vuelve a jugar, le apartaré de mi vida para siempre". Pero Dios, en toda su misericordia y gracia, no guarda la misma estipulación con nosotros. A veces usted le pide a Dios que le perdone por lo mismo cien veces, y sin embargo Él nunca le rechaza cuando usted acude de nuevo a Él. Él es muy compasivo y amoroso. Él tiene la capacidad de olvidar las cosas. Ahora bien, usted no tiene la misma omnisciencia que Dios para *olvidar* las cosas, pero puede soltar esas cosas.

Eso es lo que significa: la palabra *perdón* significa "soltar". Tiene que soltarlo. Deje de aferrarse a cosas que le ocurrieron hace veinte años. Ya pasó. ¡Su ayer no tiene nada que ver con su presente! Si no fuera así, todos estaríamos descalificados, pero como servimos a un Dios que es incondicional en su gracia, Él no nos limita a lo que hicimos ayer. Él dice, con el sol de cada mañana: "Voy a darte un nuevo día con una misericordia nueva, y una oportunidad nueva para servirme hoy".

Muchas mujeres no han sabido reponerse debido a lo que les ocurrió en el pasado. Estoy aquí para decirles que, según la Palabra de Dios, su pasado no le define. No me importa lo que le ocurrió, o quién estuvo involucrado, o cuáles fueran los motivos, usted es hija del Rey, y no hay nada que el diablo pueda hacer para descalificarle de lo que Dios dice que usted es: realeza atesorada.

MENTIRA DE SATANÁS: ESTÁ BIEN SOÑAR DESPIERTO RESPECTO A LA VENGANZA.
#ELESPÍRITUDEOFENSA

La Biblia dice en Efesios 4:32: "Antes sed benignos unos con otros, misericordiosos, perdonándoos unos a otros, como Dios también os perdonó a vosotros en Cristo". Observemos que el perdón de Dios hacia usted no estuvo basado en su conducta. Estuvo basado en Cristo. Y el perdón de usted hacia otros no está basado en la conducta de ellos, sino en Cristo. Cuando le dice a alguien que le perdona, le está diciendo: "Te estoy perdonando, no porque merezcas ser perdonado, sino porque Dios me ordena que te perdone, y no voy a estropear mi vida con tus cosas mientras estoy aquí".

Arrepentimiento

El arrepentimiento también rompe el poder de la ofensa. Es la palabra griega *metanoia*, y significa "cambiar de idea; pensar distinto; girar". Tiene que darle la espalda a su ayer, y girar hacia la Palabra de Dios. En primer lugar, tenemos que arrepentirnos por albergar la ofensa. Tenemos que decir:

"Señor, perdóname por haberme estado aferrando a los vanos argumentos, para empezar".

"Dios, te pido que me limpies de esto".

"Señor, he albergado cosas en mi corazón que no son correctas. No te glorifican. No te honran".

"Señor, he hecho un ídolo de mi dolor".

¿Qué? ¿Un *ídolo*? ¡Sí! Podemos hacer un ídolo de nuestro dolor. Un ídolo es algo que ponemos en el lugar de Dios. Cuando dejamos que nuestras heridas dicten nuestras acciones, pensamientos y sentimientos, en lugar de permitir que la Palabra de Dios dicte nuestra vida, ¡entonces nuestro dolor es nuestro ídolo! Y la Escritura nos dice: *"No tendrás dioses ajenos delante de mí"* (Éxodo 20:3). Él dice que nos arrepintamos. Arrepiéntase y sea limpio. La Escritura es muy poderosa. Podemos orar con el rey David: *"Lávame más y más de mi maldad, y límpiame de mi pecado… Hazme oír gozo y alegría, y se recrearán los huesos que has abatido"* (Salmos 51:2, 8).

Cuando se aferra a rencores y ofensas en su corazón, le da el control sobre usted a aquel que le ofendió. En tiempos bíblicos, cuando alguien cometía ciertos delitos, delitos crueles, juntaban un cadáver a la persona, y la persona tenía que cargar a todos lados con ese cadáver durante días. Cuando el cuerpo se descomponía, la descomposición se convertía en un veneno para el cuerpo de la persona viva. Finalmente, el que cargaba el cadáver terminaba muriendo también. Así es la ofensa. Es como tener un hombre muerto pegado a usted. No le mata al instante, pero le mata lentamente. Es un asesinato lento. Por eso tiene que perdonar. Tiene que arrepentirse.

Tenemos que ser vigilantes e intencionales a la hora de silenciar la voz del enemigo que nos recuerda lo que ocurrió ayer. ¡Deje de permitir que el diablo le recuerde sus errores y sus faltas! Tiene que ponerse en ese lugar desde donde pueda darle gracias a Dios. Diga: "Dios, aunque ayer estaba destrozado, te doy gracias, Señor, porque tu gracia es suficiente para hoy y, Dios, recibo tu poder para entrar en mi destino".

Apartarse

"Mas os ruego, hermanos, que os fijéis en los que causan divisiones y tropiezos en contra de la doctrina que vosotros habéis aprendido, y que os apartéis de ellos" (Romanos 16:17). El apóstol Pablo amonestó a la Iglesia en Roma para que se fijaran en quienes causaban ofensas entre la Iglesia, y que se apartaran de ellos. La palabra *fijar* conlleva una idea interesante. Pablo le estaba diciendo a la Iglesia que tuviera cuidado con las personas que difundían ofensa. ¿Por qué? Porque la ofensa es como una enfermedad espiritual que puede infectar a las personas con las que entra en contacto.

Quiero que se imagine que está caminando por un pasillo oscuro, y no puede ver el suelo que tiene debajo. Va de camino a su destino, y de repente tropieza con algo, pero no puede ver lo que es. Se cae al suelo con dolor, intentando saber qué fue lo que le hizo tropezar. Así es como opera la ofensa; hace que tropiecen los creyentes que se sujetan a ella. El problema es que la mayoría de los creyentes no saben con qué están tropezando. ¿Se imagina vivir su vida cristiana siempre frustrado, y sin alcanzar nunca todo su potencial? ¿Siempre caminando en la oscuridad, tropezando con obstáculos? ¿Siempre sintiendo que le falta algo en su vida, y sin poder nunca identificar realmente qué es ese "algo"?

El enemigo de nuestra alma no quiere que florezcamos y prosperemos en las cosas de Dios, así que a menudo nos manipula para que miremos las circunstancias de nuestras vidas, y nos ofendamos con las cosas que nos suceden. Por desgracia, la Iglesia se ha convertido en un terreno fértil para las ofensas. No importa lo grande o pequeña que sea la ofensa, si permite que las ofensas persistan le harán caer. Gracias a Dios que tenemos una promesa en su Palabra: "*Y a aquel que es poderoso para guardaros sin caída, y presentaros sin mancha delante de su gloria con gran alegría*" (Judas 1:24).

Muchas personas han recibido abusos, espiritualmente hablando, en la iglesia, y hablaré de eso con más detalle un poco más adelante. Pero los líderes también deben guardar su corazón contra las ofensas. Una de las cosas más tóxicas en el cuerpo de Cristo es un líder ofendido. Por eso es importante que los líderes mantengan una perspectiva adecuada al relacionarse con el rebaño sobre el que Dios les ha puesto como líderes. En el instante en que usted se vuelva vengativo en sus tratos con las personas que tiene bajo su liderazgo, en ese mismo instante corre el riesgo de destruir la moral del rebaño, y desanimar su caminar de fe.

Su tarea en el reino es avanzar hacia delante, y hacia arriba. Todo aquello que le haga estancarse o tropezar no es de Dios. Repito, ¡no es de Dios!

Preguntas de discusión

1. ¿Por qué es inevitable la ofensa?
2. ¿Por qué la *mente* es el campo de batalla de la guerra espiritual, y no el corazón, la iglesia, la calle, el lugar de trabajo

o el hogar? ¿Ha experimentado la guerra espiritual en sus pensamientos?
3. ¿Cuáles son los tres pasos importantes para romper el poder de la ofensa?

Testimonio

Tras sufrir un divorcio muy desagradable, estaba muy amargada. Los médicos me diagnosticaron artritis reumática. Durante años sufrí en dolor y agonía, y finalmente me di cuenta de que probablemente tendría que vivir con dolor durante el resto de mi vida. Una noche fui a una reunión de iglesia donde estaba enseñando el Dr. Kynan. Nos dijo que soltáramos el dolor de nuestro pasado. Le pedí al Señor que me ayudara a perdonar a mi exmarido, y mientras hacía la oración para soltarlo esa noche, algo se fue de mí. ¡Literalmente me sentía más ligera! Sabía que algo había cambiado en mi cuerpo. Al día siguiente fui al médico, y no pudo encontrar ningún síntoma de inflamación reumática. El dolor se había ido, y experimenté el poder sanador de Dios. Dejé de permitir que el acusador sembrara amargura y enojo en mi corazón, y finalmente le dije *no* a la ofensa. ¡Gloria a Dios! —Anónimo

Oración

Padre, en el nombre de Jesús, te doy gracias por quien eres y por todo lo que has hecho en mi vida. Padre, reconozco que la ofensa es un espíritu que no viene de ti. Tomo autoridad sobre el espíritu de ofensa, y le ordeno que salga de cada área de mi vida. Renuncio a actuar en un espíritu de ofensa. Perdono libremente a todos aquellos que me han ofendido, herido o dañado. Rompo el poder de la ofensa en mi vida, y en las vidas de mis seres queridos. Reconozco que mi tarea en el reino es más importante que la ofensa. Echo fuera todo argumento vano, y derribo toda fortaleza mental. Todo pensamiento negativo debe irse de mí ahora. Padre, enséñame a honrarte en mi vida mental, y con mis palabras. Viviré libre de toda atadura en mi vida. ¡En el nombre de Jesús! Amén.

6
NO MUERDA EL CEBO

Mas os ruego, hermanos, que os fijéis en los que causan divisiones y tropiezos en contra de la doctrina que vosotros habéis aprendido, y que os apartéis de ellos". (Romanos 16:17)

Cuando era niño, vivíamos en una casa que tenía un sótano enorme. En un momento dado, mi padre descubrió que en el sótano había ratas. Aunque no eran muchas, eran *grandes*. ¿Qué se hace cuando uno descubre que hay ratas en su casa? ¡Comprar una ratonera, por supuesto! Mi padre compró una trampa de última generación supuestamente garantizada para funcionar bajo cualquier circunstancia. Realmente se parecía a una pequeña tienda de campaña con un piso lleno de pegamento. La idea era rociar con una mezcla de queso la entrada de la tienda para atraer a la rata. Cuando la rata entrara para comerse el queso, se quedaría pegada y finalmente, eso esperábamos, moriría.

Una tarde oí un sonido en el sótano, e imaginé que habíamos atrapado a nuestra primera rata. Emocionado, corrí hasta la trampa, y levanté el tejadito. Una rata enorme, que aún no se había pegado, saltó hacia arriba, y le dio un buen mordisco a mi dedo. Solté la trampa todo lo rápidamente que pude, y salí corriendo y gritando. ¡Esa fue una de las experiencias más dolorosas y aterradoras de toda mi vida!

Decir ahora que odio las ratas y las ratoneras no sería suficiente, pero los años que han pasado entre la experiencia y yo me han dado también otra perspectiva. Si aquello fue aterrador para mí, no puedo imaginarme lo que debió sentir la rata. ¿Se imagina el temor y la ansiedad de saber que quedó atascada para siempre solo porque comió algo de queso? ¿Realmente valió la pena? Si hubiera podido escapar, le puedo garantizar que la rata nunca habría vuelto a morder el cebo.

Muchos cristianos, como la rata del sótano, han mordido el cebo de la ofensa, y se han visto atrapados en un sofocante dolor y decepción. Van gritando e intentando tomar aire a medida que el sistema de Satanás va cercando su alma. He aconsejado a innumerables personas que se han quedado pegadas en su vida espiritual porque mordieron el cebo.

Yo he estado atrapado antes, y sé lo que es estar atado. ¿Cómo escapé? Responderé a esta pregunta en un momento, pero primero quiero examinar un poco más el cebo de la ofensa.

El apetito carnal

¿Por qué la rata busca el queso? ¿Por qué se siente tan atraída a su sabor? La razón es la misma por la que los seres humanos tienden a ofenderse: ambos han desarrollado un apetito carnal por ello. La Biblia dice: *"Porque los que son de la carne piensan en las cosas de la carne; pero los que son del Espíritu, en las cosas del Espíritu"* (Romanos 8:5). Desear las cosas *"de la carne"* es vital para entender por qué la ofensa contiene tal seducción para los creyentes.

El término *"de la carne"* denota acción o dirección. En otras palabras, aquellos que persiguen pensamientos, deseos y apetitos carnales pondrán su mente en esas cosas. Un apetito es un deseo natural de satisfacer una necesidad corporal, especialmente de comida. Cuanto más comemos de algo, ¡más lo deseamos! Es como un niño que solo quiere macarrones con queso porque solo come macarrones con queso. Lo mismo es cierto de la ofensa: cuanto más participemos de ella, más nos seducirá.

¿Alguna vez se le ha acercado alguien y le ha preguntado: "¿Has oído lo que ha dicho de ti Fulanito de tal?". Me apuesto todo lo que tengo a que en seguida sintió interés por saberlo. Pero es su naturaleza carnal lo que siente atracción por el conocimiento aparte de Dios. Así como el árbol del conocimiento del bien y del mal sedujo a Eva, muchos son seducidos por un conocimiento que no deberíamos tener. Hay una parte de nosotros que fácilmente es desviada por la idea de ser ofendido.

Hubo un estudio reciente que sugería que los estadounidenses eran la población más estresada del planeta. ¿Por qué? Me pregunto si es porque realmente *nos gusta* estar estresados. Muchas personas tienen hambre de enojo, enfado de conductor, frustración y desagrado. De hecho, si no están un poco irritados por algo, creen que algo anda mal.

Entonces ¿cuál es la solución? ¡Debemos cambiar nuestro apetito! ¿Cómo cambiamos nuestro apetito? Cambiamos nuestro apetito cambiando lo que comemos. En vez de entretener las voces de temor, dolor y enojo, debemos seguir una dieta saludable de la Palabra de Dios. La Biblia dice: *"Por lo demás, hermanos, todo lo que es verdadero, todo lo honesto, todo lo justo, todo lo puro, todo lo amable, todo lo que es de buen nombre; si hay virtud alguna, si algo digno de alabanza, en esto pensad"* (Filipenses 4:8).

El costo de la ofensa

En la Biblia leemos una historia muy interesante acerca de dos hermanos llamados Esaú y Jacob. Eran técnicamente gemelos, pero como Esaú salió primero del vientre, se le consideró el hermano mayor. En la cultura de ese tiempo, el hijo mayor tenía derecho a recibir la primogenitura: el privilegio que uno tenía desde su nacimiento, y que incluía la herencia prometida de tierras, posesiones materiales y bendiciones espirituales. ¡La primogenitura era algo muy serio! Uno pensaría que Esaú se aseguraría de tener a buen recaudo la suya. Pero veamos lo que ocurrió:

> *Y crecieron los niños, y Esaú fue diestro en la caza, hombre del campo; pero Jacob era varón quieto, que habitaba en tiendas… Y guisó Jacob un potaje; y volviendo Esaú del campo, cansado, dijo a Jacob: Te ruego que me des a comer de ese guiso rojo, pues estoy muy cansado. Por tanto fue llamado su nombre Edom. Y Jacob respondió: Véndeme en este día tu primogenitura. Entonces dijo Esaú: He aquí yo me voy a morir; ¿para qué, pues, me servirá la primogenitura? Y dijo Jacob: Júramelo en este día. Y él le juró, y vendió a Jacob su primogenitura. Entonces Jacob dio a Esaú pan y del guisado de las lentejas; y él comió y bebió, y se levantó y se fue. Así menospreció Esaú la primogenitura.* (Génesis 25:27, 29-34)

La Biblia dice que Jacob le ofreció a Esaú un potaje a cambio de su primogenitura. Está claro que no eran cosas de igual valor; sin embargo, con el hambre y la desesperación, Esaú ofreció algo de gran valor a cambio de un plato de comida. Esta es una ilustración perfecta de cómo el enemigo de nuestra alma nos engaña para robarnos nuestras bendiciones espirituales, convenciéndonos de que nuestro derecho a ofendernos es más importante que la "primogenitura" que Dios ha puesto a disposición de cada uno de sus hijos. Intercambiamos la gratificación a corto plazo de sentirnos ofendidos, por la recompensa a largo plazo de heredar el reino de los cielos.

A menudo se dice que nunca deberíamos tomar una decisión importante con el estómago vacío, y que en cambio deberíamos asegurarnos de tener una comida equilibrada. Lo mismo ocurre con las cosas espirituales. Debemos asegurarnos de no estar espiritualmente vacíos antes de actuar a base de una decisión que nos cueste nuestra primogenitura. Demasiados creyentes están vendiendo sus primogenituras espirituales por un pedazo de ofensa. El costo nunca merece la pena. Jacob no podía conseguirla por la fuerza, pero pudo suplantarla por medio del engaño. ("Jacob" significa *suplantador*). El enemigo de nuestra alma, de igual forma, intenta constantemente suplantar las promesas de Dios en nuestra vida.

Recientemente escuché una historia de un hombre que recibió un reloj de su tío. Era un Rolex viejo y maltratado que su tío compró en 1965. El reloj no parecía tener mucho valor; tenía arañazos y otras marcas en la esfera. Este hombre pensó que lo mejor sería mandarlo a reparar al fabricante y después venderlo, así que envió el reloj a la ciudad de Nueva York para repararlo. Mientras el reloj estaba en camino, fue a ver a un joyero, y le habló de su reciente adquisición. Por curiosidad, le pidió una valoración. Los ojos casi se le salieron de las órbitas cuando descubrió que el Rolex maltratado de su tío tenía un valor en la actualidad de 75.000 dólares. Su tío en un principio había comprado el reloj por casi 300 dólares, y su valor ahora se había multiplicado 250 veces. De inmediato contactó con el fabricante y le dijo que no lo reparase, porque abrir la caja trasera devaluaría el valor del reloj.

Este hombre no se había dado cuenta del valor de lo que poseía, y por eso estuvo dispuesto a enviarlo con la espera de conseguir algo de dinero de forma rápida. La Biblia dice que el ladrón viene para robar, matar y destruir (véase Juan 10:10). Es importante entender que el diablo *siempre* quiere robarnos algo. ¿Cómo roba? Roba a los creyentes convenciéndonos de que entreguemos algo de gran valor a cambio de algo de poco o ningún valor. ¡Su paz mental es más valiosa que un caro reloj Rolex! Pero si no conoce su valor, quizá lo deje ir a cambio de la gratificación a corto plazo de enojarse u ofenderse. Estoy aquí para decirle que el diablo quiere robarle su gozo y su paz, ¡y que usted debe decidir que no le dará lugar!

La pregunta que debe hacerse es esta: ¿Qué me costará? En otras palabras, ¿me saldrá muy cara esta ofensa? ¿Qué daño producirá en mi vida espiritual esta conversación? Mayores cosas esperan a los que devuelven amor a cambio de dolor, y paciencia a cambio de malicia.

**MENTIRA DE SATANÁS:
SI ES CRISTIANO, SU TAREA
ES SER OFENSIVO.**
#NOMUERDAELCEBO

Ofendido contra ofensivo

Ahora quiero que examinemos rápidamente la distinción entre estar *ofendido* y ser *ofensivo*. La Biblia nos dice en el libro de Hebreos que Esaú era un fornicario, y que vendió su primogenitura por un plato de comida (véase Hebreos 12:16-17). También dice que no encontró el arrepentimiento aunque lo buscó desesperadamente con lágrimas. En otras palabras, Esaú sucumbió a los deseos pecaminosos de su carne. Cuando la Biblia habla de la lujuria no siempre está hablando de lujuria sexual, sino que a veces se refiere a una lujuria de poder, de control, ¡e incluso de comida o bebida! Esaú tenía tanta hambre que no pudo ver la situación con claridad, sucumbió a su deseo, y vivió para lamentarlo. La amargura habló a su corazón, y decidió matar a su hermano (véase Génesis 27:41).

Así es como muchos creyentes pasan de estar ofendidos a ser ofensivos. Amados, no debemos permitirnos ser extremadamente sensibles, y hacer la obra del diablo por él. Debemos aprender de Esaú a ser cuidadosos para no permitir que nuestra ofensa nos haga volvernos ofensivos. Una vez que interiorizamos la ofensa, podemos estar seguros de que finalmente saldrá hacia fuera. La ofensa es como una campaña militar de ataque.

Hay muchas personas en el cuerpo de Cristo que han sucumbido a un espíritu ofensivo, y como resultado van por ahí atacando a todos los que encuentran a su paso. Atacan a pastores, atacan iglesias, y atacan a otros creyentes. La mayoría de ellos ni siquiera se dan cuenta de que son los perpetradores de este atroz comportamiento, y además, no reconocen que el acusador de los hermanos es quien está detrás de todo.

A VECES, LAS PERSONAS MÁS OFENDIDAS SON LAS PERSONAS MÁS OFENSIVAS.

Es bueno tener un nivel saludable de autoexamen en nuestra propia vida para evitar eso. Una vez aconsejé a un hombre que estaba batallando en su relación con otras personas en la iglesia. Se preguntaba por qué siempre le trataban mal. Un día, me detuve para ver sus interacciones con otras personas de la iglesia, y él era muy rudo y tosco. Entonces me di cuenta de que su problema no era estar *ofendido* (per se), sino el hecho de que él era muy *ofensivo* en sus palabras y acciones. Creo que hay más personas que entran en esta categoría de conducta de las que creemos. Por esto la Palabra de Dios y una relación íntima con el Espíritu Santo son cruciales cuando se trata de alcanzar una victoria duradera sobre la ofensa. No reparta lo que es incapaz de recibir. Haga a otros lo que le gustaría que otros le hicieran a usted.

¿Puedo ser totalmente sincero con los ministros y líderes? *Por favor*, asegúrese de no estar ministrando bajo una ofensa. Hay muchos líderes que están actuando con un alma herida. Permita que el Señor lleve sanidad a esas áreas para que su ministerio no se contamine por la disfunción. ¡No se convierta en un rey Saúl para otra persona!

Tenga cuidado con los agentes de ofensa

Permítame regresar a una clase de economía de secundaria y al principio de la oferta y la demanda para explicar mi siguiente punto: cuanto mayor sea la demanda, mayor será la oferta para suplir la demanda. Lo mismo es cierto de la ofensa. Debido a que la iglesia ha tenido apetito de ofensa, no ha habido escasez de personas ofendidas. De hecho, hay personas en la iglesia a quienes denomino agentes de ofensa.

Un agente es alguien que compra y vende bienes o activos para otros, o alguien que organiza o negocia algo. Los agentes de ofensa son aquellas personas en la iglesia que en seguida están dispuestas a ayudarle con su transacción de ofensa.

Por ejemplo, si el pastor o el liderazgo dice algo dañino u ofensivo, los agentes de ofensa estarán a su entera disposición, y llamarán para ayudarle con su herida. "El pastor no debería haberte dicho eso…". "Parece que el liderazgo está haciendo eso a todos…". "¡No me puedo creer lo que pasó!". A primera vista, esas personas pueden parecer inofensivas y de utilidad, pero en realidad son extremadamente nocivas. Es muy peligroso para su salud espiritual estar rodeado de personas que le ayudarán a ofenderse cada vez más.

Un día, estaba yo hablando con un miembro de la iglesia que comenzó a contarme lo que alguien había dicho de mí. Fue muy elocuente en su narración, sin omitir detalle alguno; y cuantas más cosas me decía, más herido y enojado me sentía. No me di cuenta de que debería haberlo detenido aún antes de empezar. En ese tiempo no sabía que esa persona distaba mucho de ser un amigo. Nunca se me ocurrió preguntarle qué le decía *él* de *mí* a la otra persona cuando yo no estaba presente.

SI ALGUIEN HABLA CON USTED DE OTRA PERSONA, *cierto*
¡TAMBIÉN HABLARÁ CON OTRA PERSONA DE USTED!

Esa persona era un agente de ofensa. Su tarea era hacerme actuar en la carne en lugar de andar en el Espíritu. No era un amigo, porque los amigos no se quedan con palabras falsas ni las divulgan. Un verdadero amigo le defenderá cuando usted no esté, y le animará cuando esté presente. Un verdadero amigo es un agente de esperanza y sanidad, en vez de ser un agente de dolor y aflicción. Sin embargo, con mucha frecuencia, nuestros amigos están más dispuestos a hablar del escándalo más reciente o a chismorrear, en vez de declarar el propósito de Dios a nuestra vida.

La abominación de la discordia

Uno de los pasajes más memorables de las Escrituras que he leído jamás se encuentra en el libro de Proverbios (también llamado el Libro de la Sabiduría). Como nota al margen, creo que todos deberíamos leer al menos un capítulo de Proverbios cada día para tener un mayor nivel de éxito en la vida y las relaciones. Escuche esta sabiduría:

> *Seis cosas aborrece Jehová, y aun siete abomina su alma: Los ojos altivos, la lengua mentirosa, las manos derramadoras de sangre inocente, el corazón que maquina pensamientos inicuos, los pies presurosos para correr al mal, el testigo falso que habla mentiras, y el que siembra discordia entre hermanos.* (Proverbios 6:16-19)

"Seis cosas que Dios aborrece, y la séptima es una abominación". ¡Es un lenguaje muy fuerte! Una *abominación* se define como algo que causa indignación o un profundo aborrecimiento. Uno pensaría que una abominación podría ser algo como el adulterio, la bestialidad o algún otro acto sexual perverso. (Esas cosas se enumeran como abominaciones en otros pasajes, pero no aquí). ¡No! Aquí, la abominación es *"el que siembra discordia entre hermanos"*. ¿Me está usted diciendo que la discordia entre hermanos es una abominación a los ojos de Dios? ¡Sin ninguna duda! Dios aborrece la riña y la división, y no se complace en aquellos que participan de tal conducta.

DONDE HAY DISCORDIA, ¡HAY CONTENCIÓN Y TODA OBRA PERVERSA DEL ENEMIGO!

¿Por qué se muestra Dios tan serio con la discordia? Porque todo lo tocante a su reino está basado en la unidad y la armonía. Nunca encontrará a la Trinidad en un desacuerdo; nunca verá a los ángeles discutiendo entre ellos. (De hecho, ¡un ángel intentó eso una vez y no le fue muy bien!). Todo en la creación trabaja en armonía, y cuando hay disonancia se producen desastres naturales. La Biblia dice: *"Porque donde hay celos y contención, allí hay perturbación y toda obra perversa"* (Santiago 3:16). Contención, perturbación y discordia son la atmósfera del mal. Esta atmósfera invita a Satanás y sus demonios a que actúen. Dios sabe que su presencia no puede prosperar en ese tipo de entorno, y por eso desprecia tanto la discordia.

La raíz hebrea de *discordia* también implica *juez* o *vindicador*. Dios sabe que Él es el único que puede desempeñar ese papel con éxito, y aborrece cuando intentamos ocupar su posición. Cuando participamos de la contención y la discordia, estamos actuando como Lucifer. Él intentó ascender a una posición que no le pertenecía. ¡No sigamos su ejemplo! En cambio, deberíamos esforzarnos por mantener la unidad del Espíritu en el vínculo de la paz (véase Efesios 4:3).

Descubriendo las semillas de discordia

Observemos que la Biblia no dice que la discordia se *crea*, la Biblia dice que se "*siembra*". La discordia comienza como una semilla, y esa semilla produce una cosecha. ¿Cómo sembramos discordia entre los hermanos? Mediante las palabras que decimos. He visto en mi propia experiencia como cristiano que la mayoría de las afrentas y ofensas se inician y empeoran mediante las palabras.

Una vez hace muchos años, una joven de nuestra iglesia se sintió despreciada por mi esposa porque mi esposa era bastante introvertida en ese tiempo, y no hablaba mucho. Con un espíritu reivindicativo, esa mujer hizo algunas fuertes acusaciones contra mí, y mediante esas falsas acusaciones se las arregló para enfrentarnos al liderazgo de la iglesia e intentó causar confusión entre mi esposa y yo. En una situación como esa, uno podría sentir que tiene derecho a atacar a una persona así y contraatacar la difamación o quizá incluso exponer a dicha persona públicamente como mentirosa. Pero en lugar de eso, permanecimos callados y mantuvimos nuestra paz. Más adelante pedimos la mediación de uno de los pastores asociados y la acusadora. Después de que arreglamos todo y sus declaraciones demostraron ser falsas, le abrazamos y le mostramos el amor de Cristo.

No fue fácil. De hecho, fue una de las cosas más difíciles que hemos hecho jamás. Poco después, el Señor usó a mi esposa para ministrar sanidad y restauración a la misma joven que antes había tratado de difamarnos. ¡El diablo fracasó! Aunque Dios intervino de forma sobrenatural, el plan del enemigo era dividir y vencer. Así es como opera la discordia. Se siembra una semilla en forma de acusación, y esa semilla produce una cosecha de contienda y confusión. Afortunadamente, ¡Dios canceló la cosecha!

Oro para que el Señor también cancele los planes del enemigo en su vida. Declaro una mala cosecha de cada semilla de contienda, confusión y discordia en su vida, ¡en el nombre de Jesús!

Diferenciar entre discordia y desacuerdo

Contrario a la opinión popular, nada de lo que decimos es inofensivo. Cada palabra que decimos (incluso las palabras vanas) tiene un efecto exponencial en las personas y las situaciones que nos rodean. Como creyentes, no tenemos derecho a expresarnos como queramos. ¡No quiero decir que no podamos estar en desacuerdo! En ningún lugar de la Biblia aprueba Dios el lavado de cerebro. Tenemos derecho a estar en desacuerdo, pero no tenemos derecho a sembrar discordia. En nuestra iglesia, animamos a las personas a pensar por sí mismas y a dialogar sobre diferencias de opinión, pero deben hacerlo de una forma que honre a Dios y a sus hermanos y hermanas. Las semillas de discordia son algo más que simples declaraciones de desacuerdo. Son declaraciones negativas sobre el liderazgo y otros miembros de la iglesia que no son honrosas o redentoras.

**MENTIRA DE SATANÁS:
SI NO ESTÁ DE ACUERDO
AL CIEN POR CIENTO, DEBERÍA IRSE.**
#NOMUERDAELCEBO

Por ejemplo, cuando llegan personas nuevas a nuestra iglesia que no son creyentes recién convertidos, me gusta preguntarles cómo fue su experiencia pasada con la iglesia. Si dicen: "Mi último pastor era horrible. No seguía al Espíritu Santo, y no hacía lo que dice la Biblia", de inmediato sé que hay una semilla dentro que posiblemente podría causar problemas, ¡porque esa declaración no suena llena de gracia y paz!

Entiendo que hay muchas situaciones en que personas tienen que dejar una iglesia y puede que hayan resultado heridas en el proceso, pero los que buscan sinceramente agradar a Dios deben tener cuidado con la forma en que hablan, para que sea de una forma honrosa y redentora. Si alguien necesita ayuda para vencer el dolor o el abuso, se le debería animar siempre a que busque buenos consejos.

Puede resultar muy difícil resistir, especialmente cuando está experimentando dolor, pero he aprendido que al otro lado del dolor espera el ascenso: "Si el espíritu del príncipe se exaltare contra ti, no dejes tu lugar; porque la mansedumbre hará cesar grandes ofensas" (Eclesiastés 10:4). ¿Qué tal si yo le dijera que con cada prueba que usted superó había un testimonio? Sé que suena a cliché, pero es totalmente cierto.

El espíritu vagabundo

Un querido pastor amigo mío me llamó, y me contó una situación que tenía en su iglesia. Estaba plantando una nueva iglesia en una nueva ciudad y estaba muy emocionado, pero un domingo, después de un poderoso servicio, un hombre se acercó a él, le miró con una expresión intensa, y le informó que en la Biblia no existen los pastores. Mi amigo movió su cabeza asombrado. No supo qué decir, así que me llamó y me consultó al respecto. Le dije que el hombre en cuestión probablemente supondría problemas.

Más adelante se descubrió que ese mismo hombre comenzó a tener reuniones con otras personas de la iglesia, y a acusar al pastor de incompetencia espiritual. Les dijo a otros que el pastor no predicaba la Biblia como debería. Finalmente, ese caballero se fue de la iglesia, y se llevó a unos cuantos con él. Esta es una historia muy trágica, pero sucede con mucha frecuencia.

Personas como el hombre de la historia son lo que yo denomino vagabundos espirituales. Como resultado del dolor y el rechazo en un momento concreto de su desarrollo espiritual, los vagabundos espirituales han adoptado una actitud negativa, cínica, y a menudo adversa hacia la iglesia. Como un vagabundo natural que vaga de un lugar a otro sin una casa o un trabajo, los vagabundos espirituales vagan de iglesia en iglesia sin asentarse nunca ni establecer sus raíces en la casa de Dios. A menudo tienen una fachada de hiperespiritualidad, pero en su interior son extremadamente sensibles y tienden a ofenderse. Ante los primeros síntomas de desacuerdo con el pastor o los miembros, se van. Si el pastor les corrige, se van. Si ven algo que no encaja en su idea preconcebida de lo que debería ser la iglesia, ¡se van!

> LOS VAGABUNDOS ESPIRITUALES NO NACEN;
> SE VUELVEN ASÍ COMO RESULTADO DEL DOLOR.

Desgraciadamente, estos individuos nunca reciben sanidad y plenitud, porque rehúsan someterse o convertirse en parte de la comunidad el tiempo suficiente como para conseguir la victoria.

En la mayoría de los casos, estas personas han estado en varias iglesias, y cada vez resultó como la anterior. Quizá el pastor dijo algo ofensivo, o ellos "discernieron" que algo no estaba en orden en la iglesia. Como dijo una vez un pastor: "No existe la iglesia perfecta, y si encuentra usted una, ¡dejará de ser perfecta cuando usted forme parte de ella!". Sin embargo, los vagabundos espirituales van sembrando discordia de iglesia en iglesia, obsesionados con las imperfecciones que encuentran, en vez de perseguir la paz y el crecimiento espiritual. Por otro lado, cuando los miembros de la iglesia persiguen fervientemente el entendimiento, habrá unidad y la comprensión de que todos somos una unidad trabajando hacia el mismo resultado: el avance del reino de Dios. La discordia y la división nunca prosperarán en una atmósfera de unidad y madurez espiritual.

Las ofensas no nos llevan a ningún lugar

En tiempos de la Biblia, e incluso en algunas ocasiones actualmente, tenían lo que se llamaba un "cazador de aves". Este ponía una trampa en el suelo, ponía comida dentro, y lo unía a un pequeño mecanismo para que cuando el ave se acercara al cebo, pisara un palito de la trampa y quedara atrapada. Quedaba amarrada. Quedaba encerrada. Quedaba limitada, y finalmente moría.

La palabra *ofensa* viene de la palabra griega *scandalon*, que también puede referirse al *cebo de una trampa*. La ofensa es el cebo de Satanás. Es el palito de la trampa del enemigo que hace que usted y yo tropecemos de forma prematura. Puede causar que una persona quede atada para que no pueda cumplir con su llamado y propósito. Por eso el espíritu de ofensa ha estado tan extendido en la iglesia. El enemigo sabe que si puede atrapar a las personas en sus garras, puede volverles inofensivos en su tarea.

Si reconociéramos que la ofensa es el cebo de Satanás, tendríamos cuidado de no ofendernos con tanta facilidad. ¿Está escuchando lo que digo? Vivimos en un momento de la historia en que tenemos que ser más vigilantes que nunca, porque el acusador de los hermanos está acechando en los lugares oscuros esperando para aprovecharse de nuestro dolor y decepción. Ahora bien, no estoy intentando glorificarlo a él, pero él está ocupado, está trabajando, está aprovechando cada rendija y fisura de su vida. Quiere que usted sucumba a sus apetitos carnales, se vuelva ofensivo, siembre discordia, y se convierta en un vagabundo espiritual. Amados, la ofensa no nos lleva a ningún lugar. Detengámonos.

Preguntas de discusión

1. ¿Ha experimentado personalmente que la ofensa le hizo volverse ofensivo? Descríbalo. ¿Cuál es la solución?
2. ¿Cómo se manifiesta la discordia en la iglesia? Por lo general, ¿de qué semillas brota?
3. ¿Es un "vagabundo" todo miembro que cambia de iglesia? ¿Por qué o por qué no? ¿Cuáles son algunos síntomas de ser un vagabundo espiritual?

Práctica

1. ¿Qué cosas difíciles de su pasado podrían estar reteniéndolo? Comience el proceso de ser libre al verbalizar su dolor ante Dios, y después declare que es una *"nueva criatura"* en Cristo, según 2 Corintios 5:17. ¿Cómo puede practicar el resto de este poderoso pasaje?

> *De modo que si alguno está en Cristo, nueva criatura es; las cosas viejas pasaron; he aquí todas son hechas nuevas. Y todo esto proviene de Dios, quien nos reconcilió consigo mismo por Cristo, y nos dio el ministerio de la reconciliación; que Dios estaba en Cristo reconciliando consigo al mundo, no tomándoles en cuenta a los hombres sus pecados, y nos encargó a nosotros la palabra de la reconciliación. Así que, somos embajadores en nombre de Cristo, como si Dios rogase por medio de nosotros; os rogamos en nombre de Cristo: Reconciliaos con Dios.* (2 Corintios 5:17-20)

2. Identifique áreas de ofensa en su vida y dé estos tres pasos: 1) ¿A quién debo perdonar? 2) ¿De qué debo arrepentirme? 3) ¿Cómo puedo evitar esto en el futuro?

3. No morder el cebo de Satanás implica que examinemos nuestros verdaderos motivos en todo momento porque, si no lo hacemos, nos arriesgamos a ir directamente a su trampa. Decida hoy mirar siempre a su interior, y discernir por qué está haciendo y diciendo algo. Pregúntese si eso alimenta y satisface su apetito espiritual o su apetito carnal. Haga el compromiso de no ser la persona que siembra discordia, sino la persona que siembra paz como ha de hacer un hijo de Dios (véase Mateo 5:9). Escriba las definiciones de discordia y paz, y haga una lista de maneras en que plantará lo segundo, y no lo primero, al avanzar.

Testimonio

Mi pastor nos enseñó recientemente cómo reconocer los orígenes del espíritu de enojo y vencerlo. Antes de ese mensaje, yo nunca pensé que batallaba con el enojo, y sin duda no sabía que era una batalla que había estado perdiendo durante años. Solía pensar que una persona enojada siempre lo manifestaba, era ruda y cruel, y tenía un problema de actitud, y yo no me veía así a mí mismo. Yo era tranquilo, distante, y lento para hablar. Había muchas veces en que tenía cambios de humor, de alegre a triste, o me molestaba con mucha rapidez, pero me decía para mí que se debía a que no estaba donde yo quería estar o pensaba que debería estar en la vida, mentalmente, financieramente, espiritualmente y emocionalmente.

Sabía que estaba descontento, insatisfecho y que era emocionalmente inestable, pero el mensaje que el pastor nos enseñó me hizo entender que en realidad yo estaba muy *enojado*: conmigo mismo. Él explicó que el enojo está arraigado en necesidades no satisfechas, emociones no cumplidas, egocentrismo, orgullo, falta de dominio propio y emociones tóxicas, y que el enojo agita el alma. Eso lo entendí sin ninguna duda, porque cuando pensé en todo lo que había experimentado y causado, y en las oportunidades que perdí o a las que di la espalda, no pude evitar admitir que yo trataba todos esos síntomas, y mi alma estaba definitivamente perturbada.

Y en la raíz de todo ello estaba la ofensa.

Yo estaba ofendido porque otras personas tenían más que yo, o eran más maduras espiritualmente que yo, aunque yo estaba recibiendo la misma información que ellos de la Biblia y en la iglesia. Y estaba ofendido conmigo mismo por no ser más extrovertido y ambicioso; ¡y estaba ofendido porque me sentí ofendido! Es una locura, ¿no es cierto? Sin embargo, hacer que sea una práctica mirar al interior, como la Palabra de Dios nos dice que hagamos, y examinarme a mí mismo y mis propios motivos e intenciones, me ha hecho experimentar paz y libertad que nunca sentí cuando me negaba a mirarme a mí mismo. Es una práctica continuada y diaria, y nunca volveré a vivir mi vida atrapado en el interior de la jaula de la ofensa. —Anónimo

Oración

Padre, en el nombre de Jesús, según tu Palabra, declaro que estoy vigilante y sobrio contra el diablo que anda como león rugiente buscando a quién puede devorar. Me apoyo en la promesa de tu Palabra, que dice que ningún arma forjada contra mí prosperará. Rehúso participar en forma alguna de calumnia y chisme. Rehúso abrir mi corazón al acusador de los hermanos. En cambio, decido dar cuentas a la Palabra de Dios. A partir de este día, caminaré en la naturaleza de Cristo. Actuaré en el espíritu de perdón.

Amén.

7
UN MODO MÁS EXCELENTE

Por tanto, si tu hermano peca contra ti, ve y repréndele estando tú y él solos; si te oyere, has ganado a tu hermano. Mas si no te oyere, toma aún contigo a uno o dos, para que en boca de dos o tres testigos conste toda palabra. (Mateo 18:15-16)

¡Hay un modo más excelente de responder al pecado que sentirse ofendido! Incluso si usted es víctima de la calumnia o el chisme, tiene una opción distinta a la de simplemente retirarse ofendido y con amargura. La Biblia dice que cuando su hermano peque contra usted, debe reprenderlo, y si se arrepiente, debe perdonarlo. Lo que no dice es que si su hermano peca contra usted, vaya a contarle a otro hermano lo que le hizo. Eso *no* está aprobado en las Escrituras ¡y tan solo perpetúa el pecado!

Lo primero, primero

Si yo le dijera al cristiano común que está en rebeldía contra Dios, probablemente me encontraría con una respuesta muy adversa, algo como: "¿Cómo se atreve a decir que estoy en rebeldía?". ¡Pero es cierto! La mayoría de los cristianos se rebelan contra la Palabra de Dios en sus *relaciones*. Jesús fue muy claro en su enseñanza a la Iglesia. Dijo que si nuestro hermano o hermana peca contra nosotros, debemos ir a esa persona. ¿Sabe que muchas personas quebrantan la Palabra de Dios en esta área? ¿Cuántos, en vez de ir a quien les ofendió, acuden primero a una tercera persona?

Hay un protocolo que debemos seguir cuando se trata de lidiar con las ofensas. Lo primero que Dios nos dice que hagamos es ir directamente a quien nos ofendió. ¿Por qué? Porque al hacerlo, damos a la persona que nos ha ofendido la oportunidad de tratar de cara la ofensa. He comprobado que en la mayoría de los casos cuando damos este primer paso, descubrimos que la ofensa realmente nunca había sido una ofensa; había sido simplemente el resultado de un malentendido o una mala comunicación.

Hace algún tiempo, durante una época muy ocupada, le pedí a mi esposa que me ayudara con un proyecto en particular, pero rápidamente me sentí poco satisfecho con el nivel de ayuda que estaba recibiendo de ella. Me enojé y me frustré. Sentí que no me estaba haciendo caso, y me ofendí. Un día, en mi frustración, comencé a quejarme con mi esposa y le pregunté por qué no me ayudó en ese proyecto en particular. Entonces ella comenzó a explicarme que estaba abrumada; la rutina diaria de la escuela, trabajo, hijos, y todas las demás responsabilidades ministeriales eran muy difíciles de balancear. No era cuestión de que no quisiera ayudarme, sino de intentar balancear todas las demás responsabilidades que ella tenía.

CADA VEZ QUE LLEVAMOS NUESTRAS QUEJAS EN PRIVADO A LA PERSONA QUE NOS OFENDIÓ, LE DAMOS A DIOS LA OPORTUNIDAD DE PRODUCIR SANIDAD Y BIENESTAR.

Me di cuenta de que no era cuestión de ofensa, sino cuestión de mala comunicación. Yo no estaba considerando todas las cosas que ella tenía encima y, en cambio, me estaba enfocando egoístamente en lo que yo necesitaba en ese momento. En sus esfuerzos por ayudarme, ella no quería quejarse de sus responsabilidades aunque estaba abrumada. Pude haber amado mucho mejor a mi esposa hablando con ella desde el principio, en lugar de enojarme y ofenderme.

Si alguien le ofende, vaya a él y dígaselo. Exprese lo que está sintiendo o sintió, y no lo guarde en su corazón y se quede por ahí enojado, dolido y rechazado. Por la gracia de Dios, nos podemos sentar y comer y tener comunión, e ir más allá de esa situación hacia algo distinto. Si se ha ofendido con su cónyuge, dígaselo. Irse a la cama enojado y sin querer hablar, dándose el uno al otro el trato del silencio, es algo que no tiene sentido, es infantil y una inmadurez.

Las Escrituras dicen que si su hermano peca contra usted, ¡debe ir a ese hermano! Pero solemos hacer lo contrario. Quebrantamos las Escrituras, nos aislamos, y después nos preguntamos por qué las circunstancias y situaciones son difíciles o están fuera de lugar. Tenemos que entender que no podemos quebrantar el orden de Dios. Hay una razón por la que Dios nos dijo que fuéramos a la persona cuando nos ofendamos con alguien: es porque Dios siempre está interesado en la restauración.

Cuando Dios tiene un problema con usted, Él va a usted. ¡Él no va a hablar de usted con el diablo! Cuando confrontamos bíblicamente a los "ofensores", como se nos dice, aportamos claridad a lo que ha ocurrido, y podemos avanzar más allá de la ofensa. Muchas veces, la situación no es lo que parecía ser.

Una conversación dolorosa

Hace años, estaba en lo que llamamos un servicio de vigilia, que es sencillamente un servicio el día de Año Nuevo. En nuestra iglesia alabábamos y adorábamos la noche de Año Nuevo, y justo antes de que comenzara el año nos lavábamos los pies los unos a los otros. Nuestro pastor aprovechó la ocasión para animarnos a perdonar a aquellos con quienes teníamos ofensas, y después a dar el siguiente paso de lavar los pies de esa persona en particular.

Esa noche, de inmediato vino a mi mente cierta persona. Era un hermano mayor de la iglesia que hablaba mucho y sin medir mucho sus palabras, y parecía que siempre tenía algo cínico y negativo que decirme. Por ejemplo, si alguien me felicitaba por haber sido aceptado en la universidad, se me acercaba y diría: "Esa universidad es demasiado cara, ¡y probablemente tampoco conseguirá ningún trabajo con esa carrera!". Si yo tenía alguna idea de cómo edificar nuestra iglesia, él la derribaba con algún sarcasmo. Regularmente me sentía menospreciado por él, y después de producirse ese tipo de situación durante algún tiempo, ¡yo me sentía muy ofendido!

Así que cuando el pastor nos pidió que nos reconciliáramos con las personas que nos hubieran ofendido, yo pensé de inmediato en ese hermano. Bueno, resultó que sí estaba entre la audiencia. Por lo tanto, en obediencia a la sugerencia de mi pastor, me acerqué a él y le dije: "Hermano, necesito hablar con usted". Le dije que estaba ofendido con él. Le dije que era una cuestión de diferencia de personalidades. Pero mientras hablaba, de repente él me interrumpió. "No, ¡permítame detenerle en este instante! No es una cuestión de diferencia de personalidades. Usted se dio cuenta de que estoy celoso de usted. Y tengo que ser sincero. No solo estoy celoso de usted, sino que sé que muchos otros hermanos de esta iglesia también están celosos de usted". Después se disculpó por albergar sentimientos negativos hacia mí.

¡Me quedé sin palabras! Yo me estaba enfocando en un aspecto de la ofensa, sin darme cuenta de que el asunto era mucho más profundo de lo que yo estaba experimentando. Por eso Jesús nos dice que vayamos directamente con nuestro hermano: eso nos da la oportunidad de resolver la situación y aportar claridad.

> **MENTIRA DE SATANÁS: SI ALGUIEN LE HIERE, EVITE A ESA PERSONA.**
> #UNMODOMÁSEXCELENTE

Por el contrario, siempre que decidimos acudir a una tercera persona en vez de ir directamente con nuestro hermano o hermana, dejamos la situación sin resolver, y el conflicto sin resolver es la raíz de la amargura y la ofensa. Por supuesto, debemos hacerlo en un espíritu de amor y humildad, no con enojo y frustración; y debemos buscar la reconciliación, ¡no una reivindicación de nuestra opinión!

Aun así, muchas situaciones son demasiado serias para resolverlas así, y debemos involucrar a una tercera persona. ¡Pero lo que estoy intentando decir es que tenemos que poner lo primero en primer lugar! Cuando verdaderamente buscamos encontrar un terreno común e ir directamente a nuestro hermano o hermana *primero* antes de involucrar a otros, descubrimos que la mayoría de nuestras ofensas se resuelven. O encontramos la raíz del asunto, como me pasó con el hermano de mi iglesia, y somos capaces de entender lo que realmente está ocurriendo.

Una manera mejor de responder

Un día, mientras ministraba en el extranjero, tuve la oportunidad de sentarme con una pareja de ancianos que necesitaba desesperadamente la intervención y restauración de Dios. Habían estado apartados de su iglesia local durante varios meses, y querían que yo les ministrara. Al comenzar a hablar, pude sentir que su dolor era muy profundo en sus corazones. Les pregunté qué era lo que ocurría.

CUANDO EVITAMOS A LA PERSONA QUE NOS OFENDIÓ Y OPTAMOS POR UNA TERCERA PERSONA, ES MUY POCO PROBABLE QUE LLEGUEMOS A LA RAÍZ DEL PROBLEMA.

Todo comenzó, dijeron, por cierta ropa que querían vender a la iglesia para conseguir algo de dinero extra para pagar unas facturas muy elevadas. Aparentemente, hubo una mala comunicación sobre dar la ropa a la iglesia, y la iglesia lo recibió como una donación en vez de una venta, así que esta pareja nunca recibió dinero a cambio de su ropa. En medio de su angustia por no poder cumplir con sus obligaciones financieras pertinentes, intentaron conseguir dinero por la ropa, o que les devolvieran los artículos. Pero otro miembro de la iglesia que estaba muy involucrado en esta situación hizo algunos comentarios ofensivos e insensibles a esta pareja. Ellos nunca recibieron el dinero que esperaban y, además, se sintieron humillados por alguien que estaba en el liderazgo. Resultaron tan dolidos por esa experiencia que se fueron de la iglesia y no habían vuelto desde entonces.

Esta pareja me pidió consejo. Lo primero que les dije que hicieran fue ir y hablar con su pastor.

"¿Por qué tenemos nosotros que ir a él?", preguntó ella.

"¡Porque la Biblia así lo dice!", exclamé.

La pareja me miró con cierta perplejidad. Parece que el pastor principal ni siquiera era consciente de que hubiera ocurrido algo así; la situación nunca llegó hasta su despacho. Contrario a la opinión popular, ¡los pastores no pueden leer las mentes! Hay muchas cosas que nunca llegan al conocimiento del pastor; y como pastor, ¡yo mismo puedo dar fe de ello!

Muchas personas creen que cuando se unen a la iglesia, se unen al cielo. Nada podría estar más lejos de la verdad. Y cuando las personas descubren que los miembros de la iglesia ciertamente se ofenden, se dan media vuelta y se van. Esta pareja nunca consideró que ellos fueran responsables de hablar con las personas que les ofendieron. Sin embargo, eso es exactamente lo que la Biblia nos dice que hagamos:

> *Por tanto, si tu hermano peca contra ti, ve y repréndele estando tú y él solos; si te oyere, has ganado a tu hermano. Mas si no te oyere, toma aún contigo a uno o dos, para que en boca de dos o tres testigos conste toda palabra. Si no los oyere a ellos, dilo a la iglesia; y si no oyere a la iglesia, tenle por gentil y publicano.* (Mateo 18:15-17)

MENTIRA DE SATANÁS: CUANDO USTED SE UNE A UNA IGLESIA, TODO SERÁ PERFECTO.
#UNMODOMÁSEXCELENTE

Esta pareja no obedeció el mandato bíblico de acudir a quien le hirió y, en cambio, decidieron acusar a su hermano. ¿Se imagina a cuántas personas llamaron para hablar del asunto antes de acudir a mí? Trágicamente, ninguna de esas conversaciones fue con el pastor de la iglesia. ¡Eso no es del Espíritu de Dios! Como resultado de su ofensa, esta pareja quedó en amargura y esclavitud. De hecho, sus cuerpos sufrían de artritis y otras enfermedades debilitantes. Yo creo que el único que se benefició de esa situación fue Satanás. Él fue quien lanzó acusaciones contra esa iglesia y contra el pastor en el corazón y en la mente de esta preciosa pareja. Aunque su dolor parecía legítimo, les estaba impidiendo disfrutar las bendiciones de Dios. A medida que oramos y clamamos, comenzaron a experimentar sanidad. La Palabra de Dios nos da el bosquejo para tener relaciones exitosas, y experimentar la vida abundante. Cuando no obedecemos la Palabra de Dios, lo hacemos a expensas de nuestra propia paz y libertad.

¡Los motivos importan!

Tengo que ser sincero con usted; este es un asunto muy personal para mí. He lidiado con la amargura y la ofensa en mi propia vida en el pasado, antes de que el Señor finalmente me liberase de su poder destructivo. La ironía era que yo ni siquiera sabía que estaba ofendido. Verá, nos resulta muy fácil ver a los *demás* como los que están equivocados. Es fácil para nosotros culpar a otro, porque podemos verlo físicamente. Nunca me di cuenta de que Satanás se estaba disfrazando detrás de mi dolor y decepción, y me estaba manipulando para que enfocase mi atención en lo que otros me estaban haciendo, y en mi derecho a estar ofendido, en vez de verlo a él como el mentiroso que realmente es.

ES LA NATURALEZA DEL ENEMIGO ACUSAR Y CALUMNIAR, PERO ES LA NATURALEZA DE CRISTO AMAR Y CUBRIR.

He aprendido con el paso de los años a no acudir nunca al diablo en busca de información. ¡Él mentirá todas las veces! Y no, no quiero decir que él se siente en el porche de su casa con un traje de cobra y le susurre al oído. ¡Sería fácil llamar a los policías si eso ocurriese! Pero así de sutil como lo fue con Eva, lo es con nosotros. Trabaja mediante las voces del chisme, la calumnia y la falsa acusación, y cuando las escuchamos, estamos escuchando al diablo.

Debe entender que el diablo fue testigo de la creación del hombre, un ser perfecto creado a imagen del Dios Todopoderoso. Estaba presente cuando Dios creó una especie que fue más celebrada que Satanás. El diablo tuvo celos de la humanidad, y quiso más que nada verlos fuera del huerto. Sus motivos fueron siempre robar, matar y destruir. Por definición, calumniar significa un intento malicioso de menospreciar, denigrar y verter una sombra sobre la víctima. Por desgracia, Eva nunca cuestionó el motivo de la serpiente aunque los motivos son el aspecto más importante de cualquier conversación. Pregunte siempre: "¿Cuál es su motivo?". Recuerde que el chisme no solo involucra una acusación negativa, sino también un *intento* de difamar.

A menudo las personas me hablan de sus frustraciones y acusaciones, como su pastor, esperando que yo llegue a una conclusión sobre el acusado. Muchas veces, el acusador parece muy sincero y genuino. Sin embargo, he llegado a la conclusión de que siempre hay *tres* versiones en cada historia: nuestra versión, la versión del otro, y la verdad.

Recuerdo a una persona que vino a mí acusando a alguien de la iglesia. Citaba la Biblia, y me miraba a los ojos con angustia y victimismo.

Estaba claro que esta persona era el santo maduro, bíblicamente centrado y súper espiritual que había sufrido el daño, ¿verdad? ¡Incorrecto! Al reunirme con las personas en privado, rápidamente me di cuenta de que las cosas no eran necesariamente como inicialmente me las habían contado. Resultó ser que la historia era mucho más grande de lo que me habían contado. La verdadera ofensa no tenía nada que ver con la acusación, sino con algo mucho más trivial. Básicamente se reducía a: "Pastor, ¡no me gustó la manera en que me hablaron!". Este asunto debería haberse resuelto entre los dos individuos involucrados. No era necesario que yo me involucrara, pero la parte ofendida quería una reivindicación por el dolor que había experimentado, incluso hasta el punto de exagerar la historia.

Ese día aprendí una lección muy valiosa: ¡las cosas no son siempre como parecen! Ahora, a menudo les digo a las personas que resuelvan sus problemas con la otra parte antes de involucrarme a mí. ¿Por qué lo enfoco de ese modo? No quiero ser cómplice del intento de nadie de calumniar a otra persona. No me malentienda; no todo el mundo intenta calumniar a otra persona al informar un problema o preocupación, pero la prueba del tornasol es siempre: *¿Cuál es su motivo?*

¿Cuál fue el motivo del diablo en el huerto ese día? Estaba intentando desacreditar a Dios, y arruinar las oportunidades que tenían Adán y Eva de gobernar y reinar en la tierra. Gracias a Dios que servimos a un Creador misericordioso y lleno de amor que tenía un plan de redención incluso antes de que el hombre fuera creado. ¡Aleluya! Como dice en Proverbios: *"El corazón del hombre piensa su camino; mas Jehová endereza sus pasos"* (16:9).

Desarrollar una defensa contra la ofensa

Debemos aprender a desarrollar una defensa contra la ofensa. Cuando yo era niño, teníamos la regla de los cinco segundos. Quizá usted tenía algo similar. La conclusión era que si se nos caía comida al suelo y la recogíamos antes de que pasaran cinco segundos, la podíamos comer sin temor a que estuviera contaminada. Por supuesto, la regla de los cinco segundos es un tanto ridícula, y no tiene base científica o evidencia alguna. La verdad es que la comida estaba tan sucia en un segundo como en cinco segundos. Sin embargo, la idea de la regla era crear un espacio de tiempo en el que nos permitíamos a nosotros mismos comer la comida, aunque se cayera al suelo.

El mismo concepto de los cinco segundos puede ayudarnos a crear una defensa contra la ofensa. Debemos tener un espacio interno que nos impida aceptar inmediatamente una ofensa en nuestra mente o nuestro corazón. Antes de permitir a su mente ir por el camino oscuro de ofenderse, pregúntese: "¿De verdad vale la pena esto?". Dedique cinco segundos a meditar en las consecuencias antes de permitir que la ofensa entre en su corazón. La ofensa es como las aguas residuales: una vez que camina por ellas, le dejan un residuo muy repugnante que puede ser muy difícil de eliminar. ¡Es mejor evitarlo! ¿Se imagina que aguas residuales inunden su casa? ¡Dios nos libre! Sin embargo hay miles, si no millones, de creyentes que aceptan la amargura en sus vidas. Muchos cristianos se permiten el lujo de ser contaminados por las aguas residuales de la ofensa. No se dan cuenta de sus efectos dañinos. Sí, puede ser gratificante para su orgullo a priori, pero a largo plazo será usted el que más lo sufra.

MENTIRA DE SATANÁS: OFENDERSE SIGNIFICA SOLO DAR LA CARA POR USTED MISMO.

#UNMODOMÁSEXCELENTE

Hay tres cosas que debe decidir en su mente si quiere desarrollar una defensa contra la ofensa:

1. No me ofenderé.

2. Mi condición espiritual es más importante que mi dolor.

3. No *permaneceré* ofendido.

Una vez que decida en su corazón y en su mente que no se ofenderá, será mucho más difícil que las ofensas se adhieran a su vida mental. Nunca debe subestimar el poder de una mente decidida. Cuando usted haya decidido que no permitirá que las acciones de otros le manipulen o controlen, estará capacitado para tomar decisiones de calidad con una base bíblica. Después de haber decidido en su mente que no se ofenderá, debe decidir que su bienestar espiritual es más importante que su supuesto "derecho a ofenderse". Esto hará que usted examine bien e interrogue sus pensamientos. ¿De verdad vale la pena esto? Sé que quizá está sintiendo el dolor o la decepción, pero ¿vale la pena hacerlo a expensas de su gozo y paz mental? Si ya ha abierto la puerta a la ofensa en su vida, ahora debe tomar la decisión de que no *permanecerá* ofendido.

Probablemente esté pensando: *¿Cómo puedo decidir no ofenderme? ¿Es ese un concepto realista?* La verdad es que hay muchas situaciones y circunstancias que están fuera de nuestro control. No pudimos evitar las circunstancias que rodearon nuestro nacimiento. Usted no pudo hacer nada para que sus padres no se divorciaran. Ni siquiera pudo controlar las situaciones que se dieron en su iglesia antes de que usted llegara. Sin embargo, sí tenemos la capacidad de controlar nuestra respuesta a esas cosas. Que una ofensa esté justificada o no es realmente irrelevante, porque *permanecer ofendido* nunca es aceptable, y está estrictamente prohibido por las Escrituras. El requisito de Dios de amar y perdonar no está basado en la conveniencia. Incluso cuando no es posible la reconciliación, deberíamos esforzarnos por vivir en paz con los demás y con nosotros mismos.

DEBEMOS TOMAR LA DECISIÓN DE QUE VIVIREMOS LIBRES DE LA OFENSA TODOS LOS DÍAS DE NUESTRA VIDA.

Fe versus sentimientos

Uno de los problemas de nuestra cultura moderna es que se nos ha enseñado a vivir por nuestros sentimientos. Creemos que si sentimos algo, eso automáticamente legitima las acciones subsiguientes relacionadas con nuestros sentimientos. Sin embargo, ¡la Biblia nos dice que no confiemos en nuestro corazón! *"Engañoso es el corazón más que todas las cosas, y perverso; ¿quién lo conocerá?"* (Jeremías 17:9). Contrario a la cultura popular, lo que usted siente (o lo que hay en su corazón) no siempre legitima, especialmente si no está basado en la Palabra de Dios. Debemos aprender a someter lo que sentimos a la verdad de Dios. Quizá usted no *sienta* ir a trabajar por la mañana, pero hay que pagar las facturas. Lo mismo es cierto espiritualmente hablando. En vez de preguntarse: *¿Cómo me siento acerca de esto?* pregúntese: *¿Qué dice la Palabra de Dios acerca de esto?*

Una vez, una mujer acudió a mí diciendo que sentía que el Señor le estaba guiando a separarse de su esposo. Le pregunté: "¿Tiene alguna razón bíblica para el divorcio? ¿Tiene su esposo algún problema?", y ella respondió: "No, tan solo siento en mi espíritu que tengo que dejarle".

Son innumerables las veces en que el "sentir" de las personas les ha llevado al caos y la confusión. Nos guste o no, Dios hace las reglas y nosotros debemos seguirlas. Recuerde que la sabiduría de Dios trasciende los siglos, ¡y de hecho, creó el mundo para empezar! Nuestra mente, por el contrario, generalmente está muy limitada a este siglo, y a lo que la gente que nos rodea dice y piensa. Nosotros solemos ser quienes llevamos el espíritu de este siglo a la iglesia, y normalmente eso no es algo saludable.

No sé usted, pero ha habido innumerables ocasiones en que yo decidí seguir mis sentimientos en lugar de seguir lo que sabía que Dios me había dicho que hiciera, y siempre me salió mal. Ahora bien, no estoy diciendo que los sentimientos no sean importantes, ¡porque sin duda alguna lo son! Dios a menudo los usa para apuntarnos en la dirección correcta, o para afirmar y fortalecer nuestras relaciones y decisiones. Sin embargo, debemos mantenerlos en el contexto apropiado. Cómo nos sentimos respecto a algo nunca debería reemplazar lo que Dios dice respecto a algo. El Espíritu Santo nunca le instará a hacer algo que vaya en contra de la Palabra de Dios.

SI NO FUE ALGO QUE DIJO DIOS, PUEDE ESTAR SEGURO DE QUE DIOS NO DIGIRIÓ ESO.

Este asunto del sentimiento está especialmente presente en la iglesia occidental. Es un lujo de una cultura más afluente. En vez de tener que enfrentarse a las necesidades básicas cada mañana (¿dónde dormiré esta noche? ¿Cómo alimentaré a mis hijos? ¿Cómo pagaré la siguiente factura?), muchos de nosotros nos vemos ante una enorme vorágine de decisiones. (¿Qué pasta de diente debo usar? ¿Qué tipo de carne debo comprar para comer? ¿Qué hace juego con estos pantalones?). Y se nos ha enseñado a confiar en nuestros sentimientos para tomar las decisiones de entre todas estas opciones. Piense en ello. ¿Cuántos anuncios están pensados simplemente para cazar nuestros sentimientos y deseos, influenciando así nuestras decisiones? *Old Spice. McDonald's. Apple.* ¡Todos buscan manipular nuestras emociones!

Es parte de la cultura de la charla psicológica que hemos aceptado en el mundo occidental. Se nos anima a estar siempre en contacto con nuestras emociones. Los padres incluso piden permiso a sus hijos pequeños antes de hacer las cosas: "¿Te *apetece* ir a casa de la abuelita esta noche?".

Ahora bien, como he mencionado antes, yo me crié en una cultura muy legalista. Estaba lo correcto y lo incorrecto, y cuidado con cualquiera que hiciera lo incorrecto. Esa cultura no es saludable porque no hay espacio para la gracia, sino tan solo para la ley; ¡pero no nos vayamos al otro extremo y tiremos toda la ley por la ventana! ¿Qué dijo Jesús? "Yo no he venido para abrogar la ley, sino para cumplirla" (véase Mateo 5:17). La ley sigue estando aquí. Jesús vivió una vida perfecta y cumplió los requisitos de la ley para que nosotros no nos *ganemos* nuestra salvación; se recibe por *gracia*. Sin embargo, ¿cómo deberíamos responder a esa gracia? ¡Siguiendo la Palabra por gratitud!

> *¿Qué, pues, diremos? ¿Perseveraremos en el pecado para que la gracia abunde? En ninguna manera... No reine, pues, el pecado en vuestro cuerpo mortal, de modo que lo obedezcáis en sus concupiscencias; ni tampoco presentéis vuestros miembros al pecado como instrumentos de iniquidad, sino presentaos vosotros mismos a Dios como vivos de entre los muertos, y vuestros miembros a Dios como instrumentos de justicia. Porque el pecado no se enseñoreará de vosotros; pues no estáis bajo la ley, sino bajo la gracia.* (Romanos 6:1-2, 12-14)

¿Cuáles son esas pasiones que obedecemos con tanta rapidez? En el lenguaje de hoy, las llamaríamos sentimientos.

A menudo huimos de las cosas que no nos gustan, y no queremos hacer. Huimos de la confrontación bíblica porque nos llama a comunicar las cosas que nos han dañado o herido. Si hacemos eso, damos cuentas de nuestros sentimientos negativos y, para ser francos, a las personas no les gusta rendir cuentas. Tome esto como su versículo para ayudarle a vadear los sentimientos: "¡el pecado no se enseñoreará de mí!" (véase Romanos 6:14).

Como oró Cristo

Además de poner emociones a nuestras decisiones, tendemos también a espiritualizarlas. Cuando alguien toma una mala decisión, a menudo usa la espiritualidad para justificarse. Una vez le pregunté a una persona por qué no siguió el mandato bíblico que vemos en Mateo 18 de ir directamente a la persona que le ofendió, y respondió que no sentía en su espíritu la necesidad de hacerlo. Irónicamente, Jesús no "sentía" la necesidad en su Espíritu de sufrir y morir por nuestros pecados. Él oró al Padre en el huerto, diciendo: *"Padre, si quieres, pasa de mí esta copa; pero no se haga mi voluntad, sino la tuya*" (Lucas 22:42). ¡Qué oración tan preciosa! Y me alegra que aunque oró para que pasara de Él la copa, cuando eso no sucedió, aún así bebió hasta la última gota amarga porque sabía que esa era la voluntad del Padre.

Cuando no sentimos la necesidad en nuestro corazón de hacer algo, podemos orar sinceramente: "Padre, ¡aparta esto de mí!". Y si Dios no lo aparta, tenemos que beberlo. Usted puede orar, pero no ponga excusas para desobedecer al Ser más alto del universo.

Preguntas de discusión

1. Según Mateo 18:15-17, ¿qué debería hacer si un hermano o hermana le ofende? ¿Alguna vez lo ha hecho?
2. ¿Cuáles son las tres cosas a decidir en su mente para desarrollar una defensa contra la ofensa?
3. ¿Dice la Biblia que es erróneo sentir emociones: gozo, amor, enojo, frustración, etc.? ¿Cuándo son problemáticas las emociones?

Testimonio

Me aterraba el conflicto y la confrontación, y había sido así durante toda mi vida. Para mí, confrontación representaba negatividad, y creía que siempre había un ganador y un perdedor en situaciones como esas, de modo que evitaba confrontar a *nadie*, incluso a expensas de mi propia paz mental, y con la posibilidad de perderme relaciones de calidad con personas que sabía que quería y necesitaba en mi vida.

Una noche en la iglesia, el pastor estaba hablando sobre límites y conflicto, y uno de los puntos principales del mensaje era que donde están en su lugar los límites de valorar a las personas, honrarlas y examinar mis propios motivos, no hay ninguna necesidad ni lugar para el temor al conflicto o la confrontación. Básicamente, si yo amaba y valoraba verdaderamente a mi amigo y lo dejaba claro antes de abordar el problema, entonces todo estaría bien y seguiría estando bien. A pesar de todo. Tomé la decisión de vivir mi vida con esa seguridad desde esa noche en adelante.

Antes de irnos esa noche, el pastor nos pidió que hiciéramos un ejercicio práctico en el cual escogiéramos a un compañero para "confrontarlo", y yo me uní a con la persona que tenía detrás. Él tuvo que inventarse una situación para hacer el ejercicio, ¡pero yo no tuve que hacerlo! En ese momento estaba batallando con confrontar o no a alguien que me importaba mucho, y practicar lo que aprendí aquella noche, a expresar lo que estaba sintiendo de manera saludable, abrió mis ojos a los beneficios de la confrontación piadosa. Todavía no había hablado con esa persona, pero tan solo saber que podía enfocar la situación correctamente y con bondad, y que todo estaría bien debido al alto nivel de valor que daba a mi amigo, hizo que deseara restaurar nuestra relación inmediatamente. E hice precisamente eso. Nada puede compararse a la libertad verdadera, la cual proviene siempre de manejar las cosas del modo en que Dios nos enseña a manejarlas. —*Anónimo*

Oración

Padre, en el nombre de Jesús te doy gracias por quien eres y por todo lo que has hecho en mi vida. Padre, reconozco que la ofensa es un espíritu que no viene de ti. Tomo autoridad sobre el espíritu de ofensa, y le ordeno que se vaya de cada área de mi vida. Me niego a actuar en un espíritu de ofensa. Perdono libremente a todos los que me han ofendido, herido o lastimado. Rompo el poder de la ofensa en mi vida y en las vidas de mis seres queridos. Reconozco que la tarea del reino es más importante que la ofensa. Echo fuera todo argumento vano, y derribo toda fortaleza mental. Cada pensamiento negativo debe irse de mí ahora. Viviré libre de toda atadura en mi vida. En el nombre de Jesús.

Amén.

8
CUIDADO CON BALAAM Y ABSALÓN

Entonces dijo Dios a Balaam: No vayas con ellos, ni maldigas al pueblo, porque bendito es. (Números 22:12)

Quiero compartir con usted una historia muy interesante y profunda de la Biblia, que presenta a un profeta en concreto llamado Balaam. Escuche lo que ocurrió:

Partieron los hijos de Israel, y acamparon en los campos de Moab junto al Jordán, frente a Jericó.

Y vio Balac hijo de Zipor todo lo que Israel había hecho al amorreo.

Y Moab tuvo gran temor a causa del pueblo, porque era mucho; y se angustió Moab a causa de los hijos de Israel.

Y dijo Moab a los ancianos de Madián: Ahora lamerá esta gente todos nuestros contornos, como lame el buey la grama del campo. Y Balac hijo de Zipor era entonces rey de Moab.

Por tanto, envió mensajeros a Balaam hijo de Beor, en Petor, que está junto al río en la tierra de los hijos de su pueblo, para que lo llamasen, *diciendo: Un pueblo ha salido de Egipto, y he aquí cubre la faz de la tierra, y habita delante de mí.*

Ven pues, ahora, te ruego, maldíceme este pueblo, porque es más fuerte que yo; quizá yo pueda herirlo y echarlo de la tierra; pues yo sé que el que tú bendigas será bendito, y el que tú maldigas será maldito.

Fueron los ancianos de Moab y los ancianos de Madián con las dádivas de adivinación en su mano, y llegaron a Balaam y le dijeron las palabras de Balac.

El les dijo: Reposad aquí esta noche, y yo os daré respuesta según Jehová me hablare. Así los príncipes de Moab se quedaron con Balaam.

Y vino Dios a Balaam, y le dijo: ¿Qué varones son estos que están contigo?

Y Balaam respondió a Dios: Balac hijo de Zipor, rey de Moab, ha enviado a decirme: He aquí, este pueblo que ha salido de Egipto cubre la faz de la tierra; ven pues, ahora, y maldícemelo; quizá podré pelear contra él y echarlo.

Entonces dijo Dios a Balaam: No vayas con ellos, ni maldigas al pueblo, porque bendito es. (Números 22:1-12)

El rey moabita, Balac, escuchó de las terribles acciones de los israelitas, y tuvo miedo de que le arrebataran su reino, así que ofreció dinero al profeta Balaam para que pronunciara una maldición sobre los hijos de Israel. Pero Dios le dijo a Balaam que no podía, porque los hijos de Israel estaban bendecidos.

Balaam y el creyente actual

¿Qué tiene que ver esta historia con nuestra conversación sobre la calumnia, el chisme y la ofensa? ¿Qué tal si le dijera que la calumnia es mucho más que proferir frases negativas o dañinas sobre otro? ¿Qué tal si le dijera que participar de estas actividades entra en la categoría de "maldecir" a otros?

Probablemente deberíamos detenernos aquí y definir a qué me refiero con la palabra "maldecir". El término "maldición" aquí se refiere a una abominación o una declaración solemne, con la intención de invocar a un poder sobrenatural para que inflija daño o castigo sobre alguien o sobre algo. En otras palabras, una maldición es una imprecación de maldad.

Esencialmente, Barac le estaba pidiendo a Balaam que usara sus palabras y su influencia para declarar cosas malas sobre Israel, provocando así su destrucción. Gloria a Dios que la Biblia dice que aquel a quien Dios ha bendecido, ¡ningún hombre puede maldecirlo! (Véase Números 23:8).

La misma táctica clandestina y siniestra se está utilizando en la iglesia hoy día. Pero la Biblia nos dice: *"Bendecid a los que os persiguen; bendecid, y no maldigáis"* (Romanos 12:14). Si la Biblia nos dice que bendigamos y que no maldigamos, ciertamente esto sugiere que incluso los cristianos pueden maldecir a otros. Y sin duda, muchos creyentes utilizan su boca para decir cosas malas de sus hermanos y hermanas en Cristo.

MENTIRA DE SATANÁS:
LOS CRISTIANOS NO PUEDEN
MALDECIRSE ENTRE ELLOS.
#CUIDADO CON BALAAM

Un día estaba yo al teléfono hablando con un pastor, y este hombre comenzó a contarme que había oído de parte del Señor que varias iglesias de nuestra ciudad iban a quedar expuestas. El pastor me dijo que Dios había marcado a esas iglesias para la destrucción, y además dijo que él mismo había pronunciado un juicio sobre esas iglesias. Cuando dijo eso, algo dentro de mí se retorció. ¡Eso no se parecía al Espíritu Santo! ¡No creo que esa fuera la voluntad de Dios! Y estoy totalmente convencido de que eso va en contra de las Escrituras. Ya sea que este pastor lo supiera o no, estaba profiriendo una maldición sobre esas iglesias. Estaba usando su lengua para pronunciar calamidad y destrucción sobre la Iglesia de Dios. Por desgracia, una de las iglesias que mencionó fue finalmente desmantelada. ¿Cuál habría sido el resultado si este pastor hubiera bendecido a la iglesia en vez de maldecirla?

Los peligros de un espíritu de juicio

A menudo he escuchado a personas decir que es nuestro deber exponer el pecado los unos de los otros. Ellos sienten que deben hablar en contra de las personas y las cosas que están equivocadas. ¡No estoy de acuerdo! Aunque creo firmemente que debemos decir la verdad con osadía y defender la santidad, eso es muy distinto a señalar a las personas por sus errores y anunciar una imprecación. No hay ningún versículo en la Biblia que nos diga que vayamos por ahí exponiendo los pecados de las personas. Pero *sí* hay versículos en la Biblia que nos dicen que nos examinemos a nosotros mismos. (Véase, por ejemplo, Salmos 119:59; Lamentaciones 3:40; Mateo 7:5; 1 Corintios 11:27-31; Gálatas 6:4; 1 Juan 3:20-21).

Puedo hablar sobre este tema porque fui culpable de esto mismo que estoy denunciando. Durante años creí que era mi tarea identificar y señalar los pecados de otros, sin darme cuenta de que Dios quería que primero tratara el pecado en mi propia vida.

> **DIOS NOS HA LLAMADO A DECLARAR BENDICIONES, NO MALDICIONES, SOBRE FAMILIAS, MINISTERIOS Y NOSOTROS MISMOS.**

Muchas personas sienten que si bendicen en vez de maldecir, están siendo débiles. Según la visión humana, la persona más dura, grande, alta y mala también es la más fuerte. ¡Nada podría estar más lejos de la verdad! Según la historia de la pequeña nación de Israel y las palabras de Jesús mismo, la verdad es que cualquiera que conozca su debilidad será hecho fuerte. Meditemos en estos versículos:

El pequeño vendrá a ser mil, el menor, un pueblo fuerte. Yo Jehová, a su tiempo haré que esto sea cumplido pronto. (Isaías 60:22)

Porque lo insensato de Dios es más sabio que los hombres, y lo débil de Dios es más fuerte que los hombres. (1 Corintios 1:25)

Y me ha dicho: Bástate mi gracia; porque mi poder se perfecciona en la debilidad. Por tanto, de buena gana me gloriaré más bien en mis debilidades, para que repose sobre mí el poder de Cristo.
(2 Corintios 12:9)

Jesús, cuando estaba colgado en la cruz, no aprovechó esa oportunidad para pedir que descendiera fuego del cielo y juicio sobre sus perseguidores, sino que oró, diciendo: *"Padre, perdónalos, porque no saben lo que hacen"* (Lucas 23:34). Seguro que debería haber maldecido al sumo sacerdote, a Judas Iscariote que le vendió por treinta monedas de plata, o incluso a sus propios discípulos por abandonarlo en su momento más oscuro;

pero en lugar de eso vemos algo totalmente distinto en nuestro Señor. Él *bendijo* a las mismas personas que le estaban haciendo daño. ¿Puede creerlo? ¡Debemos imitar su ejemplo! Debemos orar por nuestros enemigos, y hacer bien a quienes nos utilizan y nos persiguen (véase Mateo 5:44).

¿Ha experimentado alguna vez dolor o sufrimiento a manos de otro? Yo pasé por una experiencia dolorosa hace algunos años, cuando alguien que era muy cercano a mí me hizo un daño muy profundo. Para añadir insulto a la injuria, dicha persona fue por ahí difamándome y hablando en mi contra, cosas que en su mayoría no eran ciertas. Yo quería defenderme y limpiar mi nombre, pero un día, mientras pensaba en una defensa bien planificada contra la calumnia, el Espíritu Santo me habló de una forma muy clara y concisa. Me dijo: "No digas ni una palabra". Yo me quedé estupefacto con esa instrucción. "Pero Dios, ¿no sabes que están hablando contra mí? ¡Están deshonrando al hombre de Dios!", insistí yo. Pero de nuevo oí la voz, una voz suave: "No digas ni una palabra". Entonces el Señor siguió diciendo: "Bendícelo". Con lágrimas en los ojos y un corazón lleno de dolor, comencé a declarar bendiciones sobre esa persona.

CADA VEZ QUE HABLAMOS EN NUESTRA PROPIA DEFENSA, OBSTACULIZAMOS EL JUSTO JUICIO DE DIOS. DECLAREMOS HECHOS, ¡PERO DEJEMOS LA DEFENSA AL ALTÍSIMO!

Es tentador querer arreglar las cosas, pero la Palabra de Dios nos dice que bendigamos a quienes nos ofenden. Al bendecir a la persona que me hizo daño, me estaba liberando a mí mismo de la atadura. De repente, comencé a experimentar una libertad que nunca antes había experimentado. Mi corazón se hizo más ligero, mi mente más clara, y pude alabar a Dios sin el dolor debilitante de la ofensa en mi corazón.

El punto de mi testimonio no es fingir que nunca le he hecho nada malo a nadie, ni siquiera sugerir que no lastimé a la persona de la que acabo de hablar. El punto es que las relaciones pueden ser muy desafiantes, e incluso las personas con las mejores intenciones pisan a otros sin querer. Pero juzgar a todo el que haya hecho lo malo y defendernos a nosotros mismos no ayuda a mejorar la situación. El verdadero poder reside en someternos a la situación, a Dios, y bendecir a otros en lugar de participar en una maldición santurrona.

Hechicería en la Iglesia

En la historia de Balaam, el rey moabita representa a Satanás. Satanás, como Balac, no tiene el poder para maldecir a los hijos de Dios, así que usa a personas dentro de la iglesia para hacer su trabajo. Siempre que usamos nuestra boca para pronunciar mal sobre otra persona, en verdad estamos liberando una maldición sobre ella, y participando en un espíritu de hechicería.

De niño, el concepto de hechicería realmente nunca tuvo mucho sentido para mí. Sinceramente, pensaba que solo existía en los dibujos animados. Sin embargo, cuando me hice adulto y comencé a viajar por el mundo predicando el evangelio, pude experimentar el poder del lado oscuro de primera mano. He visto a personas manifestándose demoniacamente justo delante de mis ojos.

Quizá usted tenga un concepto similar de la hechicería como el que yo solía tener. Quizá se imagine a un curandero africano o un sacerdote vudú haitiano. Sin embargo, la iglesia americana tiene algunas de las formas más extremas de hechicería que jamás he visto en todos mis viajes. No estoy hablando de trances o proyección astral: estoy hablando de la hechicería que sale de los bancos y a menudo desde el púlpito.

En Gálatas 5:19-21 leemos: *"Y manifiestas son las obras de la carne, que son: adulterio, fornicación, inmundicia, lascivia, idolatría, hechicerías, enemistades, pleitos, celos, iras, contiendas, disensiones, herejías, envidias, homicidios, borracheras, orgías, y cosas semejantes a estas; acerca de las cuales os amonesto, como ya os lo he dicho antes, que los que practican tales cosas no heredarán el reino de Dios"*. Aquí vemos un listado de las *"obras de la carne"*, y enumerada entre ellas está la *"hechicería"*. Esta palabra viene de la palabra griega *pharmakeia*, que se traduce como el uso o la administración de fármacos, envenenamiento, o brujería, artes mágicas y engaño.

¿Por qué nos advertiría la Biblia contra la hechicería? ¿No estaba escribiendo el apóstol Pablo a cristianos? Este concepto es mucho más amplio de lo que nos damos cuenta. De esta palabra obtenemos la palabra *farmacia*. En otras palabras, Pablo se está refiriendo a esos "farmacéuticos" en la iglesia que envenenan a las personas con sus palabras. Hay muchos farmacéuticos espirituales que están entregando recetas ilegales en la iglesia, y no son tranquilizantes ni oxicodona, sino chismes y falsas acusaciones. Su precio es barato, pero el costo es tremendo. De hecho, son una forma de manipulación y control que la Biblia llama *"hechicería"*. ¡La Palabra de Dios lo prohíbe!

Las personas a veces suponen que cuando hablamos de hechicería en la iglesia estamos exagerando, ¡pero no es así! Hay muchas iglesias que están llenas de feligreses que practican hechicería en los bancos. Algunos son conscientes de ello y otros no.

CADA VEZ QUE UNA PERSONA USA SUS PALABRAS PARA IMPLORAR MAL, DOLOR, DESTRUCCIÓN O CALAMIDAD EN LA VIDA DE OTRO, ESTÁ PRACTICANDO HECHICERÍA.

Hay dos extremos cuando se trata de hechicería: manipulación y control como una obra de la carne, y brujería. La brujería conlleva emplear el poder de espíritus malignos para infligir daño a otra persona, ya sea de forma espiritual o física. Muchas personas no comienzan con la intención de emplear espíritus malignos, sencillamente están heridas y frustradas, pero si no hay arrepentimiento de esta conducta, finalmente avanzará hasta la brujería. Si la hechicería es manipulación y control, entonces los que practican estas actividades impías son hechiceros y brujos.

Escuché una historia de un pastor que estaba frustrado por el lento crecimiento de su ministerio. Oraba y ayunaba, y se preguntaba por qué la iglesia no estaba progresando. La adoración era increíble, la Palabra era poderosa. ¿Cuál era el problema? Mientras ayunaba y oraba, el Señor comenzó a destapar que había hechicería en la iglesia. Uno de los líderes principales en la iglesia estaba envenenando a las personas en un intento de usurpar la autoridad del pastor. En otra ocasión, oí sobre una líder de intercesión que profería maldiciones sobre líderes clave en la congregación, y al hacerlo, ellos comenzaron a enfermarse, uno por uno. Finalmente, las personas de la iglesia se dieron cuenta de lo que estaba pasando, tomaron autoridad sobre esta actividad satánica, y echaron a esa persona del liderazgo.

El espíritu de Absalón

¿Conoce la historia bíblica de un hombre llamado Absalón, el tercer hijo del rey David? Absalón se metió en un mundo de dolor, y todo comenzó con un delito casi impensable. Otro hijo de David, Amnón, tuvo una atracción incestuosa hacia su propia hermana, Tamar, y la violó. Es difícil imaginar algo tan perverso. El rey David se enteró de esta trágica situación, pero no castigó a su hijo Amnón.

¡Absalón se enfureció porque su hermana Tamar no hubiera recibido justicia! Dos años después, Absalón decidió hacerse cargo de la situación y matar a su hermano Amnón, y así lo hizo. Para huir de la retribución de su padre por asesinato, Absalón huyó del país. Años después, finalmente regresó a Jerusalén para hacerse cargo nuevamente del asunto por sí mismo:

> *Y se levantaba Absalón de mañana, y se ponía a un lado del camino junto a la puerta; y a cualquiera que tenía pleito y venía al rey a juicio, Absalón le llamaba y le decía: ¿De qué ciudad eres? Y él respondía: Tu siervo es de una de las tribus de Israel. Entonces Absalón le decía: Mira, tus palabras son buenas y justas; mas no tienes quien te oiga de parte del rey. Y decía Absalón: ¡Quién me pusiera por juez en la tierra, para que viniesen a mí todos los que tienen pleito o negocio, que yo les haría justicia!* (2 Samuel 15:2-4)

Observemos un par de cosas sobre este relato bíblico. Absalón estaba enfurecido contra su hermano Amnón, porque Amnón ciertamente hizo algo terrible. Pero Absalón dejó que esa furia se convirtiera en amargura con el paso de los años, hasta que se tomó la justicia por su mano, y mató a Amnón. Ciertamente podemos entender su ira, pero Absalón no manejó bien la ira. ¿Por qué no insistió inmediatamente en que el rey David ejecutara justicia?

Entonces, cuando Absalón estaba en el exilio, en vez de seguir adelante con su vida, parece que dejó que su amargura contra su padre creciera hasta convertirse en un enorme plan para derrocar a su padre y hacerse con el reino. La táctica era convencer a todos de que él ciertamente era mejor rey que su padre, y sembrar discordia y descontento en el reino de su padre. Y así fue, como dice la Biblia: *"y así robaba Absalón el corazón de los de Israel"* (2 Samuel 15:6).

A veces, cuando las personas escuchan la historia de Absalón, se enfocan en el hecho de que suplantó el reino de su padre. Se enfocan en la rebeldía que dividió el reino de Israel y condujo a su propia destrucción. Pero yo quiero enfocarme en el *corazón* de Absalón, porque fue la ofensa en el corazón de Absalón lo que le llevó a envenenar las mentes del pueblo de Israel contra su padre.

El síndrome de Absalón

Absalón es un cuadro perfecto de brujería en la iglesia. Habló en contra de su padre; difamó el nombre de su padre. ¿Se imagina hablar en contra del rey de Israel? Los brujos en la iglesia hablan contra el liderazgo bajo la apariencia de una espiritualidad superior. Dicen: "¡El pastor realmente necesita oír de Dios!". A menudo hacen esto en un intento de socavar el liderazgo, y pintarlo bajo una luz negativa.

Recuerdo un caso en particular en el que un hombre en la iglesia a la que yo asistía me apartó hacia un lado y me dijo que el pastor no estaba escuchando de Dios. Dijo que teníamos que orar para que el pastor realmente tuviera una revelación del Espíritu Santo. Finalmente él se fue de la iglesia, pero nunca olvidé la experiencia. ¿Por qué no podía él mismo orar por el pastor? ¿Por qué no acudió al pastor directamente? ¿Por qué me involucró a mí? La razón por la que ese caballero dijo esas cosas fue porque estaba ofendido con el pastor. Tuvo un agravio personal que quería difundir entre otros. ¡Eso es muy peligroso! Como Absalón, los motivos de su corazón eran impuros. Una cosa es que estemos heridos, y otra es que extendamos el dolor entre otros. Cuando abrimos nuestra boca y hablamos contra un líder, estamos participando en calumnia, algo de lo cual Dios nos pedirá cuentas.

TENGA CUIDADO CON LAS PERSONAS QUE SIEMPRE HABLAN DE PROBLEMAS, PERO QUE NUNCA APORTAN SOLUCIONES.

Por desgracia, hay muchas personas que escupen acusaciones, críticas y otras formas de calumnia por sus bocas con el efecto de envenenar a los oyentes. A menudo hablo a las personas que asisten a iglesias en las que el pastor les ha herido o lastimado profundamente, y estos individuos no tienen nada bueno que decir de su pastor. Les pregunto: "¿Por qué siguen en una iglesia en la que no confían en el pastor ni lo respetan? Su respuesta es: "¡Dios no me ha dado esa libertad!". Si usted está en un lugar donde se encuentra difundiendo cosas negativas del liderazgo, ¡tiene que salir de esa situación! ¡Es usted libre! ¡No se convierta en un Absalón!

La historia que acabo de compartir con usted es un ejemplo de lo que yo llamo "el síndrome de Absalón". Las personas que padecen este síndrome tienen tendencia a atraer hacia ellos a personas por los motivos erróneos. A menudo buscan el tipo erróneo de validación por parte de otros; su dolor les ha hecho adoptar una mentalidad divisiva y destructiva. Absalón actuó en base a su dolor y mató a su propio hermano, y esta es la misma conducta ejemplificada en los "Absalones espirituales": matan a otros, que pueden o no estar actuando debidamente, con calumnia y chismorreo. En lugar de fomentar la paz y la unidad, facilitan contiendas, división y heridas en el cuerpo de Cristo.

Maldiciones de palabra

Anteriormente introdujimos el concepto de las "maldiciones de palabra". Son palabras dichas contra otra persona con la intención de dañarla o afectarla negativamente. Las maldiciones de palabra también entran en la categoría de hechicería. De hecho, a menudo nos referimos a esta práctica como hechicería carismática o evangélica porque es muy predominante en las iglesias evangélicas y carismáticas.

> **MENTIRA DE SATANÁS: MIENTRAS AME A JESÚS, PUEDE DECIR LO QUE QUIERA.**
> #CUIDADOCONBALAAM

Alguien me contó una historia sobre una pastora con un hijo. Este hijo deseaba irse a otro país y emprender un negocio. Por supuesto, la pastora no estaba de acuerdo con que su hijo se fuera a otro país y por eso comenzó a orar contra ello, pero el hijo se fue igualmente. La madre comenzó a orar para que todas las aventuras empresariales de su hijo fallaran, y que no prosperase nada de lo que tocara. En efecto, todas sus aventuras empresariales se derrumbaron, y finalmente regresó a su hogar para vivir con su madre. Este es otro ejemplo de alguien que usa sus oraciones para controlar la voluntad de otra persona. Esto no es aceptable.

Por favor, no me malentienda. Estoy a favor de decir la verdad, pero no está bien hacerlo con una intención maliciosa. La Biblia nos manda a decir la verdad en amor. La verdad sin amor es abuso, y el amor sin verdad es engaño.[2] Cuando corregimos a una persona o la reprendemos,

---

2. Una variación de la frase de Warren Wiersbe "La verdad sin amor es una brutalidad, y el amor sin verdad es una hipocresía".

debemos tener en mente que la intención de Dios es sanar, librar y restaurar a esa persona de forma completa. Si la restauración no es la raíz de todas las palabras y acciones, entonces hemos errado por completo el blanco. Oro para que Dios nos revele su corazón, a fin de que podamos llegar a ser verdaderos ministros de reconciliación.

La conexión del corazón

Hay una conexión directa entre la condición de nuestro corazón, y nuestra capacidad para recibir y caminar en el favor y las bendiciones de Dios en nuestras vidas. El apóstol Juan nos dice que prosperaremos en proporción a nuestra prosperidad interior, o en otras palabras, en proporción a la condición de nuestra alma: *"Amado, yo deseo que tú seas prosperado en todas las cosas, y que tengas salud, así como prospera tu alma"* (3 Juan 1:2). De hecho, he descubierto que la mayoría de las veces cuando me veo tentado a sentirme ofendido o herido, siempre hay una cosecha que recoger al otro lado cuando rehúso ofenderme. Muchos pastores, líderes, congregantes y empleados están experimentando carencia, estancamiento e incluso enfermedades como resultado de la amargura y la ofensa. Esto es lo que yo llamo la conexión del corazón.

SIEMPRE QUE HABLAMOS COSAS MALAS DE OTRA PERSONA, CON INTENCIONES NEGATIVAS, ESTAMOS LIBERANDO UNA MALDICIÓN SOBRE ELLA.

La mayoría de las pruebas y tribulaciones que experimentamos son una batalla espiritual por el territorio de nuestro corazón. ¿Está usted ganando o perdiendo esta batalla? ¿Cuál es la condición de su corazón? ¿Está caminando en amor y perdón? Si no, Satanás le está robando su paz y prosperidad. No ponga en peligro su victoria, sanidad y cosecha por la gratificación temporal que parece producir la ofensa. ¡Déjelo en manos de Dios!

Preguntas de discusión

1. ¿Alguna vez se ha sentido usado por el diablo como Balaam fue usado por Balac? Descríbalo.
2. ¿Qué errores cometió Absalón al manejar el terrible delito de su hermano?

3. ¿Dónde podemos encontrar hechicería en la iglesia?

Práctica

1. ¿Le ha ofendido recientemente algún hermano o hermana? Ore Mateo 18:15-17, y (si no es una situación amenazante) busque un momento para reunirse con él o ella a fin de hablarle de su dolor. Ore por un corazón perdonador de humildad y amor.

2. Cuando somos débiles, entonces somos fuertes. ¿Existen áreas en su vida donde está intentando ser el fuerte en vez de entregárselo a Dios? Ore 2 Corintios 12:9, pidiendo fortaleza de Dios y no fortaleza humana.

3. El capítulo menciona un tipo de maldiciones de palabra: usar la oración para controlar las acciones de otros. ¿En qué otras maldiciones de palabra participan los cristianos?

Testimonio

Cuando recibí la salvación en el 2012, el Señor me habló con respecto a mi llamado, y dijo que los siguientes años serían de entrenamiento práctico. El Señor rápidamente me mostró que morir diariamente a la carne es un requisito, y que para hacerlo debía entregarme por completo a Él. Inmediatamente después de ser salvo, entré en el liderazgo, y llegué a ser ayudante del pastor. Durante los tres años siguientes aprendí que debemos convertirnos en el Cristo andante y viviente.

Pero me quedé tan atrapada en lo de convertirme en líder que lo puse por delante de mi familia e incluso delante de mi relación con Dios. Al hacer eso, cada carga que llevaba mi pastor recaía sobre mis hombros.

Rápidamente comencé a dejar de buscar a Dios porque mis ojos y mi corazón estaban en el hombre. Como me rendía cuentas a mí misma de mi fe y mi vida, nunca hablé de ello ni pedí ayuda a nadie. Muchas veces los líderes creen que no pueden tener problemas, dificultades o tribulaciones. Cuando miraba a otros líderes y pastores, estaban todos demasiado ocupados como para darme ayuda o dirección, enfocándose en traer miembros nuevos a la iglesia y levantar fondos. Mi esperanza y mi fe comenzaron a morir lentamente. Por fuera parecía viva, pero por dentro estaba muertao.

En 2015 las cosas estaban tan mal y mi depresión era tan intensa, que intenté quitarme la vida. No tuve éxito, me llevaron rápidamente al hospital y mantuvieron mis constantes vitales, todavía viva pero sin probabilidades de que despertara jamás. El nivel de toxicidad dentro de mi cuerpo era tan alto, que no había manera humana de que pudiera salir del coma.

Pero mientras mi cuerpo yacía sin vida, Jesús mismo apareció. En mi oído derecho oía a los demonios pidiendo mi alma, y en mi oído izquierdo oía la voz de compasión, amor y vida. Él me explicó que la razón por la que no yo podía amar a su pueblo como Él lo amaba era por la condición de mi corazón. Me hizo un trasplante de corazón y me dio el suyo; arraigó su Palabra en mi corazón, y me recordó que ahora vivía solo para Él. He aprendido que Él es mi vida, mi consolador, proveedor, libertador, consejero, sanador, y que es Él a quien debo buscar para encontrar revelación, guía, sabiduría y conocimiento. Él sanó mi cuerpo de una gran depresión, ansiedad, trastorno bipolar, casi un trastorno de personalidad, trastorno de estrés postraumático, fibromialgia, ciática, artritis reumática, osteoartritis y discos degenerativos. Tomaba veinticinco medicamentos y un tratamiento extenso por electrochoque. Cuando Él me envió de regreso a la vida, estaba completamente transformada. ¡La fe es la clave! Es la clave para la autoridad del reino. A través de esto, Dios ha restaurado mi salud, matrimonio y familia, y ahora he sido enviada como un testimonio andante para llevar sanidad y liberación a quienes sufren enfermedades mentales.

Es solo una breve descripción de lo que ocurrió, pero esta es la parte más importante: a través de ello Jesús me enseñó que *yo* soy la iglesia, su santo templo, ¡y mediante mi fe en Él se ha prometido vida abundante! Mediante este encuentro milagroso con mi Padre celestial, el cielo ha venido hasta mí aquí en la tierra, y mediante mi fe en Él ¡todo es posible! ¡Máxima obediencia y máxima fe! —Liz

Oración

Padre, tu Palabra ha revelado que mi lengua puede ser un arma o podría ser un instrumento de sanidad. Hoy decido usar mi lengua como un instrumento de sanidad. Nunca maldeciré al pueblo de Dios ni me maldeciré a mí mismo. Gracias, Señor, por tu gracia y misericordia en esta área de mi vida. Perdóname por decir cosas que quebrantan tu Palabra. Te pido que me perdones por tener pensamientos y sentimientos negativos hacia mis hermanos y hermanas en Cristo. A partir de este día, tomo la decisión de actuar en gracia. Cancelo toda maldición de palabra que haya salido de mi boca o incluso que haya albergado en mi mente. Decido caminar en tu amor y en tu verdad, en el nombre de Jesús.

¡Amén!

9
EL CREDO DEL ASESINO

Todo aquel que aborrece a su hermano es homicida; y sabéis que ningún homicida tiene vida eterna permanente en él. (1 Juan 3:15)

La Biblia nos dice claramente: *"Todo aquel que aborrece a su hermano es homicida"*. ¡Son palabras muy fuertes! ¿Por qué equipara la Biblia aborrecer a alguien con cometer un acto de asesinato? ¿Qué significa el término *homicidio*? La palabra griega aquí es *antropoktonos*, que significa *homicida* o *asesino a sueldo*. Todo aquel que aborrece a su hermano o hermana es un homicida, un asesino a sueldo. Ahora bien, si ha visto películas, sabrá que los asesinos a sueldo siempre trabajan para otro, quien normalmente quiere ser anónimo. Si la Biblia llama asesino a sueldo a la persona que aborrece, entonces ¿para quién trabajan esos asesinos?

Encontramos una pista en el único y otro lugar donde aparece la palabra *antropoktonos* en el Nuevo Testamento. Jesús la usa cuando se está dirigiendo a los judíos que decían que creían en Dios, pero que no afirmaban que Jesús era Cristo:

*Vosotros sois de vuestro padre el diablo, y los deseos de vuestro padre queréis hacer. El ha sido **homicida** desde el principio, y no ha permanecido en la verdad, porque no hay verdad en él.* (Juan 8:44)

¡La palabra *"homicida"* es la misma que se encuentra en 1 Juan 3:15! Todo aquel que aborrece a su hermano o hermana está haciendo la misma obra homicida que el padre de mentiras. Por desgracia, el diablo tiene muchas personas en la iglesia que hacen inconscientemente su tarea sucia por él. Estos asesinos a sueldo modernos han cambiado sus lanzas y dagas por el chisme y la calumnia. Ellos actúan con cautela y agilidad. Se esconden detrás del velo del anonimato, y golpean a sus víctimas con el movimiento de su lengua.

Si hay alguna cosa que la iglesia tenga que reconsiderar es cómo mostramos amor los unos a los otros. Jesús dijo: *"En esto conocerán todos que sois mis discípulos, si tuviereis amor los unos con los otros"* (Juan 13:35). En un capítulo previo planteé una pregunta: ¿trabaja usted para el diablo? ¿Y si le dijera que cada vez que dijo o pensó en calumnias actuaba aborreciendo? ¿Cómo cambiaría eso su actitud?

MENTIRA DE SATANÁS:
MATAR EL CARÁCTER DE UNA
PERSONA NO ES UN GRAN PECADO.
#ELCREDODELASESINO

Asesinos del carácter

Quizá piense que la analogía del asesino es bastante radical, pero quiero que considere lo que ocurre cuando hablamos en contra de otra persona o alguien habla contra nosotros. Quizá la *persona* no muera físicamente cuando se murmura de ella, pero sin duda, *algo* muere. ¿Ha pensado que el carácter de alguien puede ser asesinado aunque esa persona siga viviendo? Las personas que se dedican a decir cosas malas de otros son lo que yo llamo asesinos del carácter. Son sicarios espirituales, que van por ahí destruyendo la reputación de otros. He visto blogs enteros y revistas que se llaman cristianas dedicadas a asesinar a sueldo el carácter de ministros cristianos, líderes de alabanza y otras figuras públicas. Las palabras de Jesús son válidas para ellos: *"Vosotros sois de vuestro padre el diablo… El ha sido homicida desde el principio"* (Juan 8:44).

No se equivoque: quienes asesinan el carácter y la reputación de otros están trabajando para el diablo. ¡Él era un homicida desde el principio!

Siempre me he preguntado por qué el diablo fue expulsado del cielo y castigado tan severamente, pero si pensamos en las implicaciones de su ofensa, el castigo encaja perfectamente con el delito. Él cometió en su corazón el delito capital de asesinato. Él tuvo la audacia de hablar contra el carácter y la reputación de Dios mismo. ¿Puede creerlo? Si Dios trató con Satanás con una ira tan severa, ¿cómo escaparemos nosotros de las graves consecuencias de hablar contra nuestros hermanos y hermanas en Cristo, creados a imagen de nuestro Padre celestial?

El asesino a sueldo del carácter opera según un credo que por lo general implica un espíritu de duplicidad, un espíritu de acusación y un espíritu crítico.

El espíritu de duplicidad

Hace muchos años tuve una experiencia muy interesante. Estaba hablando con otro miembro de la iglesia acerca de algunas cosas que me resultaban molestas, muchas de las cuales le involucraban a él. La conversación fue muy acalorada mientras yo expresaba mis quejas hacia él y otro hermano de la iglesia. Después de horas, finalmente llegamos a una resolución. Yo me disculpé por mi actitud hacia él, y él se disculpó por su conducta. Terminamos la conversación en muy buenos términos.

Pero al día siguiente lo vi en la iglesia con este otro hermano, ¡que obviamente seguía muy enojado conmigo! Entonces este otro hermano hizo referencia a algo que yo había dicho en la conversación, ¡en la cual él no había estado! Me molestó mucho el hecho de que la situación pareciera haberse resuelto, pero realmente se discutiera después con una tercera persona, de tal forma que difundió aún más ofensa.

Eso es lo que yo llamo el espíritu de duplicidad. La duplicidad es engañosa, o tiene doble trato. Por un lado, a mí me dijeron que todo estaba resuelto, pero por otro lado, la ofensa se le comunicó a una tercera persona.

Presento esta situación no para pintarme a mí mismo como el perfecto, sino para dar a entender cómo la duplicidad puede entrar rápidamente en una relación. Muchas, muchas personas tienen una lengua doble. Si usted ha discutido con la hermana Betty, y ella regresa para disculparse con usted, y después usted va con la hermana Jane y le cuenta la discusión, esto es totalmente pecaminoso e hipócrita. Usted aceptó la disculpa de la hermana Betty, y la situación debería haber quedado en el pasado. Pero cuando usted se lo cuenta a Jane y hace hincapié en las dificultades y los problemas mientras omite la resolución de la situación, entonces está teniendo una conducta poco piadosa. No puedo contarle cuántas veces he visto esta conducta en la iglesia.

> **MENTIRA DE SATANÁS: CADA IGLESIA NECESITA UN FRANCOTIRADOR.**
> #ELCREDODELASESINO

Por el contrario, leamos lo que nos manda hacer la Biblia:

Estas son las cosas que habéis de hacer: Hablad verdad cada cual con su prójimo; juzgad según la verdad y lo conducente a la paz en vuestras puertas. (Zacarías 8:16)

La Biblia va más allá en el libro de Efesios, y nos manda:

Por lo cual, desechando la mentira, hablad verdad cada uno con su prójimo; porque somos miembros los unos de los otros. (Efesios 4:25)

Doble incriminación

En términos legales, cuando alguien es procesado dos veces por la misma ofensa se denomina "doble incriminación". Muchos creyentes están incriminando a sus hermanos o hermanas dos veces por la misma ofensa. Siempre que reviva con otras personas una situación dolorosa que supuestamente ya se resolvió, está cometiendo una doble incriminación.

Yo he sido culpable de esto. Recuerdo haber acudido a una familia en particular para disculparme por algunas cosas que les había hecho (aunque ellos también eran culpables de algunas ofensas contra mí). Sentí que el Espíritu Santo me guiaba a tomar el "camino elevado", y disculparme. Después, recuerdo que pensé e incluso reviví algunas cosas que ellos me habían hecho en el pasado. El Señor trajo convicción a mi corazón, y dijo: "¿Cómo puedes ir y disculparte, y después darte la vuelta y pensar mal de esas personas con las que te has disculpado?".

¿No tendemos todos a hacer eso? Por ejemplo, una esposa va con su marido y se disculpa por la forma en que le habló, y cuando termina de disculparse él dice: "¡Gracias!". Ella entonces se enoja con él porque él no se disculpó también. Esto crea un efecto de espiral descendente, y le lleva a ella de nuevo a la ofensa inicial.

DEBEMOS ACTUAR EN UN ESPÍRITU DE VERDAD SI QUEREMOS DESENMASCARAR AL ACUSADOR, Y CAMINAR EN VICTORIA.

Usted puede contrarrestar esta tendencia examinando su corazón antes de disculparse. Pregúntese: *¿Realmente lo estoy diciendo en serio? ¿Me estoy disculpando solo para recibir una disculpa? ¿Realmente he ofendido a la persona que me ha herido o lastimado?* Si quiere tener relaciones saludables y sostenibles, debe aprender a soltar el pasado. ¡Debe aprender a vivir en el presente! Deje de revivir experiencias negativas y a "incriminar" a otros en su corazón y su mente.

Por desgracia, los líderes espirituales son más culpables de esto que la mayoría de las personas. En muchos casos, los pastores y líderes hablan de sus feligreses en un intento de desahogarse y liberar el estrés del ministerio. Aunque sus motivos por lo general no son siniestros, esta práctica puede ser muy destructiva. Recuerde: es imposible hablar sin amor y de forma negativa de alguien a sus espaldas, y seguir teniendo una relación saludable con esa persona. Como siempre dice mi esposa: "¡Solo tenemos un corazón!". Muchos pastores actúan con doble ánimo. Por un lado dicen que aman y valoran al rebaño, y por otro lado se quejan de lo mucho que esas personas les irritan. Un doble ánimo produce una doble lengua, ¡lo cual facilita una doble vida! La Biblia nos advierte que seamos sin doblez para que lleguemos a estar *"llenos de luz"* (Mateo 6:22). Por el contrario, si tenemos doble ánimo, todo nuestro cuerpo y nuestra vida estarán llenos de oscuridad. Amados, Dios no quiere que caminemos en oscuridad. No tengamos doble ánimo, y caminemos en amor incondicional.

Células durmientes espirituales

Hay un precio que pagar por el doble ánimo. Permítame explicarme. La idea de que alguien pueda vivir una doble vida siempre me ha fascinado, ¡y me encantan las películas de espionaje! Crecí con James Bond y películas como *El Santo*. El concepto de los agentes secretos siempre me resultó intrigante. A través de estas películas de espías me familiaricé con las células durmientes, que son básicamente un grupo secreto de espías o agentes terroristas que está inactivo dentro de una población a la que quieren alcanzar hasta que reciban la orden. A veces, las células durmientes llevan vidas normales durante años hasta que llega el momento de activarse. Entonces cuando eso sucede, ¡bam! De repente, nadie está a salvo.

¡EL ENEMIGO USA NUESTRO DOLOR Y OFENSA COMO UN ARMA PARA DIVIDIR Y VENCER!

Lo mismo es cierto de muchas personas en la iglesia que albergan ofensa en su corazón. ¡Son células durmientes espirituales! Cantan en el coro. Pertenecen al comité de ujieres. Se ofrecen como voluntarios en el ministerio de niños, pero tienen un secreto profundo y oscuro en su corazón: ¡la ofensa! Tienen muchos conflictos sin resolver acumulados en su interior. Por desgracia, la mayoría de ellos ni siquiera se dan cuenta de su propia condición espiritual, y como resultado, el acusador de los hermanos puede activarlos en cualquier momento. Cuando el diablo quiere causar la división de una iglesia, usa a los durmientes para hacerlo. Cuando quiere una caída moral para destruir la reputación de un pastor, usa a los durmientes para hacerlo. David dijo: *"Aun el hombre de mi paz, en quien yo confiaba, el que de mi pan comía, alzó contra mí el calcañar"* (Salmos 41:9).

Por eso es tan peligroso albergar conflictos sin resolver, y ofensas en su corazón. El enemigo puede usarlo, y lo usará, para sus propios propósitos diabólicos. Quienes más han hablado de mí han sido algunas de las personas más cercanas a mí. Las personas que insistían en que nunca permitirían que nadie dijera nada negativo de mí son quienes dijeron las peores cosas de mí.

Sin embargo, me doy cuenta de que no es algo personal. Las personas toman decisiones terribles cuando están heridas. A menudo recuerdo la vez en que mi perro fue atropellado por un automóvil. Corrí para ayudarle, y cuando llegué para revisar sus heridas me atacó. No sabía que cuando los perros experimentan un fuerte dolor, vuelven a su naturaleza instintiva. Dejan de pensar en términos de lealtad, afecto o cualquier otro rasgo doméstico, y solo se enfocan en su instinto de supervivencia.

¡Esto ocurre también en la actualidad con muchas personas en la iglesia! Satanás les ha manipulado (mediante el dolor) para que regresen a su naturaleza instintiva y carnal. Son activados por el rechazo y el dolor, en vez de serlo por el amor, el perdón y la bondad.

Amado, Dios quiere liberarlo de toda tarea demoniaca que pretende explotar su dolor en el nombre de Jesús. Él quiere que usted sea libre para amar y ser amado. Él quiere que la ofensa en su corazón se disipe para que ya no sea más un asesino a sueldo, sino enfermero; para que ya no cause dolor, sino alivio.

Conocidos por sus frutos

Una de las formas en que se puede reconocer fácilmente a las células durmientes es por sus frutos (véase Mateo 7:20). Nunca veremos a un manzano dando naranjas, o a un mango dando sandías. ¿Por qué? Un árbol siempre produce fruto según su especie. Del mismo modo, un buen árbol siempre produce un buen fruto. No importa lo inocente que parezca una persona, si sus palabras y acciones son contrarias a la Palabra de Dios, hay una mala semilla dentro.

SI USTED NO ESTÁ ACTUANDO EN UN ESPÍRITU DE UNIDAD Y PAZ, ENTONCES ESTÁ ACTUANDO EN FALTA DE UNIDAD Y CAOS: ¡DIOS NO ES EL AUTOR DE LA CONFUSIÓN!

Una vez vino una mujer a nuestra iglesia. Era hermosa y carismática. Estaba muy emocionada de estar en nuestra iglesia, porque según ella, ninguna iglesia en ese estado tenía la presencia de Dios tan fuerte como la nuestra. Un día, en una reunión de estudio bíblico, planteó una pregunta: ¿por qué tenemos que escuchar al pastor cuando podemos oír de Dios por nosotros mismos? Aunque lo dijo de forma inocente, la pregunta estaba saturada de la intención de causar caos y confusión. Más adelante comenzó a cuestionar el orden de las reuniones, la estructura del liderazgo, e incluso las dinámicas de nuestra familia. Por fuera, ella vestía el cargo, pero cuando dio fruto con sus palabras y acciones, estaban podridos.

A las personas como ella se les llama *"malos obreros"* en la Biblia. El apóstol Pablo nos advierte en el libro de Filipenses: *"Guardaos de los perros, guardaos de los malos obreros"* (Filipenses 3:2). Son los de mala naturaleza, problemáticos, injuriosos, perniciosos y destructivos. Van de iglesia en iglesia contando sus experiencias negativas en iglesias anteriores. Sin embargo, nunca mencionan si *ellos* fueron la fuente de esos encuentros negativos. Muchas veces, están buscando algún tipo de validación o afirmación que apruebe su incapacidad de permanecer en una iglesia.

La Biblia nos dice que todas las cosas se han de hacer en decencia y con orden: *"pues Dios no es Dios de confusión, sino de paz. Como en todas las iglesias de los santos"* (1 Corintios 14:33). La palabra *"confusión"* aquí es una palabra muy interesante. Viene de la palabra griega *akatastasia*, que significa *inestabilidad*. Una de las señales de que alguien es un "mal obrero" en potencia es la inestabilidad espiritual y emocional. Descubrirá que la gente más negativa y crítica es a menudo la más inestable. Gravitan hacia la calumnia y el chisme porque hay un profundo vacío en su propia vida espiritual y emocional, e intentan llenar ese vacío con negatividad. A menudo acusan a otros para excusarse a sí mismos de la profunda culpa, vergüenza y condenación que sienten en su interior. La cura segura para el chisme y la calumnia es un sentimiento de propósito y realización. Usted no puede estar lleno de propósito y negatividad al mismo tiempo. Si camina en el Espíritu, ¡no cumplirá los deseos de la carne!

El espíritu crítico

Hace muchos años estaba realizando una reunión en la sala de un hotel cuando observé a un visitante que entraba por la puerta. Después del servicio, se me presentó como un ministro, y expresó su aprecio por el mensaje y la reunión en general. En la siguiente reunión se sentó en la primera fila. Cuanto más hablaba con él, más observaba que era alguien con experiencia ministerial. Entonces noté que apartaba a las personas hacia un lado, y les "profetizaba". No dije nada al respecto, pero me hizo sentir muy incómodo.

Después comenzó a aconsejarme diciéndome que tenía que incorporar un método de discipulado en la iglesia que solo él entendía. Me dijo que yo no sabía nada de discipulado, pero que él tenía muchísima experiencia en esta área, y me dijo también que las reuniones eran demasiado largas y que con su ayuda el ministerio iría muy bien. La siguiente vez que hablé con él después de la reunión, comenzó a decir cosas negativas de varios otros pastores de nuestra zona. Uno en particular era amigo mío. Le dije: "¡Él es mi amigo!". Él me miró impactado. Le dije que no estaba buscando su ayuda, y que sería mejor que se fuera a otro ministerio.

Esta persona tenía lo que yo llamo un espíritu crítico. Quizá usted conozca a alguien así. Critican la decoración, la predicación, la duración de la reunión, y cualquier otra cosa que puedan identificar. Uno pensaría que su vida espiritual es superior, pero por lo general no suele ser así. De hecho, en la mayoría de los casos sus vidas distan mucho de ser perfectas, ni tan siquiera estables, por cierto.

**MENTIRA DE SATANÁS:
USTED PROBABLEMENTE PODRÍA HACER
UN MEJOR TRABAJO QUE EL PASTOR.**
#ELCREDODELASESINO

La crítica a menudo conduce al cinismo. Cuanto más hablemos negativamente de otros, más adoptaremos una filosofía de que otros son negativos. Sin embargo, quiero que nos concentremos en el hecho de que el acusador de los hermanos es el que motiva el espíritu crítico. La crítica nos distrae de las cosas positivas y valiosas que nos rodean. Como decían a menudo los ancianos de mi comunidad: "Si no tiene nada bueno que decir, ¡no diga nada!". La crítica también nos mantiene en negación de nuestra propia fragilidad. ¿Qué habría ocurrido si yo hubiera permitido que el caballero antes mencionado tuviera influencia en la iglesia? ¡Habría sido un desastre! ¿Cuál era su historial de éxitos? ¿De quién había sido mentor? ¿Dónde estaban sus discípulos? No tenía ninguno, porque estaba demasiado ocupado criticando como para tener éxito en algún otro trabajo real. Era un creyente frágil.

El corazón ofendido es el que facilita el espíritu crítico. Cuando cedemos al espíritu crítico, no podemos oír al Espíritu Santo. Un espíritu crítico una vez me ató también. Me quedaba sentado en las reuniones tan solo juzgando al predicador. Una de esas reuniones no se me olvidará nunca. Una predicadora estaba hablando a una gran audiencia. Tenía las uñas largas y un vestido que parecía de un baile. Era ruidosa y escandalosa, ¡y yo ni siquiera creía en que las mujeres predicaran! No cabe duda de que Dios tiene sentido del humor. Yo estaba allí sentado pensando en su reunión con un espíritu crítico cuando esta mujer nos habló a mi mujer y a mí las palabras más precisas de conocimiento que jamás había recibido.

No es necesario decir que ahora no tengo problema alguno con que las mujeres sean predicadoras. Mi espíritu crítico hacia ella casi me costó mi bendición y mi futuro.

La ley de la siembra y la cosecha

Cosecharemos lo que sembremos, especialmente cuando se trata de la calumnia y la murmuración. Escuchemos lo que dice la Biblia en Gálatas 6:

> *Hermanos, si alguno fuere sorprendido en alguna falta, vosotros que sois espirituales, restauradle con espíritu de mansedumbre, considerándote a ti mismo, no sea que tú también seas tentado. Sobrellevad los unos las cargas de los otros, y cumplid así la ley de Cristo… No os engañéis; Dios no puede ser burlado: pues todo lo que el hombre sembrare, eso también segará. Porque el que siembra para su carne, de la carne segará corrupción; mas el que siembra para el Espíritu, del Espíritu segará vida eterna.* (Gálatas 6:1-2, 7-8)

LO QUE USTED CRITICA DE OTROS ES POR LO QUE USTED SERÁ JUZGADO EN UNA MEDIDA EXPONENCIAL.

A menudo oímos a personas enseñar que cosecharemos lo que sembramos, lo cual es definitivamente una verdad universal. Sin embargo, en el libro de Gálatas hay un contexto particular en el que se enseña este principio. El apóstol Pablo está haciendo una referencia concreta a los dos primeros versículos de este capítulo. *"Hermanos, si alguno fuere sorprendido en alguna falta, vosotros que sois espirituales, restauradle con espíritu de mansedumbre, considerándote a ti mismo, no sea que tú también seas tentado"*. La ley de la siembra y la cosecha es aplicable a cada área de nuestra vida, pero es especialmente cierta en las relaciones. Lo que usted critica de otros es por lo que usted será juzgado en una medida exponencial. La Iglesia tiene la obligación espiritual de restaurar a quienes han sido sorprendidos en alguna falta, no de asesinar su carácter.

Quizá usted diga: "¡Bueno, ese es el precio que tienen que pagar por fallar!". Tengo una pregunta: ¿qué precio paga usted por sus errores? Dios no necesita su ayuda juzgando, murmurando y criticando, pero podría usar su ayuda restaurando. El problema con la calumnia y el chisme es que no dejan espacio o permiten que se produzca la restauración. Una de las cosas de la que estoy muy orgulloso en nuestra iglesia es la cultura de restauración. Creemos que es nuestra tarea facilitar sanidad y restauración a quienes han caído, o han sido heridos por la iglesia. De hecho, somos una de las pocas iglesias en nuestra ciudad donde es común que personas se vayan de la iglesia (a veces reñidos con ella) y regresen; y cuando regresan, se les da la bienvenida con los brazos abiertos. Una de las razones por las que tengo el hábito de extender compasión a otros es que soy plenamente consciente de que yo he necesitado y necesitaré la misma compasión.

En un caso en particular, una familia de nuestra iglesia se fue ofendida, y nos acusaron de predicar contra ellos. Yo no tenía ni idea de que se sentían así, ya que nunca pensé en ellos en mis mensajes. Sin embargo, decidieron irse. Varios meses después, regresaron a la iglesia. Después de visitarnos durante varias semanas volvieron a irse, citando abuso espiritual como un posible culpable. Lo interesante es que regresaron una tercera vez, y en un acto dramático de humildad se postraron ante mi esposa y yo, y nos pidieron perdón con lágrimas en sus ojos. Esta restauración nos tocó profundamente, y dejó una huella indeleble en nuestros corazones.

Lo destacable es que, por la gracia de Dios, nunca dijimos nada negativo de esa familia. Nunca hablamos de lo que había ocurrido con nadie de la iglesia, y nunca intentamos asesinar su carácter. Como resultado, pudieron regresar y ver la relación restaurada. ¿Qué habría ocurrido si hubiéramos ido por ahí hablando con todos de cómo nos habían ofendido? Hubiera sido difícil, si no imposible, restaurar la comunión con esta preciosa familia. Una de las lecciones que he aprendido en el ministerio es que cada alma es preciosa para Dios. Cada persona es valiosa e importante ante sus ojos, y por eso Él se lo toma de forma muy personal cuando hablamos en contra de uno de sus hijos.

La naturaleza del acusador es siempre la condenación, pero la naturaleza del Creador es siempre la restauración. Si ha participado de la calumnia, murmuración o asesinato del carácter, arrepiéntase de inmediato, y pídale a Dios que purifique su corazón y le dé su perspectiva de la vida y de la iglesia.

Preguntas de discusión

1. ¿Cómo asesinamos el carácter de otros? ¿Cómo podemos ser, en cambio, enfermeros?

2. ¿Deberíamos tan solo arrepentirnos y disculparnos si sabemos que la otra persona también se disculpará? ¿Por qué o por qué no?

3. ¿Ha sido presa su iglesia o su familia alguna vez del espíritu crítico? ¿Cómo luchó contra él? Medite en Lucas 6:37 y Santiago 2:1-4.

Testimonio

¡Yo solía ser muy crítico con los demás! Nada ni nadie era nunca realmente bueno para mí. Por lo general hablaba de otros, y de sus pecados e imperfecciones. Esta conducta estaba completamente justificada en mi mente, hasta que Dios comenzó a mostrarme áreas de amargura en mi propia vida. La verdad era que la impaciencia que yo mostraba hacia otros era en realidad una impaciencia velada e intolerancia por mis propios pecados e imperfecciones. Mi dificultad para amar a otros no era otra cosa que una manifestación de mi propia incapacidad para recibir el amor de Dios por mí. Después de años de ser juicioso y crítico, finalmente me perdoné a mí mismo, y pude experimentar el amor incondicional de Dios. Una vez que recibí su amor por mí, pude dar amor a otros libremente. —*Pastor T.*

Oración

Padre, en el nombre de Jesús, te doy gracias por tu misericordia y aprecio tu bondad. Tu Palabra declara que cualquiera que aborrece a su hermano es homicida, y no tiene vida eterna en él. Reconozco la severidad de tu Palabra en esta área, y te pido que me perdones por actuar con odio en cualquier área de mi vida. Gracias, Señor, por enseñarme a caminar en amor hacia todos. Me arrepiento por participar en el asesinato del carácter de cualquier persona, y perdono a cualquiera que haya intentado asesinar mi carácter. Declaro que camino en el Espíritu de verdad y que, mediante tu Palabra, venzo al acusador de los hermanos. Declaro que camino en victoria en cada área de mi vida, especialmente en mis pensamientos y mis palabras. Te lo pido en el nombre de Jesús.

¡Amén!

10
LA AGENDA DE SATANÁS

Para que Satanás no gane ventaja alguna sobre nosotros; pues no ignoramos sus maquinaciones. (2 Corintios 2:11)

A lo largo de este libro hemos expuesto la agenda del enemigo de forma bastante clara: él desea robar, matar y destruir. Creo que Dios me ha asignado la tarea de dejar al descubierto al maligno tal como verdaderamente es: un mentiroso y un engañador. En 2 Corintios 2:11 Pablo exclama que Satanás no obtendrá ventaja alguna sobre quienes están en la iglesia porque ellos no ignoran sus propósitos malignos. Este versículo tiene una seguridad: si conocemos sus tácticas, Satanás no conseguirá tener ventaja sobre nosotros. Sin embargo, este versículo también contiene una advertencia: no podemos ignorar sus maquinaciones, ¡o de lo contrario Satanás ganará ventaja sobre nosotros!

Muchos dentro de la Iglesia son ignorantes, y Satanás los está usando incluso en este mismo instante. ¿Cómo puedo decir algo así? Porque veo a miles de congregantes por todo el mundo atacándose unos a otros, en vez de reconocer y exponer las maquinaciones del diablo. Ellos agotan sus energías luchando, murmurando y calumniando al cuerpo de Cristo. No reconocen que están avanzando el reino de las tinieblas. ¡La mayoría de las personas ni siquiera se dan cuenta de que están trabajando para

Satanás! A veces él recluta a cristianos bien intencionados para llevar a cabo su plan de robar, matar y destruir. Asegúrese de que no está ayudando a los planes del enemigo. Abra sus ojos espirituales, y compruebe para asegurarse de que el enemigo no le esté usando a usted ni a ninguna persona en su vida. Dios abrió mis ojos a la agenda de Satanás en una dramática visión de serpientes.

Serpientes en la iglesia

Hace varios años tuve un sueño muy gráfico y detallado. Yo estaba en medio de una reunión de una iglesia. Las personas entraban por las puertas al edificio. El santuario estaba lleno de alabanza y emoción. A medida que las personas seguían entrando en el santuario en mi sueño, me di cuenta de que algo iba mal. Algo me decía que saliera fuera, y revisara el perímetro. Al salir caminando, observé que había serpientes en la acera. Estaban hablando con las personas que había fuera, y entendí que esas serpientes estaban desanimando a la gente para que no entrara al edificio. Comencé a pisotear a las serpientes por toda la acera para matarlas, pero después miré y vi que las serpientes no solo estaban en las aceras, ¡sino que la hierba también estaba llena de ellas!

Me llegó un pensamiento en el sueño: ¿cuántas serpientes más hay *dentro* de la iglesia? Cuando me desperté de este sueño, recibí una revelación asombrosa. Hay muchas personas en la iglesia que están avanzando, sin saberlo, el reino de las tinieblas. ¡Los pastores y líderes deben tener cuidado de no tolerarlas!

Me refiero a esos individuos como serpientes en la iglesia, no para menospreciar a ninguna persona en particular, sino para acentuar la gravedad de este asunto. En la Biblia, las serpientes se usan para ilustrar la astucia, el engaño y la manipulación. Son capaces de envenenar a sus víctimas con una mordedura venenosa. Lo mismo es cierto de las serpientes en la iglesia; declaran el veneno de la calumnia y el chisme. Infectan a sus víctimas con palabras negativas. La ofensa es venenosa. Es contagiosa; incluso cuando no sabe que la tiene, puede infectarle.

Una casa dividida no puede permanecer

Las serpientes también son capaces de camuflarse. Se deslizan por la hierba sin que las perciba el ojo humano. Lo mismo ocurre con las serpientes dentro de la iglesia: se mezclan con el entorno, y es casi imposible distinguirlas de los adoradores. Finalmente, no obstante, se revela su verdadera naturaleza.

Un día, Dios me mostró que había personas en la iglesia que estaban impidiendo que algunas personas conectaran con nuestro ministerio. Tras un tiempo de ayuno y oración, la verdad salió a la luz. Varias personas acudieron a mí, y dijeron que amaban la iglesia y amaban la adoración, pero ya no podían tolerar la conducta ofensiva de ciertos individuos. Descubrí que, por sus palabras y su persuasión, estaban desconectando a personas de la iglesia.

MENTIRA DE SATANÁS: LA UNIDAD ES IMPOSIBLE; ASÍ PUES, ¿POR QUÉ INTENTARLO?
#LAAGENDADESATANÁS

¡Esta fue una dura prueba muy frustrante! Ahí estaba yo predicando con todo el corazón, y había personas en la iglesia destruyendo la obra que se estaba haciendo. No hay nada peor que construir algo y descubrir que está siendo desmantelado delante de sus mismas narices. A Dios no le agrada este tipo de conducta. Tratamos en oración con la contienda en la iglesia, y los individuos que la causaban.

Lo he dicho antes y lo diré de nuevo: ¡Dios es un Dios de unidad! ¡La división nunca conduce a la victoria! Jesús nos dijo así:

> *Mas los fariseos, al oírlo, decían: Este no echa fuera los demonios sino por Beelzebú, príncipe de los demonios. Sabiendo Jesús los pensamientos de ellos, les dijo: Todo reino dividido contra sí mismo, es asolado, y toda ciudad o casa dividida contra sí misma, no permanecerá. Y si Satanás echa fuera a Satanás, contra sí mismo está dividido; ¿cómo, pues, permanecerá su reino? Y si yo echo fuera los demonios por Beelzebú, ¿por quién los echan vuestros hijos? Por tanto, ellos serán vuestros jueces.* (Mateo 12:24-27)

¿Se imagina al reino de las tinieblas estando más unido que la iglesia? ¡Dios nos libre! Sin embargo, incontables personas están absolutamente ajenas al hecho de que Satanás está perpetuando la contienda y la división para conseguir que la iglesia sea ineficaz. Es triste pensar que el tiempo más segregado de la semana es el domingo por la mañana. La verdad es que debemos luchar por la unidad. Sin importar lo herido, dolido u ofendido que esté, nunca merece la pena el costo de la división. Amados, ¡la división es un caos! La Biblia dice que una casa dividida no puede permanecer. ¿Cómo podemos permanecer contra la perversión y oscuridad que invaden nuestra cultura si no estamos unidos? La respuesta es: ¡no podemos! ¡Unámonos y resistamos al diablo!

Levadura espiritual

Una de mis exquisiteces favoritas son los panes dulces. Sencillamente, ¡son deliciosos! Tienen un sabor especial con una pizca de mantequilla y miel. Ahora que soy mayor, no me puedo permitir comer tantos como quisiera. Pero hay un principio espiritual escondido en este delicioso bocado. En su Epístola a los Gálatas, el apóstol Pablo amonesta a la iglesia diciendo: "*Esta persuasión no procede de aquel que os llama. Un poco de levadura leuda toda la masa*" (Gálatas 5:8-9). Escribió esto para dirigirse a los judaizantes (cristianos legalistas que trastocaban la fe de los convertidos gentiles) en la iglesia que estaban causando división. Dijo que esa persuasión no provenía de Dios. Amados, Dios no tolera la contienda y la división. Si usted se está relacionando con alguien que participa de esta conducta, tiene que dejarlo y desistir de inmediato. Pastores, si descubren que alguien de su equipo de trabajo o de liderazgo está causando contiendas, tienen que apartarlos de inmediato. ¿Por qué? La Biblia dice que un poco de levadura leuda toda la masa. En palabras sencillas, el pecado es como la levadura de un panecillo dulce: se esparce muy rápidamente, y cambia la textura de toda la masa.

ABRIR SU CORAZÓN A LA OFENSA FINALMENTE ENVENENARÁ SU ALMA, Y HARÁ QUE USTED SEA INEFICAZ EN EL REINO DE DIOS.

La Biblia va más allá y dice que deberíamos deshacernos de la levadura vieja, para poder ser una masa nueva (véase 1 Corintios 5:6). Esto es especialmente cierto cuando se trata de la calumnia y el chisme. Cuanto más lo tolere, más rápido se esparce. Sin embargo, la Iglesia parece que ha tolerado esta táctica siniestra del diablo durante demasiado tiempo. La Biblia nos manda a deshacernos de la levadura vieja.

Discursos de autocompasión venenosos

Una forma más astuta y más pasiva de fomentar las luchas es con discursos de autocompasión. Cuidado con las personas que le hablan y exageran su dolor, en lugar de animarle a ser sanado y avanzar. Estos pronosticadores siempre están dispuestos y listos para hablar de todas las cosas negativas que podrían estar ocurriendo en su vida, pero raras veces aportan soluciones saludables.

**MENTIRA DE SATANÁS:
¡USTED PUEDE REGODEARSE EN
LA AUTOCOMPASIÓN SI QUIERE!
#LAAGENDADESATANÁS**

Hubo un tiempo cuando no disimulaba mis sentimientos. Odio admitirlo, pero es cierto. De hecho, recuerdo literalmente estar debilitado por el rechazo. En una ocasión en particular, salía de una reunión de la iglesia, y alguien que me caía muy bien no quiso hablar conmigo. Era como si me estuviera desairando. ¡Eso me hizo daño! De camino a casa, mi vecino, que me había llevado amablemente en su automóvil, notó que yo estaba molesto, y me preguntó qué ocurría. Le conté que esa persona en particular no me habló después de la reunión. Mi vecino, en vez de ayudarme a salir de mi pozo de desesperación y darme una dosis útil de realidad, hizo una fiesta dentro del pozo. Comenzó a participar del dolor que yo sentía diciéndome lo mal que estuvo lo que hizo esa persona, y lo desconsideradas que fueron sus acciones. Me dijo que yo era una buena persona, y que otros no sabían lo que yo valía. Todo esto parecía bueno por fuera, pero por dentro me dejó un sentimiento de vacío.

Esto es lo que yo llamo discursos de autocompasión venenosos. Hay personas en nuestra vida que participan de nuestro dolor en un intento de hacernos sentir mejor, pero finalmente nos dañan más de lo que nos ayudan. Son las personas a las que usted llama cuando las cosas no salen como esperaba. Les cuenta que el pastor hirió sus sentimientos, ¡y ellos le dicen que él se equivocó al hacer eso! Poco se imaginaba usted que están ayudando a administrar el veneno del enemigo en su corazón. Eso equivale a una eutanasia espiritual. ¡Es tiempo de que usted despida al

Dr. Kevorkian de su vida! Debemos tomar una decisión consciente de no permitir que nos contaminen con el veneno del enemigo.

No me malentienda; todos necesitamos a una persona en nuestra vida que pueda hablar cuando las cosas son difíciles o suponen un reto, pero debemos asegurarnos de que las voces que nos hablan siempre nos lleven de regreso a la verdad de la Palabra de Dios, y no que empeoren más las cosas.

Los matrimonios tienen una tendencia especial a los discursos de autocompasión venenosos. Cuando usted intensifica las heridas de su cónyuge, hace que su cónyuge sea menos capaz de tratar el verdadero problema. He visto a parejas irse de iglesias prematuramente porque, como pareja, intensificaron las heridas que estaban sintiendo, en vez de buscar ayuda externa.

Yo lo denomino síndrome de la esposa de Job. Cuando Job estaba en su momento más oscuro, su esposa debería haber sido una voz de paz, esperanza y consolación para su esposo. En cambio, fue una voz de locura. Le dijo a Job que maldijera a Dios, y se muriera. ¡Esa es una buena confidencia de almohada para usted!

Cuando las parejas recrean su dolor el uno con el otro, simplemente se ayudan a tener más rencor y amargura. Al proferir una acusación tras otra en la privacidad de su hogar, están cavando para ellos mismos un pozo de dolor y desesperación. Por eso es tan importante rodearse de personas que le pidan cuentas de la verdad, y no solo que estén de acuerdo con cada queja que usted tenga. Necesita personas que le ayuden a mantenerse equilibrado y sincero consigo mismo. Lo último que necesita cuando está sufriendo es a una persona complaciente.

Un verdadero amigo le ayudará a responder preguntas sobre situaciones difíciles, como: ¿quién estaba detrás de esto? ¿Era un problema sistemático, o fueron simplemente las acciones de un miembro de la iglesia sin compasión? ¿Fue negligente el pastor? Si no están siendo suplidas nuestras necesidades, ¿se lo hemos contado a alguien? Como esposos y esposas debemos asegurarnos de estar ministrando esperanza y sanidad a nuestros cónyuges, no animándolos a ir por el camino de la amargura y la ofensa.

¡Mantenga encendido su amor!

El conocido anuncio de radio y televisión del Motel 6 terminaba con el eslogan: "Le dejaremos la luz encendida". Esto sugiere una atmósfera de bienvenida y amabilidad. ¿Qué ocurriría si adoptásemos esta misma mentalidad cuando se trata de las relaciones cristianas? ¿Y si decidiéramos dejar siempre encendida la luz encendida?

La Biblia dice que el que ama a su hermano camina en luz; sin embargo, el que aborrece a su hermano camina en tinieblas y no puede ver dónde tropieza (véase 1 Juan 2:9-11). ¿Sería posible que gran parte de la confusión y el caos que estamos viendo en la iglesia sea el resultado directo de una falta de amor?

Recuerdo oír una historia muy interesante. Había dos familias en una iglesia. Por fuera, ambas familias eran muy similares. Ambas asistían a la iglesia regularmente. Ambas estaban muy involucradas en el ministerio. Ambas familias eran sinceras en su deseo de agradar a Dios. Sin embargo, una familia parecía estar más bendecida que la otra. La otra familia notó que esta familia siempre estaba bendecida, y prosperaba en todo lo que hacía. Un día, el padre de la familia que no estaba siendo bendecida acudió a Dios en oración, y le preguntó por qué ellos no estaban prosperando tanto como la otra familia. Como esperaba una respuesta profundamente teológica, se quedó perplejo por la simplicidad de lo que oyó. ¡La respuesta fue *amor*! Dios le dijo que la diferencia entre estas dos familias era su caminar en amor.

En el famoso pasaje sobre el amor, 1 Corintios 13, aprendemos que el amor es tanto poderoso como necesario. ¿Por qué es tan importante esto en relación con nuestra discusión sobre la ofensa? Porque, dicho de forma sencilla, ¡un creyente que ama no hará surgir la ofensa!

> *Si yo hablase lenguas humanas y angélicas, y no tengo amor, vengo a ser como metal que resuena, o címbalo que retiñe. Y si tuviese profecía, y entendiese todos los misterios y toda ciencia, y si tuviese toda la fe, de tal manera que trasladase los montes, y no tengo amor, nada soy. Y si repartiese todos mis bienes para dar de comer a los pobres, y si entregase mi cuerpo para ser quemado, y no tengo amor, de nada me sirve. El amor es sufrido, es benigno; el amor no tiene envidia, el amor no es jactancioso, no se envanece; no hace nada indebido, no busca lo suyo, no se irrita, no guarda rencor; no se goza de la injusticia, mas se goza de la verdad. Todo lo sufre, todo lo cree, todo lo espera, todo lo soporta.* (1 Corintios 13:1-7)

Es muy importante notar que la iglesia corintia era una de las más llenas de dones del Nuevo Testamento. Entendían cómo profetizar y hablar en lenguas, y actuaban en el poder del Espíritu Santo. Sin embargo, el apóstol Pablo vio adecuado enseñarles acerca de la importancia del amor. ¿Por qué? La sencilla verdad es que, sin amor, ninguna otra cosa funciona realmente. De hecho, sin amor, ¡todo lo demás en realidad no importa!

¿Qué es amor? La palabra usada aquí para *amor* es *ágape*, que por lo general se interpreta como el amor divino. Hay varios tipos de amor mencionados en la Biblia. Está *fileo*, que es amor fraternal; está *eros*, que es amor íntimo o erótico, y después está *ágape*. *Agape* es la misma calidad de amor que posee Dios dentro de s,í y que muestra hacia la humanidad. Este es el amor de Juan 3:16: *"Porque de tal manera **amó** Dios al mundo, que ha dado a su Hijo unigénito, para que todo aquel que en él cree, no se pierda, mas tenga vida eterna"*. En otras palabras, el amor de Dios es desinteresado y sacrificial. Él nos mostró su amor en que siendo aún pecadores, Cristo murió por nosotros.

¿Se imagina el alcance de la bondad de Dios hacia nosotros? Él *murió* por nosotros cuando estábamos en nuestro peor estado, y sin embargo, a menudo nosotros demandamos perfección de otros antes de darles la hora. Cuando recibamos una revelación del amor incondicional de Dios hacia todos nosotros, podremos caminar en gracia y compasión los unos con otros. La agenda de Satanás es robar, matar y destruir, pero la agenda del Cordero es que tengamos vida, y vida en abundancia (véase Juan 10:10).

Preguntas de discusión

1. ¿Cuál es la agenda de Satanás para cada creyente? ¿Cuál cree que es su agenda para usted en particular?

2. ¿Cuál es la diferencia entre "llorar con los que lloran" (véase Romanos 12:15) y comenzar discursos de autocompasión venenosos?

3. ¿Cuáles son algunas de las formas en que puede "dejar encendida la luz" en su vida? ¿Qué es lo que suele tender a apagar la luz?

Práctica

1. Piense en las personas que se han disculpado con usted y le han expresado su tristeza por lo que ha ocurrido. ¿Soltó usted la ofensa,

o aún está supurando en su corazón? Si aún está ahí, ¡suéltela con la libertad que viene de ser un hijo de Dios!

2. "La crítica conduce al cinismo". ¿Con qué cosas es usted cínico? ¿Familia, iglesia, amigos, su trabajo, el gobierno? ¿Proviene eso de un espíritu de crítica? Ore acerca de cómo puede usted edificar, y no derribar.

3. Reúna a un grupo de creyentes, y haga una oración de unidad por la iglesia de Jesucristo. Ore por la unidad al margen de las diferencias personales, doctrinales, geográficas, raciales, culturales, políticas y todas las demás diferencias. Declare Gálatas 3:28 sobre la reunión.

Testimonio

El diablo atacó mi matrimonio de una forma muy grave. Hubo infidelidad y dolor en mi relación con mi esposo. Me sentí traicionada y rechazada. El enemigo me dijo que dejara mi matrimonio. Me dijo que mi esposo no me amaba y que era inútil intentar preservar mi unión.

Mientras oraba un día, el Señor dijo: "Apóyate en mi Palabra, ¡y lucha por tu matrimonio!". Aunque el acusador me estaba bombardeando, ese día tomé la decisión de fe de apoyarme en la Palabra de Dios. Comencé a confesar las promesas de Dios sobre mi unión. Permití que la Palabra de Dios ahogase la voz del acusador. Por la gracia de Dios, perdoné a mi esposo por completo. y nuestro matrimonio comenzó a sanar. Ahora tengo una paz y un gozo que no puedo describir con palabras. Irónicamente, mi esposo y yo estamos más cercanos y más enamorados que nunca.

—Sra. Gina

Oración

Padre, en el nombre de Jesús, te doy gracias por el poder de tu amor infalible y la revelación de tu Palabra. Sé que deseas que yo camine en mi propósito. Por lo tanto, conecto mi fe con la verdad de tu Palabra. Te pido que saques a la luz cada serpiente que esté actuando en mi vida o en mi iglesia, y que traigas liberación de inmediato. Tu Palabra declara que una casa dividida no puede permanecer; por lo tanto, decido no ser un agente de división. En cambio, decido ser un agente de unidad. Cierro mi corazón a cualquier ofensa para que mi alma no se envenene. Enséñame a mantener encendido mi amor cada día. En el nombre de Jesús.

¡Amén!

11
EL ESPACIO DE LA GRACIA

Acerquémonos, pues, confiadamente al trono de la gracia, para alcanzar misericordia y hallar gracia para el oportuno socorro.

(Hebreos 4:16)

¿Cuándo fue la última vez que fue a urgencias y el equipo médico dijo que estaba usted demasiado enfermo para ser admitido? El hospital es *exactamente* donde se supone que debe ir cuando está enfermo. ¿Cierto? Pero imagine a un grupo de pacientes en sillas de ruedas saliendo por sí mismos del hospital, sin tratar, quizá incluso peor que cuando entraron, todo porque los médicos les hicieron algunas preguntas, les realizaron algunas pruebas, observaron algunas conductas, y después decidieron: "Bueno, lo suyo es muy grave. ¡No podemos ayudarles!".

Y del mismo modo, la iglesia es *exactamente* el lugar donde se supone que debe ir cuando está dolido. ¡Pero demasiadas personas se van de las iglesias porque no reciben ninguna ayuda ahí! Ese es el resultado directo de una falta de gracia.

Gracia y paz

Hace muchos años, el Señor me dio el nombre de nuestra iglesia. Me dijo que debía ser *Grace & Peace* Global Fellowship (Comunión Global de Gracia y Paz) porque sería un lugar donde reinaría la gracia. Me dijo que todas las iglesias deberían igualmente tener una atmósfera de gracia. ¿Qué significó eso para mí? ¡Todo! Verá, yo me crié en un entorno muy legalista. Estaba bien familiarizado con la corrección, pero sabía muy poco sobre compasión. Hace varios años fue cuando recibí una verdadera revelación bíblica de la gracia.

Al comenzar a examinar en mayor profundidad este concepto de la gracia, me di cuenta de que ha habido una grave deficiencia de gracia en la iglesia, no teológicamente, sino relacionalmente. La Biblia dice: "*Y aquel Verbo fue hecho carne, y habitó entre nosotros (y vimos su gloria, gloria como del unigénito del Padre), lleno de gracia y de verdad*" (Juan 1:14). Jesús estaba lleno de gracia y de verdad, y esta calidad de gracia y verdad caracterizó su ministerio terrenal. Se acercó a los enfermos, los cojos, los quebrantados, los inmorales y los perdidos: las personas que a menudo se desestiman en nuestros ministerios actuales. Este fue un concepto muy revolucionario para mí. Esto no significa que pasemos por alto o aceptemos el pecado, pero sí significa que aceptamos a los pecadores. Es muy fácil enfocarnos en las faltas de los demás, pero con frecuencia es más difícil conducir a las personas a la vida mediante el amor. El Señor me dijo que cuando las personas tuvieran una revelación de la gracia, vivirían en la paz de Él. De ahí el nombre "Gracia y paz".

SI TODO EL PLAN REDENTOR DE DIOS DEPENDIERA DE LA RESTAURACIÓN DE LAS RELACIONES, ENTONCES ESTO DEBERÍA SER LA PRIORIDAD DE LA IGLESIA.

La verdad es que a Dios le importan las relaciones. Él deseaba tanto nuestra comunión que envió a su Hijo para redimir al mundo del pecado, el pecado que nos alejaba de la comunión íntima con Dios.

La Biblia nos dice: "*Vestíos, pues, como escogidos de Dios, santos y amados, de entrañable misericordia, de benignidad, de humildad, de mansedumbre, de paciencia; soportándoos unos a otros, y perdonándoos unos a otros si alguno tuviere queja contra otro. De la manera que Cristo os perdonó, así también hacedlo vosotros*" (Colosenses 3:12-13). ¿Qué significa *soportar*? La palabra *soportar* viene de la palabra griega *anecho*, que significa sostener, aguantar.

¿A qué se parece el aguante? Significa sostener o tolerar. Significa que hay gracia. Lo he dicho antes y lo volveré a decir: la iglesia tiene demasiada tendencia a ofenderse. ¿Por qué? Porque hemos tolerado una cultura de ofensa en nuestras iglesias actuales. Esto es totalmente antiético para la cultura bíblica de tolerar.

Una vez en la universidad un tipo regresó a la residencia estudiantil completamente ebrio. Estaba tan borracho que apenas podía mantenerse en pie, y tenía un aspecto terrible. Mi amigo y yo lo levantamos, lo subimos a nuestro automóvil y lo llevamos al hospital. En cuanto llegamos, lo llevaron corriendo a la UCI. Mientras estábamos en la sala de espera, salió la doctora y nos preguntó si éramos familiares, y respondimos que éramos compañeros de residencia. Nos dijo que nuestro amigo tenía unos niveles venenosos de alcohol, y que de haber llegado un poco más tarde, habría muerto. Básicamente, cuando lo llevamos al hospital lo sostuvimos hasta que pudo recibir la ayuda que necesitaba. Eso es lo que significa soportar.

La iglesia debe ser un lugar donde soportamos, donde dejamos espacio para que las personas aprendan y crezcan, donde las sostenemos hasta que puedan recibir la ayuda que necesitan. La iglesia no debe ser un lugar donde demandamos perfección. Lo mismo es cierto cuando se trata de los feligreses y sus relaciones con sus pastores. Algunas personas se ofenden tan fácilmente con sus líderes, que es una auténtica vergüenza. Nunca ejercitan el aguante con el liderazgo espiritual. En cuanto alguien dice o hace algo con lo que no están de acuerdo, inmediatamente están listos para irse. ¡Eso no es del Espíritu de Dios! ¿Por qué no? ¡Porque Dios no nos trata de ese modo!

¿No es irónico que a menudo demandemos perfección de otros, y a la vez permitamos la imperfección en nosotros mismos? A menudo juzgamos a otros basándonos en sus acciones, y nos juzgamos a nosotros mismos basándonos en nuestras intenciones. En un capítulo anterior hablamos de la necesidad de lo que yo llamo un almacén, o la regla de los cinco segundos. Significa que debe haber un espacio interno en el que hagamos espacio para los fallos y las ofensas de las personas hacia nosotros. En otras palabras, no se permita ofenderse de inmediato. Cuando la hermana Bárbara no le hable después de la clase dominical, no suponga de inmediato que usted no le cae bien. Si nos esforzáramos por distinguir, veríamos que las cosas no siempre son como parecen.

Recuerdo una situación en particular en la que una maravillosa mujer en la iglesia acudió a mí diciendo que yo debería "¡decirle la verdad!". Tuvimos una conversación anteriormente ese día, justamente después de que yo hubiera almorzado, debo añadir. Le pregunté qué quería decir con ese comentario, y con lágrimas en los ojos dijo: "Dígame la verdad; si quiere que me vaya de la iglesia, ¡tan solo dígamelo!". Yo me quedé perplejo por sus palabras; ¡ella era un miembro asombroso de nuestra iglesia! "¿Qué quiere decir con eso?", exclamé. Ella dijo: "Vi la forma en que me miró cuando estábamos hablando. ¡Yo no le caigo bien!". No pude evitar una sonrisita mientras me disculpaba por mi expresión anterior. ¡Le dije que la verdad era que tenía un gas! Ella entonces estalló de risa.

La moraleja de esta historia es que no siempre deberíamos suponer que alguien tiene un sentimiento negativo hacia nosotros. Yo llamo a esto el espacio gracia. La iglesia debería ser un espacio de gracia, un área en la que se permite a las personas cometer errores, y mostrar sus fragilidades sin crítica, juicio o condenación. Eso no significa que no habrá corrección. Pero cuando sea reprendido o corregido, siempre debería hacerse en amor.

Gracia y cobro de deudas

Jesús contó una parábola de un hombre que le debía a su amo una enorme cantidad de dinero. ¡Enorme! Incluso si el hombre hubiera ahorrado todo su salario durante un año, no habría podido pagar su deuda. Acudió a su señor y le rogó misericordia, y con compasión, el amo perdonó al hombre toda su deuda y lo liberó de todas sus obligaciones financieras. Ese mismo hombre después se fue, y se encontró con un compañero suyo que le debía una pequeña cantidad de dinero. Exigió que se lo pagara, y como este siervo no podía le rogó misericordia, ¡pero él se negó y lo metió en la cárcel! El amo se enteró de lo sucedido, y se enojó. Llamó de nuevo al primer siervo y lo reprendió, diciendo: "Te perdoné toda tu deuda, ¿y tú no has podido perdonar la pequeña deuda de tu consiervo? Te meteré en prisión hasta que me pagues todo lo que me debías" (véase Mateo 18:23-35).

Esta parábola es un cuadro perfecto de la condición espiritual de muchas personas en el cuerpo de Cristo. Ellos se han convertido en cobradores de deudas espirituales, y pasan toda su vida cobrando deudas de otros no en un sentido financiero, sino en el sentido espiritual y emocional. En otras palabras, todos les deben algo. El pastor les debe una explicación por cada paso que da. La esposa del pastor les debe por la palabra rápida que les dijo hace seis meses. Los ujieres les deben por caminar por el pasillo equivocado. El pianista les debe por la selección de la música. La pareja que comenzó a asistir a otra iglesia les debe por irse. La mamá soltera les debe por no asistir a veces a la iglesia. El anciano les debe por no ser misericordioso.

MENTIRA DE SATANÁS: MUESTRE GRACIA SOLO A QUIENES SE LO MERECEN.
#ELESPACIOGRACIA

Mientras tanto, ¡estos cobradores de deudas no piensan que ellos deban dar cuentas a nadie! Olvidan que ellos tienen una deuda gigantesca con Dios. Lo peor de todo esto es que a menudo espiritualizan esta mentalidad disfuncional. No se dan cuenta de que están en una prisión de culpa, dolor y daño. Es casi como una mujer que sale de una relación de abuso, que cree subconscientemente que todos los demás hombres que conoce abusarán de ella del mismo modo. Como resultado, cualquier hombre con el que sale debe probar una y otra vez que no le hará daño. Esto puede ser emocionalmente muy agotador para la otra parte. En algún momento ella debe soltar su dolor si quiere disfrutar de una relación sana y fructífera. Del mismo modo, los cobradores de deuda espiritual deben tomar la decisión de que su dolor no dictará el futuro.

Anteriormente mencioné que la gracia no se trata tan solo de rectificar nuestra relación con Dios, sino también de rectificar nuestras relaciones unos con otros. Dios no solo vino a través de Jesús para redimir nuestra relación vertical, sino que también vino para redimir nuestras relaciones horizontales, y por eso la iglesia es un entorno tan vital. La Biblia nos dice que no nos olvidemos de reunirnos (véase Hebreos 10:25). ¿Por qué? Porque hay algo en la comunidad que nos fuerza a confrontar las heridas de nuestro corazón. Esto es absolutamente necesario si queremos experimentar restauración en nuestra vida. Hablaremos un poco más sobre cómo sanar las heridas del pasado, pero por ahora quiero examinar esta idea de la gracia.

¿Qué es gracia? Gracia es favor y bondad que usted no ganó ni mereció. La Biblia dice que Dios demuestra su amor hacia nosotros en que mientras éramos aún pecadores, Cristo murió por nosotros (véase Romanos 5:8). En otras palabras, Él nos mostró su favor no en base a nuestras obras, sino según su bondad: *"Porque por gracia sois salvos por medio de la fe; y esto no de vosotros, pues es don de Dios"* (Efesios 2:8). Todo lo tocante a nuestra experiencia salvífica se basa en el don de la gracia de Dios hacia nosotros, que recibimos por la fe.

¿Y si le dijera que ocurre lo mismo con nuestras relaciones naturales? ¡Primero debemos mostrar gracia! La misma gracia que es necesaria para disfrutar de una relación favorable con Dios es también necesaria para disfrutar de una relación saludable con otras personas, especialmente dentro de la iglesia.

Sin embargo, vemos que a menudo lo contrario también es cierto. ¿Sabía que la persona promedio solo permanece en una iglesia durante dos años o menos? ¿Por qué sucede eso? ¿Es porque se muda o se reubica? ¿Es porque Dios le habla y le dice que su tarea ya ha terminado? ¿O es por otra cosa? En la mayoría de los casos, al menos en mi experiencia, las personas se van prematuramente como resultado directo de la ofensa. No pueden mostrar a otros la gracia que ellos mismos reciben de Dios diariamente. Quizá el pastor predica algo que les parece ofensivo, o tal vez uno de los miembros de la iglesia hace algo que les resulta dañino. Al margen de cómo se mire, la ofensa es por lo general la raíz de cada desconexión prematura de la comunidad.

El espíritu religioso

Si estudiamos los relatos del Evangelio, veremos que Jesús fue muy duro con los fariseos y saduceos. ¿Por qué? Jesús sabía que los líderes religiosos establecían el tono espiritual para el pueblo de Israel en ese tiempo. Cualquier conducta que ellos modelaban, el pueblo seguía su ejemplo. Por desgracia, muchos de sus ejemplos iban directamente en contra de las Escrituras.

Jesús preguntó a los fariseos: *"¿Y por qué miras la paja que está en el ojo de tu hermano, y no echas de ver la viga que está en tu propio ojo?"* (Mateo 7:3). Jesús estaba preguntándoles: "¿Por qué pueden ver tan fácilmente los defectos de los demás y no ven los suyos propios?". Esta es la característica principal del espíritu religioso. Las personas que tienen un espíritu religioso a menudo son extremadamente críticas e hipócritas. A menudo hablan de lo que otros hacen mal, mientras no reconocen sus propios errores.

¿Recuerda la historia que narró Jesús acerca de los dos hombres que fueron a orar? Uno de ellos era un fariseo, y el otro un recaudador de impuestos. El fariseo le dijo a Dios lo justo que era y cuántas veces diezmaba y ayunaba cada semana. Se enfocó en su propia bondad y justicia. Por otro lado, el recaudador de impuestos inclinaba su cabeza, y le decía a Dios que era un pecador y que necesitaba la misericordia de Dios. ¡Jesús dijo que el *menospreciado recaudador de impuestos* se fue a casa justificado! (véase Lucas 18:9-14). Jesús usó esta historia para ilustrar la importancia de la humildad, y el peligro de la justicia propia.

EL ORGULLO ES UNA VANA CONCENTRACIÓN EN EL YO, EN LUGAR DE EN DIOS. EL ORGULLO ES LA RAÍZ DE TODA HIPOCRESÍA Y JUSTICIA PROPIA.

No creo que la humildad sea cuestión de decirle siempre a Dios lo pecadores que somos. No es un ejercicio que consiste en aplastarnos a nosotros mismos. Más bien, es una actitud de vida en la que reconocemos constantemente nuestra necesidad de Él. Debemos vivir en un estado perpetuo de aprecio por lo que Dios ha hecho por nosotros.

Pero siento decir que hay muchos fariseos religiosos en nuestras iglesias. En vez de la humildad optan por la justicia propia, y la justicia propia está arraigada en el orgullo.

El mayor indicador de la profundidad de la revelación que tiene una persona en el área de la gracia es su disposición y liberalidad para extender gracia a otros. Cuando fue reprendido por mostrar bondad a una prostituta que le estaba adorando, Jesús respondió: *"Por lo cual te digo que sus muchos pecados le son perdonados, porque amó mucho; mas aquel a quien se le perdona poco, poco ama"* (Lucas 7:47). En otras palabras, Jesús dijo que todo aquel a quien se le haya perdonado mucho, ama mucho. La medida de gracia que mostramos es proporcional a la gracia que hemos recibido. Si pensamos que somos justos como el fariseo de la parábola, no veremos nuestra propia necesidad de gracia, y no extenderemos gracia a otros.

El deseo de crucifixión

Existe un fenómeno interesante en nuestra cultura actual, y las redes sociales solo lo están empeorando. Las personas disfrutan viendo fracasar a otros. Quizá no esté de acuerdo con mi afirmación, pero a las *mucho ojo*

pruebas me remito, como suele decirse. Los tópicos de moda son por lo general los más escandalosos. Puse un video en Facebook titulado "Mi esposa está enamorada de otro". El video terminó siendo viral, ¡y llego a más de treinta millones de personas! Yo me refería a que mi esposa estaba enamorada de Jesús, y cómo ese amor había ayudado a fortalecer y sanar nuestro matrimonio. Pero créase que hubo personas que se ofendieron cuando descubrieron que el video tenía un mensaje positivo. Lo vieron por el escándalo, y se sintieron engañados cuando comprobaron que no había escándalo. Estos son los tiempos en que vivimos.

JESÚS VINO PARA DAR VIDA Y NO MUERTE, PARA SANAR Y NO PARA ENFERMAR, PARA JUSTIFICAR Y NO PARA CONDENAR.

Sin embargo, este no es un fenómeno nuevo. Las mismas personas que gritaban "Hosanna" a Cristo eran quienes después gritaban "¡Crucifícale!". Esta es la naturaleza del espíritu religioso. *Crucificar* significa dar muerte a alguien atando a la persona a una cruz. No quiero menospreciar la gravedad del hecho de que cientos de cristianos hayan sido torturados *físicamente* en todo el mundo, pero quiero acentuar una analogía muy seria: en vez de tomar nuestra cruz, ¡estamos clavando a otros *espiritualmente* a ella! Miembros de la iglesia están crucificando a sus pastores, líderes están crucificando a sus feligreses, esposos están crucificando a sus esposas, ¡y viceversa también en cada uno de estos! Oramos para poder resucitar a los muertos, mientras matamos a los vivos asesinando su carácter y su reputación.

¿No es divertido cómo una persona puede decir que ama mucho a su iglesia y a su pastor, y a la semana siguiente exclama lo horrible que es la iglesia porque se ha sentido ofendido? Hay una parte de la naturaleza humana que quiere venganza. Queremos ver sufrir a las personas por el daño que nos han hecho. Pero Jesús modeló un paradigma totalmente distinto.

Hay una historia muy poderosa en la Biblia que ilustra la gracia que mostró nuestro Señor:

> Cuando se cumplió el tiempo en que él había de ser recibido arriba, afirmó su rostro para ir a Jerusalén. Y envió mensajeros delante de él, los cuales fueron y entraron en una aldea de los samaritanos para hacerle preparativos. Mas no le recibieron, porque su aspecto

era como de ir a Jerusalén. Viendo esto sus discípulos Jacobo y Juan, dijeron: Señor, ¿quieres que mandemos que descienda fuego del cielo, como hizo Elías, y los consuma? Entonces volviéndose él, los reprendió, diciendo: Vosotros no sabéis de qué espíritu sois; porque el Hijo del Hombre no ha venido para perder las almas de los hombres, sino para salvarlas. Y se fueron a otra aldea. (Lucas 9:51-56)

Los discípulos buscaban venganza por la falta de respeto y el desdén mostrado hacia Jesús, y pidieron si podían pedir que descendiera fuego del cielo y consumiera a sus enemigos. ¡Jesús los reprendió! Dijo que tenían un espíritu equivocado. Dijo que Él no vino para destruir vidas, sino para salvarlas. Esto debe estar en el centro de todo lo que hagamos. La misericordia triunfa sobre el juicio, siempre.

El hijo pródigo

Probablemente esté muy familiarizado con el relato bíblico del hijo pródigo. Hemos oído esta historia muchas veces en la escuela dominical:

También dijo: Un hombre tenía dos hijos; y el menor de ellos dijo a su padre: Padre, dame la parte de los bienes que me corresponde; y les repartió los bienes. No muchos días después, juntándolo todo el hijo menor, se fue lejos a una provincia apartada; y allí desperdició sus bienes viviendo perdidamente.

Y cuando todo lo hubo malgastado, vino una gran hambre en aquella provincia, y comenzó a faltarle. Y fue y se arrimó a uno de los ciudadanos de aquella tierra, el cual le envió a su hacienda para que apacentase cerdos. Y deseaba llenar su vientre de las algarrobas que comían los cerdos, pero nadie le daba. Y volviendo en sí, dijo: ¡¡Cuántos jornaleros en casa de mi padre tienen abundancia de pan, y yo aquí perezco de hambre! Me levantaré e iré a mi padre, y le diré: Padre, he pecado contra el cielo y contra ti. Ya no soy digno de ser llamado tu hijo; hazme como a uno de tus jornaleros. Y levantándose, vino a su padre.

Y cuando aún estaba lejos, lo vio su padre, y fue movido a misericordia, y corrió, y se echó sobre su cuello, y le besó. Y el hijo le dijo: Padre, he pecado contra el cielo y contra ti, y ya no soy digno de ser llamado tu hijo.

Pero el padre dijo a sus siervos: Sacad el mejor vestido, y vestidle; y poned un anillo en su mano, y calzado en sus pies. Y traed el becerro gordo y matadlo, y comamos y hagamos fiesta; porque este mi hijo muerto era, y ha revivido; se había perdido, y es hallado. Y comenzaron a regocijarse. (Lucas 15:11-24)

Quiero subrayar un aspecto específico del relato. Sabemos que Jesús usó el término *"un hombre"*, lo cual sugiere que esto no era una parábola, sino un relato real. También sabemos que el castigo en esa cultura por deshonrar al padre biológico era la muerte (véase Proverbios 20:20). Pedir la herencia en esa cultura era como decir: "Hazte a un lado, papá. Ojalá estuvieras muerto". El hijo pródigo cometió esa atrocidad de pedir su herencia antes de tiempo, y después se gastó todo su dinero en una vida libertina. Entonces lamentó su decisión. Miró desde donde estaba, una pocilga, a la casa de su padre (una casa sobre las colinas significa riqueza, así que probablemente su padre era rico). Él sabía que su padre era un amo bueno, ¡y que incluso los siervos en la casa de su padre tenían más para comer que él! Decidió pedir ser un siervo humilde de su padre, ya que sabe que no merece nada más.

Pero mientras el hijo se dirige a casa de su padre, su padre lo ve a lo lejos y *corre* hacia él. Ahora bien, ¡eso no era algo normal! Los hombres de prominencia en el Oriente nunca corrían a ningún lado porque correr haría que se vieran sus piernas, y comprometería su dignidad. Sin embargo, debido al gran amor que le tenía a su hijo, el padre corrió hacia él, lo cubrió y lo abrazó. Aunque la ley demandaba justicia, la misericordia y el amor del padre ofrecían perdón.

DEBE HABER ARREPENTIMIENTO PARA QUE PUEDA HABER RESTAURACIÓN.

Pensemos en dos detalles: primero, el padre pidió que pusieran una túnica sobre su hijo y un anillo en su dedo. Esto significaba restauración. El hijo era aceptado de nuevo en la familia, y recibió una señal o sello que indicaba su pacto con el padre. Segunda cosa: antes de que pudiera haber restauración, tuvo que haber arrepentimiento. El hijo tuvo que acudir a su padre y arrepentirse. Por eso es tan importante que nos humillemos ante Dios y ante otros, y comuniquemos dónde hemos fallado o nos han fallado. El hijo tuvo un cambio en su mente que produjo un cambio en su actitud y sus acciones, y su padre estuvo dispuesto y quiso restaurar a su hijo a la dignidad y la decencia.

Aunque quizá haya leído o escuchado antes esta historia, quería recordarle que nuestro Padre celestial también quiere la restauración. Él no expone nuestro pecado, sino que lo cubre, nos recibe de regreso a la familia con los brazos abiertos, y nos protege de la mofa pública y la condenación. ¿Haría usted lo mismo por su hijo? ¿Por qué entonces hacemos menos por las personas que están dentro del cuerpo de Cristo? Siempre que reducimos a alguien a su fracaso, le quitamos su decencia y su dignidad. A veces incluso le robamos su humanidad.

La gracia dice que lo que usted ha hecho no dictará su futuro. La gracia facilita el verdadero arrepentimiento. La gracia deja espacio para que los perdidos vuelvan a casa, y los caídos sean restaurados.

Lecciones del hermano mayor

Hay otro aspecto en esta historia que no consideramos a menudo: el hermano mayor. ¿Por qué el hermano mayor ocupa una parte tan importante de esta conversación? Porque el hermano mayor representa a la comunidad religiosa, a la Iglesia.

> *Y su hijo mayor estaba en el campo; y cuando vino, y llegó cerca de la casa, oyó la música y las danzas; y llamando a uno de los criados, le preguntó qué era aquello. Él le dijo: Tu hermano ha venido; y tu padre ha hecho matar el becerro gordo, por haberle recibido bueno y sano.*
>
> *Entonces se enojó, y no quería entrar. Salió por tanto su padre, y le rogaba que entrase. Mas él, respondiendo, dijo al padre: He aquí, tantos años te sirvo, no habiéndote desobedecido jamás, y nunca me has dado ni un cabrito para gozarme con mis amigos. Pero cuando vino este tu hijo, que ha consumido tus bienes con rameras, has hecho matar para él el becerro gordo. Él entonces le dijo: Hijo, tú siempre estás conmigo, y todas mis cosas son tuyas.*
>
> *Mas era necesario hacer fiesta y regocijarnos, porque este tu hermano era muerto, y ha revivido; se había perdido, y es hallado.*
>
> (Lucas 15:25-32)

Queda claro en el texto que el hermano mayor estaba molesto. Cuando se enteró de que su hermano menor no solo volvió a ser aceptado en la familia, sino que además le hacían una *celebración*, de inmediato demandó una respuesta. ¡Estaba enojado! Pensaba: *Todos estos años he servido a mi padre y él nunca me ha hecho nada importante, pero cuando* mi hermano se burla de él y huye y regresa, de repente ¿le hace una fiesta? Comenzó a expresar el historial de justicia que él tenía; le recordó a su padre que en todos los años que había estado con él, nunca había pecado contra su padre. Está muy claro que el hermano mayor quería justicia. ¡Deseaba ser reivindicado! Sin embargo, claramente no supo entender las implicaciones espirituales de lo que estaba ocurriendo. Su padre le explicó: *"tu hermano era muerto, y ha revivido"*.

Quiero que pensemos en la magnitud de esta afirmación. Sabemos que el hermano menor no estaba físicamente muerto, pero *estaba* espiritualmente muerto. En otras palabras, el hermano estaba muerto en el momento en que su corazón se rebeló contra la casa de su padre.

**MENTIRA DE SATANÁS:
USTED ES MEJOR QUE LA PERSONA
QUE ESTÁ SENTADA A SU LADO.**
#ELESPACIOGRACIA

Muchas veces no somos conscientes de la condición espiritual de quienes nos rodean. No nos regocijamos en sus periodos de bendición porque no sabemos de lo que han salido. Si alguien le dijera que un familiar suyo ha muerto, estoy bastante seguro de que usted no diría: "Bueno, es lo que se merece". ¿Por qué? Porque es su familiar, y usted tiene una relación con él. ¡Es importante para usted! Quiere que él o ella sean bendecidos, y que estén sanos. De igual modo, en la iglesia no debiéramos sentir disgusto cuando la bendición y el favor llegan sobre aquellos a quienes, a nuestros ojos, ¡no se lo merecen en modo alguno! Si siente esa tentación, pregúntese: ¿Pienso que soy mejor que él? ¿Creo que merezco más esa bendición? Si la respuesta es sí, ¡quizá usted mismo necesite arrepentirse!

Al pensar que su hermano no merecía la fiesta, la alegría y la gracia, el hermano mayor estaba representando mal al padre. Pensó que su padre estaría dispuesto a *condenar* a un hijo que vino de su propia sangre, que se arrepintió, que pidió un lugar de nuevo en la casa de su padre. La *restauración* del hermano menor le dio al hermano mayor una *revelación* del corazón del padre. Aprendió que no es el comienzo de algo, sino el fin. Dios nunca nos juzga por cómo comenzamos, sino por cómo terminamos.

Y otra cosa. El hermano mayor no fue el único testigo de la indecente alegría del padre por el regreso de su hijo. ¿Cree usted que nadie más lo vio levantando su túnica y corriendo colina abajo? ¡Toda la comunidad tuvo un asiento en primera fila para ver el regreso del hijo pródigo! Incluso se unieron a la fiesta. El efecto del amor del padre llegó a todos ellos porque todos conocían la ley. Sabían cómo merecía ser tratado el hijo por deshonrar a su padre y, sin embargo, fueron testigos de una asombrosa restauración que les llevó a un mayor entendimiento y revelación de la misericordia de Dios. Él no es un Dios distante. Es misericordioso. Él es un Dios que corre a restaurar.

> LA GRACIA LLAMA A LA PUERTA,
> SINO QUE LA TIRA ABAJO DE UNA PATADA.

Lo que no supo ver el hermano mayor es que el pecado de su hermano menor no le restaba importancia. Estoy aquí para decirle hoy que su pecado no le ha restado importancia a usted. Cada vez que condenamos a alguien, estamos quitándole su importancia. Cada vez que alguien le condena a usted, sin darse cuenta le está quitando su importancia. Hermanos y hermanas, ¡todos somos importantes delante del Señor! ¡La gracia que Dios nos ha dado a cada uno es igual para todos!

¿Cuántas veces hemos visto a pastores famosos o líderes religiosos caer rostro en tierra en escándalo y vergüenza? Y sin embargo, cuando nosotros lo entendemos mal, la Palabra de Dios sigue siendo cierta. Sus promesas no se afirman sobre la base de nuestras respuestas. Lo que es tan radical sobre la gracia de Dios es que no necesita el permiso de sus fallos para entrar en su situación, y manifestar el Espíritu de Dios como nunca antes. La gracia no llama a la puerta, sino que la tira abajo de una patada. La gracia dice: ¡hay mucho aquí invertido como para dejar que esta persona se vaya!

Y más adelante, como el hijo pródigo, usted tendrá el contexto para mirar atrás y decir: ¡he sido salvado *por gracia*!

El espíritu de gracia

> *¿Cuánto mayor castigo pensáis que merecerá el que pisoteare al Hijo de Dios, y tuviere por inmunda la sangre del pacto en la cual fue santificado, e hiciere afrenta al Espíritu de gracia?* (Hebreos 10:29)

La Biblia se refiere al Espíritu Santo como el *"Espíritu de gracia"*. En mi opinión, eso insinúa que el Espíritu Santo busca revelar la bondad del Padre. Si verdaderamente somos guiados por el Espíritu, entonces debemos buscar lo mismo que busca el Padre. Demasiados cristianos buscan derribar en vez de construir. Demasiados cristianos están albergando heridas, dolores y decepciones en el corazón, y esas cargas aplastan su vida espiritual. Esas cosas impiden que las personas disfruten de la vida abundante en su plenitud. ¡Son las herramientas que Satanás usa para destrozar la Iglesia! Pero gracias a Dios que la Palabra del Señor dice que Él edificará su Iglesia, y que las puertas del infierno no prevalecerán contra ella (véase Mateo 16:18). Cuando adoptamos una actitud de gracia, comenzamos a experimentar una mayor manifestación del poder de Dios en nuestra vida.

Le animo a desarrollar conscientemente un espacio de gracia en su vida y en su corazón. Este es un lugar donde usted permite que la bondad de Dios inunde todo lo que piensa y hace. Es un lugar donde usted decide mostrar amor en vez de condenación. La gracia no es debilidad, sino la mayor fortaleza. Si el hermano mayor hubiera sabido que perdonando a su hermano menor estaba honrando a su padre, sus pensamientos y acciones habrían sido totalmente distintos. ¡No cometa usted el mismo error!

Preguntas de discusión

1. El Dr. Bridges dijo que a menudo juzgamos a otros según sus *acciones*, y nos juzgamos a nosotros mismos según nuestras *intenciones*. ¿Qué resultado se produciría en su vida si le diera la vuelta a esto?

2. ¿Por qué vivir en comunidad con otros creyentes, asistir a la iglesia y otras funciones, nos fuerza a confrontar las heridas de nuestro corazón? ¿Diría usted que aislarse como cristiano es poco saludable?

3. ¿Qué nos dice la parábola del hijo pródigo sobre nuestro Padre celestial? ¿Qué podemos aprender del hermano mayor?

Testimonio

Hace años, me uní a un grupo de oración de una red social. Fue una bendición. En mi celo y entusiasmo, comencé a poner testimonios de personas que habían sido sanadas de enfermedades terminales. Aparentemente, ese no era el propósito del grupo, porque uno de los miembros del grupo me pidió que retirase el testimonio. En su mente, el grupo era solo para peticiones de oración. Yo estaba un tanto confundida y un poco ofendida por la situación. Sin embargo, en vez de reaccionar con enojo, me humillé y me disculpé por el malentendido. Más adelante, uno de los miembros del grupo corrigió a esa persona y dijo que sus acciones no fueron apropiadas. La persona dio un paso y se disculpó, y pudimos pasar por alto el asunto. En vez de ofenderme, extendí gracia y mereció la pena. —*Sylvia*

Oración

Padre, en el nombre de Jesús, te doy gracias por la verdad de tu Palabra. Tu Palabra es una lámpara a mis pies y una luz a mi camino. Gracias, Señor, por darme una revelación de la gracia bíblica. Tu Palabra dice que deberíamos acudir confiadamente al trono de gracia para obtener misericordia y encontrar gracia que nos ayude en tiempos de necesidad. Gracias por tu favor inmerecido y tu poder sobrenatural que obran en mi vida. Escojo liberar a cada persona que tiene alguna deuda conmigo o que me ha ofendido de algún modo. Decido caminar por fe, y no por sentimientos. Gracias, Señor, por darme un espíritu de gracia y compasión. ¡En el nombre de Jesús!

Amén.

12
NO ERRÉIS

No erréis; las malas conversaciones corrompen las buenas costumbres. (1 Corintios 15:33)

A lo largo de este libro hemos hablado del plan del enemigo de robar, matar y destruir personas y relaciones. Hemos descubierto su ataque clandestino en contra del cuerpo de Cristo en forma de calumnia, chisme y ofensa. También hemos discutido el hecho de que muchos cristianos no son conscientes de que están siendo o han sido en algún momento de sus vidas cómplices de sus ataques contra la iglesia. En este capítulo, quiero enfocarme en uno de los componentes más importantes de la discusión: la comunicación.

Con *comunicación* me refiero a los medios de conexión entre personas o lugares. Al final, debemos darnos cuenta de que fuimos creados para amar y conectar con la gente profundamente. Todo lo que hacemos y decimos referente a otras personas es extremadamente importante. La Biblia nos dice en 1 Corintios 15:33: *"No erréis; las malas conversaciones corrompen las buenas costumbres"*. Todo aquello, tanto cosas como personas, con las que usted entre en comunión y compañerismo finalmente afectará a su carácter. Es infantil por nuestra parte pensar que podemos escuchar las calumnias y los chismes, y que no nos afecten. Cada vez que entretenemos el mal, nuestro carácter se corrompe de manera inevitable, y finalmente afecta a nuestra capacidad de conectar con la comunidad de una forma saludable.

¿Alguna vez ha oído algo negativo o deplorable sobre alguien, e intentó tener una interacción normal con esa persona como si no hubiera escuchado nada? ¡Es imposible! Nuestra *comunión* siempre queda afectada por la *comunicación* que recibimos.

La común unión

Cada domingo en nuestra iglesia en Tampa, Florida, participamos de la Comunión, o como muchos lo llaman, la Santa Cena. Creemos que hay beneficios espirituales poderosos al tomar la Santa Cena de forma regular o casi regular. Hemos visto asombrosos milagros cuando la gente ha participado de la Comunión en fe, creyendo que Dios liberaría su poder sobrenatural en sus vidas. Mi propia esposa fue sanada físicamente mientras tomaba la Comunión, y hemos visto y sido testigos de innumerables personas que han experimentado sanidades similares. ¿Por qué la Comunión es tan poderosa? ¿Cuál es el significado espiritual de la Comunión? Sabemos por la Palabra de Dios que Jesús celebró la Pascua la misma noche que iba a ser traicionado, diciendo:

> *Tomad, comed; esto es mi cuerpo que por vosotros es partido; haced esto en memoria de mí. Asimismo tomó también la copa, después de haber cenado, diciendo: Esta copa es el nuevo pacto en mi sangre; haced esto todas las veces que la bebiereis, en memoria de mí.*
> (1 Corintios 11:24-25)

Como judío que guardaba la Torá, Jesús estaba haciendo lo que se requería de todo hombre al consumir la Pascua Seder, pero como Hijo de Dios y Mesías de Israel, estaba cumpliendo la profecía mesiánica de convertirse en el Cordero sacrificial que hizo que la muerte pasara de nosotros al derramar su preciosa sangre. Este es un momento muy santo y poderoso cada vez que lo realizamos. Sin embargo, la Comunión es mucho más que nuestra sanidad y redención espiritual. La Comunión representa también la unidad que debería estar siempre presente y prevaleciente en la Iglesia.

¿Recuerda cuando dijimos antes que Dios aborrece la división porque va contra su ser de unidad y amor en la Trinidad? Pues bien, cuando cumplimos con la Comunión, representa esa *unión* espiritual entre Cristo y la Iglesia, y entre las personas en la Iglesia. Es una *común* unión entre cada persona en el cuerpo de Cristo, al margen de su etnia, nacionalidad o género. Nos convertimos en uno en Espíritu (véase Efesios 4:4). A menudo le digo a mi congregación que la Comunión es un tiempo perfecto para liberar a personas de todas las ofensas que tengan contra ellos. Este es un tiempo para la sanidad y la restauración. ¿Cómo podemos decir que amamos y adoramos a Dios mientras tenemos rencor contra nuestro hermano o hermana en Cristo? ¡Somos llamados a la unidad!

Examinémonos a nosotros mismos

Hay otro componente muy poderoso en la Santa Cena en el que la mayoría de las personas no piensan, pero que es vital para nuestra discusión sobre la calumnia y el chisme. La Biblia nos dice:

De manera que cualquiera que comiere este pan o bebiere esta copa del Señor indignamente, será culpado del cuerpo y de la sangre del Señor. Por tanto, pruébese cada uno a sí mismo, y coma así del pan, y beba de la copa. Porque el que come y bebe indignamente, sin discernir el cuerpo del Señor, juicio come y bebe para sí.

(1 Corintios 11:27-29)

Quiero que medite en el hecho de que todos somos miembros del cuerpo de Cristo. Cada hombre, mujer, niño y niña constituye la *ekklesia*, la iglesia, el cuerpo de nuestro Señor Jesús. Pablo amonesta a la Iglesia a no tomar la Comunión de manera indigna, o en otras palabras, de forma irreverente o inadecuada. ¿Qué significa realmente esto? Tomar la comunión sin reverencia y sin apreciar al pueblo de Dios es hacer daño al sacrificio de Cristo mismo.

¿Es realmente así de serio? ¡Sí! El término *"pruébese cada uno"* viene de la palabra griega *dokimazo*, que significa: probar, examinar, demostrar, escudriñar, ver si algo es genuino o no. En otras palabras, debemos examinar nuestro corazón para asegurarnos de que estamos caminando en pureza. Muchas veces esto se enseña desde la perspectiva del arrepentimiento de nuestros pecados personales, pero es mucho más profundo que eso. También nos está enseñando a no tener una perspectiva negativa del cuerpo de Cristo.

¿Se imagina decirle a un hombre que él le cae muy bien, pero que aborrece a su esposa? ¿Se imagina decirle a un amigo que le gusta su cabeza, pero que no le gusta su cuerpo? ¿Se imagina decirle a un padre que él es genial, pero sus hijos son unos mocosos? Eso es exactamente lo que estamos haciendo cuando decimos que amamos a Jesús, pero no podemos soportar la Iglesia. Eso es lo que decimos cuando oramos a Dios en santidad, pero criticamos, acusamos y condenamos al cuerpo de Cristo. La Biblia dice que si hacemos esto no estamos *"discerniendo"* el cuerpo del Señor. En otras palabras, una actitud de enojo, amargura o rencor hacia su hermano o hermana en Cristo es no reconocer el profundo valor e importancia que tienen a los ojos de Dios. A menudo lleva a la debilidad y la enfermedad dentro de la iglesia. Por eso tantos cristianos están atados con enfermedades físicas y espirituales, porque no reconocen (o no disciernen correctamente) la verdad de que Jesús murió por las personas a las que ellos menosprecian. ¡Esto es un asunto muy serio! Debemos ser intencionales en nuestras relaciones con nuestros hermanos y hermanas en Cristo, con el entendimiento de que Jesús vertió su sangre para unirnos con Él y los unos con los otros.

**MENTIRA DE SATANÁS:
ENCONTRAR AMIGOS Y SER AMIGABLES
EN LA IGLESIA ES FÁCIL.**
#NOERRÉIS

Mayordomía de la relación

Sin embargo, debemos entender por qué la unidad es a menudo una lucha contra nosotros mismos. ¿Estamos dispuestos a hacer lo necesario para mantener la armonía?

Contrario a la opinión popular, las relaciones no suceden porque sí; requieren mayordomía. De hecho, las relaciones dentro de la iglesia a veces requieren *más* mayordomía. Sé que parece un contrasentido que pueda ser más difícil llevarse bien con las personas dentro de la iglesia, y ciertamente usted quizá tenga una maravillosa experiencia de conectar rápidamente con personas de dentro de la iglesia y ver crecer su relación sin apenas esfuerzo, hasta llegar a una bonita amistad con barbacoas en su casa y tiempos de oración los domingos por la mañana. Pero déjeme que le diga que esa es la excepción, y no la norma.

¿Recuerda en el capítulo 9 cuando hablamos de que el corazón era engañoso más que todas las cosas? Estamos hablando de *nuestros* corazones. Romanos 3:23 dice: *"por cuanto todos pecaron, y están destituidos de la gloria de Dios"*. ¡Qué es un cristiano sino alguien que ha recibido la convicción del Espíritu Santo, y ha acudido delante de Dios diciendo lo mismo: "He pecado, pero descanso en Cristo. ¡Perdóname y lléname y guíame!". A ninguno debería sorprendernos que a la iglesia, llena de personas pecadoras, ¡le cueste llevarse bien! La verdadera pregunta es qué hacemos al respecto. Y la respuesta es *mayordomía*.

Mayordomía significa pasar tiempo el uno con el otro y honrar a los demás durante ese tiempo. Sin invertir tiempo y sin ser intencional en cuanto a honrar a aquellos con los que nos relacionamos, las relaciones se deterioran y a menudo terminan prematuramente. La moneda de la relación es el tiempo, y la materia prima de la relación es el honor. Mayordomía es una de las habilidades menos desarrolladas en la iglesia.

¡No culpe al diablo por la falta de una buena mayordomía! Veo que las personas que siempre lloran traición y ofensa en las relaciones son por lo general los principales ofensores. Un amigo debe mostrarse amigable. Si quiere mejores relaciones, invierta en ser un mejor amigo. ¿Es usted un instrumento de unidad o de divisiones? ¿Ayuda a que la gente esté unida o les aparta? De nuevo digo que debemos esforzarnos por guardar la unidad del Espíritu en el vínculo de la paz. *importante*

Muchas personas se permiten caer en el engaño en esta área de su vida. Se ofenden, se sienten traicionados y al hacerlo, permiten que el enemigo les mantenga distanciados de sus hermanos y hermanas en Cristo. ¡Esa no es la voluntad de Dios, amados!

El poder del autoengaño

El apóstol Santiago nos dice algo realmente poderoso sobre el autoengaño:

Pero sed hacedores de la palabra, y no tan solamente oidores, engañándoos a vosotros mismos. Porque si alguno es oidor de la palabra pero no hacedor de ella, éste es semejante al hombre que considera en un espejo su rostro natural. Porque él se considera a sí mismo, y se va, y luego olvida cómo era. Mas el que mira atentamente en la perfecta ley, la de la libertad, y persevera en ella, no siendo oidor olvidadizo,

sino hacedor de la obra, éste será bienaventurado en lo que hace.
(Santiago 1:22-25)

Cada vez que predico en mi iglesia, hago que las personas reciten esta confesión: "La Palabra es mi espejo; es la manera de revisarme. Y lo que este espejo me muestra es la verdad. ¡Yo soy lo que ella dice que soy! ¡Yo tengo lo que dice que tengo! ¡Puedo hacer lo que dice que puedo hacer!". ¿Por qué animo a las personas a hacer esta declaración? Porque nos ayuda a entender la importancia de *"mirar la perfecta ley, la de la libertad"*. Muchas personas no se dan cuenta de que la Palabra de Dios es el espejo perfecto. Puede confiar absolutamente en todo lo que le revele a usted y acerca de usted.

Pero si solo oímos la Palabra y no hacemos lo que dice, nos engañamos a nosotros mismos. Nos miramos en ese espejo, nos encogemos de hombros y nos vamos pensando: *Ese espejo tiene problemas.* Nos convencemos a nosotros mismos de que lo que *sentimos* es más importante que lo que Dios *dice*.

LA DECISIÓN DE SEGUIR LO QUE *SENTIMOS* EN LUGAR DE HACER LO QUE DIOS *DICE* NOS LLEVA SIEMPRE AL AUTOENGAÑO.

Digamos que una persona está dolida o herida en un entorno de iglesia, y en vez de hacer lo que la Biblia le manda hacer e ir directamente con esa persona, decide seguir sus emociones, evitar el conflicto, y permitir la amargura y la ofensa. Aunque ha desobedecido la Palabra de Dios, se dice a sí mismo que sigue estando en la voluntad de Dios. Eso es autoengaño. Cualquiera que piense que puede albergar amargura en su corazón o caminar ofendido, y seguir viviendo una vida en paz está totalmente engañado.

Recuerdo una persona en particular de nuestra iglesia hace años, que nos dijo que sentía que Dios le guiaba a irse de la iglesia. Nosotros tenemos una política de bendecir y liberar a los que hacen una transición a otro lugar o ministerio, pero intentamos asegurarnos de que no haya ofensas sin resolver. Nos aseguró que no había pasado nada malo, y que se iban solo porque Dios les estaba "sacando" de ahí, según lo expresó. Ahora bien, debería mencionar que anteriormente yo les había corregido por hacer algo malo, y poco después dijeron que Dios les estaba diciendo que se fueran. Después de irse, cortaron su relación con la mayoría de la gente de la iglesia, y nunca contactaron con nosotros. Hemos tenido muchas personas que se van de la iglesia y regresan, o al menos nos visitan de vez en cuando. Supongo que esta pareja habría mantenido algún tipo de relación, ¡a menos que estuvieran ofendidos! Entonces ¿por qué dijeron que no lo estaban? ¡Autoengaño! Se miraron en el espejo y vieron amargura en su corazón, pero al irse de la iglesia, evitaron el problema totalmente en lugar de arreglarlo.

Ya he perdido la cuenta de cuántas veces he aconsejado a personas que dicen que han perdonado a todos y que no tienen malicia con nadie, y a la vez ni siquiera pueden hablar con la persona que les ha herido. Han espiritualizado su propia amargura y resentimiento para poder sentirse bien, pero ciertamente eso les está manteniendo en atadura. Para ser libres, deben estar dispuestos a obedecer la verdad. No basta con *oír* la verdad. Debemos *conocer* y *obedecer* la verdad para experimentar una libertad duradera.

Los pastores no son inmunes a este autoengaño, ni mucho menos. Ningún pastor es perfecto, y todos necesitamos la humildad de preguntarnos diariamente si nos estamos engañando a nosotros mismos.

¿Cuál es su narrativa?

Antes hablamos del hecho de que la ofensa es el cebo de Satanás. Comienza con una atracción o seducción que finalmente conduce a quedar atrapados, y la mayoría de las personas no se dan cuenta de que están atrapadas, hasta que es demasiado tarde. ¿Por qué la gente no lo reconoce con la suficiente rapidez? Debido a algo que yo llamo la narrativa interior. *Narrativa* se define como un relato hablado o escrito de eventos conectados, una historia. Todos tenemos una narrativa interior, la historia que nos contamos sobre lo que ha ocurrido, lo que debería haber ocurrido, lo que podría haber ocurrido.

¿Cuál es su narrativa? ¿Cuál es su historia? ¡Este es uno de los aspectos más importantes de vivir libre de la ofensa! La narrativa que usted se cuenta determinará el resultado de la situación. ¡La historia afecta a la gloria! ¿Quién se está llevando su gloria?

La narrativa interior de muchas personas está mal construida. En otras palabras, interpretan las acciones o las palabras de otros erróneamente, lo cual lleva al malentendido, y finalmente a la ofensa. Son innumerables las veces que las personas han malinterpretado mis acciones, y viceversa. Alguien se acercó a mí una vez y me preguntó por qué no le queríamos en la iglesia. Yo me quedé asombrado, ¡me daban ganas de reír! Pensé para mí: *¿Será una broma?* Llamé a mi esposa para que viniera y fuera testigo de la conversación. Le miré a los ojos y dije: "¡Nosotros nunca le dijimos eso!". La persona tenía una mirada de confusión en su rostro en este punto. Finalmente, admitió que nunca lo había *oído*, pero que ciertamente lo había *deducido*. Sería una simplificación muy grande atribuir esto a la falta de honestidad. Creo que muchas personas suponen que su percepción es correcta. A menudo bromeo con que cuando la gente tiene un desacuerdo en la iglesia y narra los hechos, es exagerado al nivel de una película de acción de los años ochenta con tanques armados, granadas, ¡y sí, Mel Gibson y Danny Glover!

TODOS TENEMOS UNA NARRATIVA; TENEMOS UNA HISTORIA QUE NOS CONTAMOS A NOSOTROS MISMOS.

Aquí es donde entra en escena el Espíritu Santo. La Biblia se refiere a Él como el Espíritu de verdad (véase Juan 16:13). Debemos permitir que el Espíritu Santo examine nuestro corazón y nos dé la perspectiva correcta, que se lleve toda exageración y prejuicio, y que abra nuestros ojos para que podamos ver lo que realmente está sucediendo.

Recuerdo una ocasión en concreto en la que estaba contando una historia, y el Espíritu Santo me habló y me dijo: "¡No ocurrió así!". En la quietud de mi corazón, medité en los eventos en cuestión, y me di cuenta de que mi perspectiva no era buena.

Muchas veces las personas se dicen a sí mismas que la Iglesia es responsable de su dolor. No estoy hablando de alguien en una iglesia abusiva que se fue por una buena razón, sino de alguien que me dice que las veinte iglesias a las que ha asistido le han malentendido, rechazado y herido. Recuerdo a una señora que llegó a nuestra iglesia afirmando que ninguna iglesia le permitía actuar en su don. Según ella, ¡no aceptaban el don profético! No pasó mucho tiempo hasta que se fue de la iglesia con la misma queja, aunque nuestra iglesia sí acepta los dones del Espíritu en su plenitud. ¿Qué ocurrió? ¿Cómo podía cada iglesia a la que había ido ser el problema? Si dondequiera que uno va huele mal, quizá sea tiempo de hacer un inventario personal. Debemos considerar la posibilidad de nuestro propio error. Cuando lo hacemos, nos guarda del orgullo que arranca cada cebo que ofrece el diablo.

SI DONDEQUIERA QUE UNO VA HUELE MAL, QUIZÁ SEA TIEMPO DE HACER UN INVENTARIO PERSONAL.

La raíz de amargura

Hace años, oí un sermón en el que mi pastor enseñaba sobre "La raíz de amargura". Tomó la frase de este versículo:

> *Mirad bien, no sea que alguno deje de alcanzar la gracia de Dios; que brotando alguna raíz de amargura, os estorbe, y por ella muchos sean contaminados.* (Hebreos 12:15)

He descubierto que muchos cristianos albergan una raíz de amargura en su corazón. Una raíz de amargura es un área donde las semillas de rechazo, dolor u ofensa comenzaron a crecer bajo tierra donde pensábamos que estaban escondidas, pero ahora están brotando de la tierra y produciendo un fruto corrupto. ¿Cómo sabe si hay una raíz de amargura en su vida? Estas son algunas señales de ello:

1. Participa de las conversaciones calumniadoras, negativas o tóxicas sobre otras personas o situaciones.
2. Vuelve a contar eventos negativos o dolorosos con mucha claridad.
3. Tuerce o distorsiona las Escrituras para justificar emociones negativas o ira hacia otros (por ejemplo: "¡Discierno que su espíritu no es correcto!").
4. Lleva una conducta de aislamiento en un intento de rechazo o venganza contra la persona que le hirió. A esto también se le denomina "cortar a la gente".
5. Construye una situación en su mente contra la persona que le rechazó o lastimó.
6. Se pone a la defensiva cuando se menciona a alguien, o crea una narrativa propia que acusa a otros y le exonera a usted.

El pasaje de Hebreos dice que deberíamos *"mirad bien"*, no sea que dejemos de alcanzar la gracia de Dios, y no permitamos que ninguna raíz de amargura *"brote y le complique"*. Lo que permitimos que entre en nuestro corazón siempre "brotará". El problema con una raíz de amargura es que no solo le contamina a usted, sino también a todos aquellos a los que usted está conectado. Es tiempo de poner el hacha en la raíz de amargura en su vida. ¿Cómo hacemos eso? Debe perdonar a todos los que le hayan herido u ofendido. Vea el capítulo 15 para obtener guía bíblica sobre buscar la sanidad.

MENTIRA DE SATANÁS: SI HAY HIPÓCRITAS EN LA IGLESIA, DEBERÍA IRSE.
#NOERRÉIS

Ver a través de *matrix*

Una de mis películas favoritas de todos los tiempos es la película apocalíptica *The Matrix*. En ella, la inteligencia artificial está en guerra con la humanidad, y ha creado un gran mundo de ensueño llamado "matrix" al que la mayoría de la humanidad está conectado, viviendo vidas comunes dentro de sus cabezas, todo ello fabricado por las máquinas para mantenerlos en tinieblas respecto a la realidad. Casi todos están engañados. Pero el protagonista principal, Neo, es librado, y le dicen la verdad. En la tercera película de esta trilogía, Neo confronta a un hombre poseído por su archienemigo, el Agente Smith. En una escena muy intensa, Neo lucha contra este tipo poseído y pierde su visión física, pero puede ver al Agente Smith dentro de su oponente. A pesar de su ceguera, Neo le dice al Agente Smith: "¡Puedo verte!".

Dios está levantando una generación de creyentes que, como Neo, podrán ver a través del *matrix* de la ofensa, el dolor, el enojo y la amargura, y se darán cuenta de que detrás de todo ello está el enemigo de su alma. Satanás está manteniendo a muchos creyentes en un engañoso mundo de ensueño. Él es el autor oculto que trabaja detrás del velo de la carne humana y las emociones humanas, buscando mantener al cuerpo de Cristo atado y afligido. ¡No erréis!

Cuando abre sus ojos a la verdad, el poder del engaño queda roto. Pero usted no puede abrir sus ojos hasta que la Palabra de Dios ilumina su vida. Por eso meditar y obedecer la Palabra de Dios es de vital importancia. Hasta ahora, quizá se haya sentido atrapado en el *matrix*. Quizá se haya preguntado si alguna vez podría ser libre o tener una vida pacífica y próspera. La buena noticia es que puede experimentar una libertad duradera. No tiene que seguir estando ofendido.

En el libro de Efesios se nos dice que no tenemos lucha contra carne y sangre, sino contra principados y potestades, contra los gobernadores de las tinieblas de este mundo (véase Efesios 6:12). La palabra *tinieblas* aquí es la palabra griega *skotos*, que literalmente significa ignorancia o ceguera espiritual. En otras palabras, la táctica de Satanás es mantenernos a usted y a mí en la oscuridad. No quiere que nosotros sepamos lo que él está haciendo; quiere que creamos que la iglesia es nuestro enemigo y no él mismo.

LA PALABRA DE DIOS TIENE EL PODER DE LIBERARNOS DEL ENGAÑO EN CUALQUIER ÁREA DE NUESTRAS VIDAS.

He escuchado a innumerables personas decir que no van a la iglesia por toda la hipocresía que existe. ¡Esto es un engaño! ¿Dejaría de ir a trabajar porque hay holgazanes? ¿Dejaría de ir al gimnasio por las personas que hay con sobrepeso? ¡Por supuesto que no! Exigir ese tipo de perfección de la iglesia no es natural. La iglesia es exactamente donde deberían estar los hipócritas, para que pudieran aprender a desechar su hipocresía.

Satanás no quiere que usted se dé cuenta del engaño. Quiere que usted se aísle de la iglesia. El enemigo es muy clandestino, usa a las personas. y ellas ni siquiera se dan cuenta de cómo han sido subcontratadas para el reino de las tinieblas. Él no viene con cuernos, horquillas o echando fuego por su nariz. Él se esconde detrás de la calumnia, las falsas acusaciones, el chisme, el rencor, la ira, el abuso, la ofensa, la amargura y los celos.

Cuando acentuamos las faltas de otros, ignoramos las nuestras. Quizá haya sufrido dolor a manos de alguien en la iglesia, pero eso no es excusa para romper su comunión con el cuerpo de Cristo.

Preguntas de discusión

1. ¿Qué ilustra la Comunión o la Santa Cena? ¿Cómo puede ayudarnos a entender nuestro papel en la iglesia?
2. ¿Cuáles son los seis frutos de la raíz de amargura? ¿Ha visto alguno de estos frutos en su vida?
3. "La moneda de la relación es el tiempo, y la materia prima de la relación es el honor". ¿Concuerda esta frase con su experiencia? ¿Por qué o por qué no?

Práctica

1. ¿Necesita su iglesia un espacio gracia? ¿Cómo puede crear un espacio racia en su iglesia. y en su hogar? Ore persiguiendo ese fin.

2. Todos tenemos una narrativa interior, la historia que nos contamos sobre lo que ha ocurrido y lo que debería haber ocurrido. ¿Cuál es su narrativa? Encuentre a alguien en quien confíe, y hable acerca de cuál es su narrativa interior acerca de los creyentes y la iglesia. Declare la presencia del Espíritu de verdad en su corazón y en su conversación (véase Juan 16:13).

3. ¿Se siente atrapado a veces en el *matrix*, en una prisión de malentendidos? Salga mediante el poder de 2 Corintios 3:16-18.

Testimonio

Batallé con la ofensa por muchos años. No era desde la perspectiva de "ellos están en contra mía", sino más bien de "no les gusto porque no le gusto a nadie". Estaba ofendido *conmigo mismo* y constantemente me acusaba, lo cual causaba que me ofendiera con facilidad y, por lo tanto, acusara a otras personas. La mayor parte del tiempo no tenía idea de que estaba operando debido a la ofensa. Cuando sentía que me dejaban fuera, me reprendían o me ordenaban injustamente, no hablaba. Al negarme a ir a la fuente de mis sentimientos, en cambio inventaba razones y escenarios en mi propia mente para dar explicación a cómo eran las cosas. Mi temor a la confrontación, a rebatir, al rechazo y a la venganza me condujo a albergar ofensa en mi corazón hacia otras personas.

No comencé a ser libre de la ofensa hasta que decidí confrontar de cara los problemas de mi corazón, conmigo mismo, y también con las personas que sentía que me habían ofendido o a quienes yo había ofendido. Aprendí que eso no se iría por sí solo si yo no lo reconocía ante mí mismo, y después trabajaba duro para "olvidarlo". Tuve que hablar y decirle a mi hermana o hermano en Cristo: "Siento esto porque…", y darles la oportunidad de abordar lo que me preocupaba. Comunicación y sinceridad me han ayudado a experimentar libertad de la ofensa. Aunque sigo enfrentándome a muchas situaciones que pueden causar que me ofenda, ahora soy capaz de decirme a mí mismo: "Eso ni siquiera debería molestarte", o hablarlo con la persona y avanzar genuinamente. —Anónimo

Oración

Padre, en el nombre de tu Hijo, Jesús, te doy gracias por el poder de tu Santo Espíritu. El Espíritu Santo es el Espíritu de verdad. Por lo tanto, camino en la verdad en cada área de mi vida. Señor, tu Palabra declara que somos un cuerpo. Reconozco que tú eres el Dios de unidad. Por lo tanto, decido caminar en unidad con mis hermanos y hermanas en Cristo. Rehúso participar de la contienda o la división. Sé que esto es desagradable para ti. En su lugar, decido ser un vaso de sanidad, integridad y unidad. Padre, te pido que reveles cualquier área de engaño en mi vida. Ahora mismo, pongo el hacha en cualquier raíz de amargura que haya en mi corazón. Padre, te doy gracias porque camino en la luz de tu verdad continuamente. En el nombre de Jesús.

¡Amén!

13
LA LEY DEL HONOR *yaidt*

Hijos, obedeced en el Señor a vuestros padres, porque esto es justo. Honra a tu padre y a tu madre, que es el primer mandamiento con promesa; para que te vaya bien, y seas de larga vida sobre la tierra.

(Efesios 6:3)

El Señor me ha mostrado con el paso de los años la importancia absolutamente vital de la ley del honor. Dios me lo reveló mientras leía una historia muy conocida de la Biblia: la historia de Noé y sus tres hijos: Sem, Cam y Jafet. Noé tuvo estos tres hijos cuando tenía quinientos años de edad. ¡Eso sí que es vitalidad! Después del diluvio, cuando Noé demostró ser un fiel hombre de Dios, también nos demostró a todos que no hay nadie perfecto, ¡ni siquiera uno! Un día se emborrachó, y se tambaleó hasta su cuarto. Cuando su hijo mediano lo descubrió, Noé estaba tirado desnudo en el suelo. La Biblia nos dice que Cam salió del cuarto, y lo siguiente que sabemos es que Sem y Jafet entran en escena. La Biblia dice que nunca miraron la desnudez de su padre, sino que lo cubrieron con una sábana caminando hacia atrás hasta llegar a él.

Cuando Noé se despertó de su estado ebrio, su primera orden fue maldecir la descendencia de su hijo mediano. La Biblia dice que Noé declaró: "Maldito sea Canaán; siervo de siervos será a sus hermanos" (Génesis

9:25). Sabemos por la historia bíblica que Cam fue el padre de los cananeos. La pregunta es: ¿por qué Noé pronunció una maldición tan terrible? ¿Cuál fue la gravedad de lo que hizo Cam?

Fue entonces cuando Dios me dio una revelación. Cam violó una ley espiritual. Miró la desnudez de su padre. No mostró respeto. Espiritualmente hablando, el hijo tiene la responsabilidad de cubrir al padre. Nuestros padres nos dan instrucción, nos enseñan los caminos de Dios, y nos cubren físicamente. A cambio, Dios nos pide que los cubramos espiritualmente. Este es un prototipo espiritual del honor.

Honrar a nuestros padres naturales y espirituales

Si hay algo que a la iglesia occidental le falta tremendamente, es el honor. No estoy diciendo que no haya honor en la iglesia en la actualidad, sino que tendría que haber más.

Honrar es tener en alta estima, y darle la importancia debida a alguien. Es la misma palabra en hebreo que se usa también para *gloria*. La Biblia nos dice que honremos a nuestros padres y madres en el Señor. A menudo he oído debates acerca de si deberíamos tener o no padres y madres espirituales, pero según Efesios 6, es un principio espiritual. Así como tenemos padres o madres naturales o biológicos, también tenemos padres y madres espirituales. Estas personas pueden ser las que nos educaron en el evangelio, o pueden ser las que nos adoptaron y ayudaron a desarrollar nuestra vida espiritual.

Le doy gracias a Dios por mi padre espiritual porque me ayudó a disciplinarme en las cosas de Dios, y a crecer hasta convertirme en el hombre que soy actualmente. Junto a mi padre biológico, él es responsable del éxito que Dios me ha dado. No estoy sugiriendo que él ocupe el lugar de Dios ni que reciba el mérito de lo que Dios ha hecho, pero sí *estoy* reconociendo que es una parte vital de mi desarrollo. Es muy importante que la Iglesia entienda esto.

Por desgracia, al igual que Cam en la Biblia, muchas personas han descubierto la desnudez de aquellos a quienes Dios les ha dado la supervisión espiritual de sus vidas. Cam vio la debilidad de su padre, y su primera reacción fue contárselo a sus hermanos. A Dios no le agradó eso; fue una violación del protocolo espiritual. La prueba de la verdadera madurez espiritual no es cómo manejamos las fortalezas de otros, sino cómo manejamos su debilidad. Hasta que no aprendamos a manejar adecuadamente las debilidades de nuestros padres espirituales, no estaremos cualificados para ser hijos e hijas. ¿Habla usted acerca de sus líderes, u ora por ellos? ¿Es usted capaz de ver sus debilidades, y no correr a contárselo a sus hermanos y hermanas? En vez de eso ¿los cubrirá con intercesión y gracia?

Así como los hijos deshonran a sus padres naturales, del mismo modo muchos cristianos deshonran a los que están en un liderazgo espiritual. Cada vez que usted murmura de su pastor y lo critica, le está deshonrando. Cada vez que se pone a la altura de su líder espiritual, está actuando con deshonor.

La verdad es que ningún líder es perfecto. Sí, sé que suena a blasfemia, ¡pero es cierto! Cada persona que Dios pueda usar para hablar a su vida y para desarrollar su carácter tiene defectos. A veces, Dios le permite ver sus defectos para que pueda desarrollar su carácter en el área de su debilidad, o para que pueda ser de ayuda para él. Como resultado de la transgresión de Cam, sus hijos tuvieron que pagar el precio del deshonor. Lo que honramos revaloriza su valor, y lo que deshonramos se devalúa. Hay innumerables personas en la iglesia que se preguntan por qué sus vidas no están prosperando ni dando fruto, y a la vez nunca han aceptado la ley espiritual del honor. ¿Qué ocurriría si lo intentaran?

Pero ¿sabe por qué tengo una gran relación con mi pastor hoy? Es porque estuve dispuesto a no despegarme de él cuando llegaron las ofensas. Percibí cosas que eran dolorosas, incluso debilitantes. Sin embargo, como reconocí que mi responsabilidad de honrar a Dios era mayor que mi derecho a decepcionarme, Dios pudo sacarme de la dificultad física, emocional y espiritual para llegar a las situaciones y circunstancias que Él había ordenado para mi vida. Lo que Dios tiene para usted es mayor que aquello que está experimentando ahora.

Ahora quiero dedicar un minuto para aclarar algo. Hay veces en que los padres y madres abusan de sus hijos, tanto físicamente como espiritualmente. No estoy sugiriendo que las personas permanezcan en situaciones abusivas. Cuando usted está en peligro, sufriendo dolor físico, sintiendo constantemente vergüenza y humillación, teniendo amigos que estén preocupados por usted, o mostrando algún síntoma de abuso, por favor busque ayuda, y por favor recuerde que lo más amoroso que puede hacer con un abusador es entregarlo a las autoridades debidas. Este es un tema muy importante que no estoy preparado para abordar, pero por favor escúcheme cuando digo que el abuso es algo serio, que sucede, y que nunca se puede disculpar. Hablaremos sobre cómo reconocer el abuso espiritual en otro capítulo.

Emociones maduras

Recuerde que desacuerdo no es lo mismo que deshonra. Tenemos la opción de estar en desacuerdo, pero no tenemos la opción de deshonrar. Quizá usted diga: "¡Pero no tenían razón!". Sí, es posible que así sea. Dios tratará con sus siervos, pero cuando usted asume la responsabilidad de juzgar, se convierte en el juez. ¡Honremos a nuestros líderes! Hacer lo contrario es una señal de emociones inmaduras.

Hoy día vivimos en una cultura donde el desacuerdo se ve como una licencia para deshonrar. Por ejemplo, la forma en que hablamos sobre nuestro presidente o nuestro vicepresidente u otros oficiales elegidos a menudo es muy deplorable. Incluso los cristianos han adoptado la práctica de deshonrar a los que están en posiciones de autoridad. Amados, la Biblia prohíbe estrictamente este tipo de conductas:

> *Sométase toda persona a las autoridades superiores; porque no hay autoridad sino de parte de Dios, y las que hay, por Dios han sido establecidas. De modo que quien se opone a la autoridad, a lo establecido por Dios resiste; y los que resisten, acarrean condenación para sí mismos.* (Romanos 13:1-2)

Esta podría parecer una orden muy estricta, pero permítame recordarle quiénes eran las "autoridades superiores" en el tiempo en que el apóstol Pablo escribió estas palabras: el emperador Nerón. Nerón sigue siendo infame por su abuso de los cristianos y su terrible gobierno sobre el Imperio Romano. Es incluso posible que él mismo fuera quien incendiase la ciudad de Roma, y después culpara a los cristianos de ello.[3] Y aun así, Pablo dice: "*Sométase toda persona a las autoridades superiores*".

Una vez cuando estaba en un ministerio, era mi turno de dirigir la alabanza con mi equipo de alabanza, pero llegué tarde al ensayo. Uno de los líderes del equipo de alabanza se acercó a nosotros y dijo: "¡Ninguno de ustedes dirigirá la alabanza hoy!". Se supone que yo debía dirigir, pero ellos tenían ya otro ensayo dispuesto. Yo pensaba: *¿Esto qué es? ¡Nos toca a nosotros!* Tenía orgullo en mi corazón, y quería venganza. Me acerqué al líder y le dije: "Me voy del grupo de alabanza".

---

3. Véase https://www.britannica.com/biography/Nero-Roman-emperor.

Ahora bien, esas palabras las dije con una emoción de ira de fondo, por orgullo. Y no estuvo bien que las dijera, porque para empezar, la adoración nunca se trató de mí, ¡sino de Jesús! Cuando usted está en una iglesia y está bajo un líder, el líder tiene el derecho de decirle que "se siente" de vez en cuando. Usted tiene que acatar la orden, y sentarse hasta que Dios diga lo contrario. Cuando no actúa en obediencia, emprenderá acciones prematuramente, y con falta de madurez.

La razón por la que tuve que pasar por épocas en las que mi pastor me sentaba, donde no reconocía mis deseos, donde no hacía las cosas que yo quería que él hiciera, fueron los tiempos en que Dios estaba intentando madurar mis emociones. Si entra en el ministerio, no puede tener emociones inmaduras. No puede tener emociones que serán prematuras. Tiene que aprender a dar un paso atrás. Tiene que aprender a sentarse, a marinar, a esperar en Dios. Tiene que aprender a no reivindicarse. Tiene que aprender a evitar la trampa de quedar envuelto en los sentimientos y las emociones. Tiene que aprender a entrar en ese espacio con Dios, y decirle, como hizo Moisés: "Háblame… si tú no vas delante de mí, yo no voy" (véase Éxodo 33:15).

Eso es disciplina. Eso es una decisión. Así son las emociones maduras.

MENTIRA DE SATANÁS: LA REBELDÍA ES UNA SEÑAL DE FORTALEZA.
#LALEYDELHONOR

Orgullo y rebeldía

La ironía es que muchas de las personas que caen víctimas de la sutil trampa del orgullo y la rebeldía son muy cándidas y amorosas. Recuerde que Satanás no siempre fue Satanás; en un tiempo fue conocido como Lucifer, un hermoso querubín en el cielo. Fue la iniquidad de su corazón lo que le transformó en algo vil y deplorable. Del mismo modo, las personas por lo general no comienzan rebelándose contra Dios desde un principio, pero cuando no manejan bien la ofensa, eso les hace convertirse en algo distinto a lo que Dios pretendía originalmente.

¿A qué nos referimos cuando hablamos de orgullo y rebelión? Bueno, orgullo es simplemente una vana concentración en el yo, por encima de Dios. Cuando estamos actuando en orgullo, a menudo nos enfocamos en nuestros sentimientos y emociones antes que en la Palabra de Dios. La rebelión es una negación a someternos a la forma de Dios de hacer las cosas, o una resistencia a la autoridad bíblicamente establecida. Estas dos cosas trabajan mano a mano. Es siempre el orgullo lo que motiva la rebeldía. Por ejemplo, una persona puede haber experimentado una situación dolorosa y ofensiva en la iglesia, y como resultado, dice dentro de sí: "¡Nunca me volveré a someter a ningún pastor!". Aunque esto puede parecer estar emocionalmente justificado, va directamente contra la Palabra de Dios.

Recuerdo una situación en la que una estupenda pareja llegó a nuestra iglesia. Eran cercanos y útiles. Siempre se ofrecían para suplir las necesidades de la iglesia. Además de todo esto, eran unos magníficos dadores pero, sin embargo, faltaba algo. Observé que nunca recibían nada de nadie. Era como si su dar se convirtiera en un mecanismo para protegerlos de tener que someterse a nadie más, incluyendo el liderazgo. Aunque era útiles y amables, no estaban sometidos al liderazgo de la iglesia. La evidencia era el hecho de que siempre querían estar a cargo o en control de lo que hacían. En cuanto se les corregía por alguna acción errónea, de inmediato se ofendían, y finalmente se fueron de la iglesia. ¿Por qué? La iglesia había herido a esta preciosa pareja en el pasado, y como resultado, aceptaron la mentira del enemigo de que la única forma de estar a salvo era estando en control, y la única manera de estar en control era siendo los encargados. ¿Verdad? ¡Error! Aunque amaban a Dios y tenían deseo de servirle, estaban actuando en un espíritu de orgullo y rebeldía.

Siempre que albergamos una ofensa en nuestro corazón, esto distorsiona nuestra realidad. Interpretamos la corrección como rechazo, y el control como protección. La verdad es que nuestra seguridad solo puede estar a salvo cuando Dios está en control. Solo caminaremos en la verdadera libertad cuando estemos sometidos a los caminos de Dios y no a los nuestros.

Su pastor no es su colega

La razón por la cual las personas se ofenden tan fácilmente con los líderes espirituales es porque creen que están al *mismo nivel* que su líder, y las personas por lo general están menos dispuestas a recibir la corrección, crítica u otra ofensa de sus iguales. Pero Dios no presenta la vida cristiana como una batalla campal donde todos pueden odiar a quien quieran. Más bien, Él instituyó los roles del liderazgo en la iglesia.

Aquí en los Estados Unidos estamos orgullosos de nuestra democracia, nuestro sistema de gobierno mediante todos los ciudadanos elegibles por medio de representantes electos. Una democracia sugiere que las personas ponen a los líderes en el poder y, por lo tanto, los líderes han de dar cuentas a quienes los eligieron. Si no nos gusta la ley de la tierra, tenemos la libertad de reunirnos pacíficamente para cambiar las leyes.

Muchos tratan el reino de Dios como si fuera lo mismo. Sin embargo, ¡el reino no es una democracia! Es una teocracia, lo cual significa que Dios está a la cabeza. Dios establece la ley, y es Él quien nombra a sus representantes para que ejerzan autoridad sobre las personas.

MENTIRA DE SATANÁS: SU PASTOR ES SU COLEGA.
#LALEYDELHONOR

No estoy sugiriendo que los pastores deban dirigir el gobierno, sino que, desde un punto de vista espiritual, Dios pone al liderazgo de la iglesia a cargo de la iglesia. La mayoría de los cristianos no lo ven realmente de este modo. En muchas denominaciones, los pastores se contratan como se contrata a una persona en el mundo secular; y si una persona es contratada, también puede ser despedida. Hay ciertamente una base legítima para retirar a una persona del liderazgo, ¡pero no somos el jefe de nuestros líderes! Los líderes no están en deuda con nosotros, y no son nuestros colegas con los que salimos un fin de semana y al otro les ignoramos. La Biblia dice: *"Obedeced a vuestros pastores, y sujetaos a ellos; porque ellos velan por vuestras almas, como quienes han de dar cuenta; para que lo hagan con alegría, y no quejándose, porque esto no os es provechoso"* (Hebreos 13:17).

¡Su pastor no es un igual suyo! Él es quien ha recibido la supervisión espiritual de su alma, y debería tratarlo con el mayor respeto y honor. ¿Por qué? ¡Porque Dios le pedirá cuentas de usted! *"como quienes han de dar cuenta*". Del mismo modo que Dios pide cuentas a los que hacen que un niño tropiece, también pide cuentas a los líderes de la iglesia por la supervisión de las almas del rebaño. Es una comunidad mutuamente beneficiosa, donde todos ven por el bien del otro. Pero se desintegra cuando no hay honor.

Sé que este concepto quizá no sea muy popular, pero es definitivamente bíblico. Si no sabe lo que significa honrar a su líder espiritual, entonces pídale a Dios que le muestre lo que significa. Y para caminar realmente en un camino de descubrimiento, pregúnteles a los líderes espirituales de su vida lo que significa honrarlos.

Dignos de doble honor

Los ancianos que gobiernan bien, sean tenidos por dignos de doble honor, mayormente los que trabajan en predicar y enseñar.

(1 Timoteo 5:17)

La realidad es que Dios respeta el oficio y la función del ministro, y lo tiene en alta estima (incluso cuando el ministro no lo hace). La iglesia no es una democracia, ni un club rotario. Aunque todos somos uno en Cristo, cuando se trata del ministerio y el liderazgo hay una diferencia entre las ovejas y el pastor.

LA HONRA ES EL SIFÓN DE LO SOBRENATURAL.

En un mundo de redes sociales y teléfonos inteligentes, los ministros son fácilmente accesibles y relacionales, pero esto no deprecia su valor o exime a los creyentes del mandato bíblico de honrar a los que están en posiciones de autoridad. Cuando honramos a nuestros líderes, estamos honrando a Dios, y posicionándonos para recibir la recompensa del profeta: "*El que a vosotros recibe, a mí me recibe; y el que me recibe a mí, recibe al que me envió. El que recibe a un profeta por cuanto es profeta, recompensa de profeta recibirá; y el que recibe a un justo por cuanto es justo, recompensa de justo recibirá*" (Mateo 10:40-41). A menudo le digo a las personas que la honra es el sifón de lo sobrenatural. Mediante el honor accedemos a la gracia que Dios ha puesto sobre aquellos en quienes ha confiado que nos dirijan. En esta era de hipercrítica debemos esforzarnos por crear una cultura de honor en nuestras casas e iglesias, donde los líderes espirituales sean valoramos, celebrados y apreciados. Nunca hable mal de su líder espiritual o use sus palabras para derribarlo. Esta es una ofensa grave ante los ojos de Dios.

Por la gracia de Dios, hemos sido capaces de desarrollar una cultura muy concreta de honor en nuestra iglesia. Las personas valoran y aprecian el liderazgo espiritual, y los unos a los otros. Hay una pareja en concreto en nuestra iglesia que quiero usar como ejemplo de honor y humildad (aunque hay muchos a quienes podría usar para ilustrar esta verdad). Siempre que estoy de viaje fuera del país o en otro continente, esta pareja siembra una importante semilla económica en mi vida. Siempre que ve una buena prenda en alguna tienda de ropa, compran algo para mi esposa. A menudo, ni siquiera nos dicen que va a hacer eso; es algo esporádico y espontáneo. En una ocasión, esta pareja se acercó a mí, y me dio las gracias por hablar a su vida y por orar por su familia. Liberé una bendición sobre ellos.

Con el paso del tiempo, uno de sus hijos se metió en un serio problema con la ley, y tuvo que pasar por la cárcel. Oramos por ella para que tuviera mucho favor en el juicio. Cuando llegó el momento de que la familia estuviera ante el juez, él les miró y dijo: "¡Hay algo distinto en ustedes! Voy a desestimar el caso". ¡Gloria a Dios! Esta es la recompensa del honor. Cuando honramos a los que Dios ha puesto en autoridad sobre nosotros, abrimos la puerta a la bendición y el favor de Dios.

La maldición de la deshonra

Así como hay recompensas tangibles por honrar a los que están en autoridad espiritual sobre nosotros, hay consecuencias por actuar en deshonra. Por favor, no me malentienda; no estoy sugiriendo que un líder tenga el derecho de maldecir a cualquiera en la iglesia ni en ningún otro lugar, sino que estoy diciendo que Dios nos pedirá cuentas por deshonrar o hablar en contra de quienes Él ha puesto sobre nosotros: *"Al que maldice a su padre o a su madre, se le apagará su lámpara en* **oscuridad tenebrosa***"* (Proverbios 20:20). He oído que a este versículo lo llaman el "versículo de la Visión 20-20": si usted quiere tener una visión espiritual clara, este es el versículo que debe recordar siempre. Antes hablamos de las maldiciones: imprecaciones de maldad dichas con nuestra boca respecto a otra persona. Las maldiciones también pueden ser la consecuencia espiritual de violar las leyes de Dios. Así como hay consecuencias por deshonrar a nuestros padres biológicos, hay consecuencias por deshonrar a nuestros padres espirituales.

He visto esta narrativa en acción una y otra vez en mi propia vida, pero también está presente en la Escritura. ¿Se acuerda de Miriam? La Biblia dice que ella habló en contra de Moisés (su hermano menor) y su mano se volvió leprosa. Aunque Moisés era el hermano menor de Miriam, era también su líder espiritual. Y no es solo algún concepto del Antiguo Testamento de mal agüero, ya que Ananías y Safira eran creyentes del Nuevo Testamento que mintieron en presencia del Espíritu Santo, y murieron al instante (véase Hechos 5:1-11). Un amigo mío una vez me contó que habló contra su pastor a otras personas, y al día siguiente su cuerpo estaba literalmente lleno de dolores. ¡Apenas podía levantarse de la cama! Cuando comenzó a orar, el Señor le habló, diciendo: "No toques a mi ungido, y no hagas daño a mis profetas" (véase Salmos 105:15). De inmediato se arrepintió de haber deshonrado, y el Señor sanó su cuerpo.

MENTIRA DE SATANÁS: LA SUMISIÓN A LA AUTORIDAD ES PARA LOS FLOJOS Y BOBOS.
#LALEYDELHONOR

"¡Cuidado: No hay socorrista de guardia!"

Había una urbanización cerca de mi hogar cuando era niño, que tenía una piscina muy bonita. La piscina era solo para los residentes, pero teníamos unos amigos que vivían en el vecindario, así que podíamos nadar en la piscina si éramos invitados. Cerca de la piscina había un letrero blanco con enormes letras rojas que decían: "CUIDADO: No hay socorrista de guardia". En otras palabras, teníamos que nadar por nuestra cuenta y riesgo. No había nadie que pudiera vigilarnos o rescatarnos si nos caíamos en la parte profunda.

Lo mismo ocurre cuando se trata de la ley del honor. Siempre que una persona habla contra alguien en el liderazgo espiritual, está nadando por su propia cuenta y riesgo. Muchos cristianos están nadando en lo profundo de la piscina sin un chaleco salvavidas o un flotador. Finalmente, terminarán ahogándose si no tienen cuidado. Dios nunca le ayudará a ir contra uno de los suyos. Es un ejercicio de inutilidad, y puede llevar a su propia muerte. Recuerdo a una persona que vino a nuestra iglesia y dijo palabras negativas sobre mí a uno de los otros miembros. Dijo que yo era un charlatán que inventaba milagros falsos, y que no era posible actuar en el poder de Dios como yo afirmaba. Al día siguiente, la persona se quedó completamente sorda de ambos oídos. Me pidieron que orase por él para que recibiera la audición, y oré por él con ese fin. ¡De inmediato recibió la audición! Claramente, este fue un ejemplo de personas que no sabían nadar, y que se habían ido a la parte profunda de la piscina. Asegúrese de no entrar en territorio que Dios dice que está fuera de los límites.

INNUMERABLES CREYENTES SE ESTÁN AHOGANDO EN UNA PISCINA DE DOLOR, LAMENTO Y DESESPERACIÓN, TODO DEBIDO A QUE ABRIERON SU BOCA Y DIJERON ALGO QUE NO LES CORRESPONDÍA DECIR.

La Biblia dice: *"No toquéis, dijo, a mis ungidos, ni hagáis mal a mis profetas"* (Salmos 105:15). Este versículo lo han usado muchas personas abusando de él, y torciéndolo para convertirlo en una justificación de algunas cosas terribles, pero su aplicación sigue siendo cierta. Lo he dicho antes y lo volveré a decir: quizá usted no esté de acuerdo o no le guste la persona, pero tiene la obligación de respetar y honrar el oficio que representa. Si la iglesia entendiera esta revelación, ¡nos evitaríamos muchos problemas! Cuando decidimos operar en deshonor, eso refleja mal al reino de Dios como conjunto.

¿Ha experimentado el dolor de un padre cuando un hijo o una hija rehúsa hablarle o reconocerle? Y sin embargo, muchas personas se comportan así en la iglesia cada domingo. Si entrara en una iglesia y todos parecieran tener una actitud negativa del pastor, ¿volvería a esa iglesia? ¿Por qué no? Porque su casa no está unida, y una iglesia de desunión es una iglesia de peligro. Por otro lado, si hubiera una iglesia en la que todos caminaran en amor unos con otros y mostraran el mayor respeto hacia el liderazgo, usted querría volver y experimentarlo de nuevo. ¡Debemos desarrollar una cultura de honor, no de deshonor!

Preguntas de discusión

1. ¿Qué podemos aprender sobre la ley del honor de la historia de Noé y sus tres hijos?
2. ¿Alguna vez le ha dicho alguien en liderazgo espiritual específicamente lo que tenía que hacer? ¿Fue difícil? ¿Cómo respondió?
3. ¿Dónde vemos en la sociedad actual una falta de respeto por la autoridad? ¿Dónde vemos respeto?

Testimonio

Estaba asistiendo a una iglesia y viviendo con un familiar mío durante un tiempo. Una noche tuvimos una acalorada discusión, y comenzamos a intercambiar palabras dañinas y ofensivas. Casi terminó en un altercado físico. La verdad era que eso se había estado cociendo durante algún tiempo. Constantemente me sentía menospreciada y no respetada por ella. Una de las discusiones comenzó esa noche, y todas las emociones viscerales salieron a la superficie. Me pidió que me fuera. Yo estaba muy dolida y enojada, y no sabía qué hacer.

Entonces oí al Espíritu Santo decir: "¡Perdona!". Yo pensé: "¿Cómo podría perdonar a alguien que no me ha mostrado respeto?". De nuevo, el Espíritu Santo dijo: "¡Perdona!". Finalmente, liberé a esta persona. La siguiente vez que le vi en la iglesia, fui y me disculpé por mis acciones aunque sentía que era yo a la que habían tratado mal. Ella también se disculpó conmigo. Algo se rompió en mi corazón, y sentí una liberación. Pudimos perdonarnos y reconciliarnos. Decidí que no permitiría que el enemigo ganara.

He aprendido que a veces es mejor aceptar la equivocación. ¡Gloria a Dios! Hoy estamos otra vez en comunión la una con la otra y hemos dejado atrás la ofensa. —*Anónimo*

Oración

Padre, en el nombre de Jesús, te doy gracias por tu amor incondicional hacia mí. Señor, te pido que me enseñes a honrar a quienes has puesto en liderazgo sobre mí. Al enseñarme la ley del honor, honraré continuamente a los que tú has llamado. Esté o no de acuerdo con ellos, decido honrarlos. Declaro que al honrarlos, también cosecharé honra. Tu Palabra dice que no toque a tu ungido ni haga mal a tus profetas; por lo tanto, rehúso usar mi boca para atacar a hombres y mujeres de Dios. Reconozco que ese es el plan del enemigo, y rehúso participar en su plan. Declaro que todo lo que hago está cubierto de honor e integridad, en el nombre de Jesús.

Amén.

14
EL GUARDA DE MI HERMANO

Porque este es el mensaje que habéis oído desde el principio: Que nos amemos unos a otros. No como Caín, que era del maligno y mató a su hermano. ¿Y por qué causa le mató? Porque sus obras eran malas, y las de su hermano justas. (1 Juan 3:11-12)

No me cabe duda de que la gran mayoría de los cristianos saben que debemos amarnos los unos a los otros. Lo aceptamos teológicamente, incluso doctrinalmente. Sin embargo, algo muy distinto es caminar en amor de forma *práctica* en nuestras relaciones con otras personas. Estoy totalmente convencido de que si la iglesia tuviera un mayor entendimiento de lo que es realmente el amor, seríamos mucho menos propensos a las ofensas.

Tenemos, como ejemplo bíblico, un personaje interesante llamado Caín. Era el primogénito de Eva. Después de que Eva dio a luz a Caín, tuvo un segundo hijo llamado Abel. La Biblia nos dice que Caín era agricultor, mientras que Abel era el responsable del ganado. Un día, Caín ofreció el fruto de la tierra como una ofrenda al Señor, y Abel ofreció las primicias del ganado como una ofrenda a Dios. El Señor respetó la ofrenda de Abel, pero rechazó la de Caín. La Biblia nos dice que, en su intenso enojo, Caín mató a su hermano Abel.

Dios sabía lo que Caín había hecho, y le preguntó: *"Dónde está Abel tu hermano?"*. Caín de manera infame respondió: *"¿Soy yo acaso guarda de mi hermano?"* (Génesis 4:9). ¿Por qué dijo Caín algo así? La verdad es que sabía que lo que había hecho era malo, pero se estaba escondiendo bajo el disfraz de que no tenía responsabilidad alguna sobre su hermano. Su desdén demuestra lo que va mal cuando pensamos que no tenemos responsabilidad con los hermanos y hermanas que están a nuestro lado. La respuesta de Caín suscita una pregunta: ¿somos nosotros guardas de nuestros hermanos? La respuesta es un rotundo ¡sí! Y si rehusamos esa responsabilidad, es como si los matásemos.

MENTIRA DE SATANÁS: LA VIDA CRISTIANA ES CADA PERSONA EN LO SUYO.
#ELGUARDADEMIHERMANO

Su sangre es más espesa que el agua

¿Ha escuchado alguna vez la frase "La sangre es más espesa que el agua"? Esta expresión coloquial significa que el vínculo familiar es más fuerte que el vínculo entre cualquier persona. Permítame hacerle una pregunta: si alguien hablara mal de su hermano biológico con quien tiene muy buena relación, ¿qué le diría? ¿Celebraría los comentarios negativos? ¿Lo compartiría con otros como chismes jugosos? ¡No! Probablemente se enojaría porque alguien tuviera la audacia de hablar de esa manera en contra de su hermano de sangre. ¿Por qué? ¡Porque es su hermano! Solo este hecho es suficiente para proteger la relación. Sin embargo, hablamos mal de nuestras hermanas y hermanos en el cuerpo de Cristo cada día. Parece que en lo más hondo realmente no creemos que son nuestros hermanos y hermanas.

Sin embargo, a los ojos de Dios, el vínculo entre creyentes es más fuerte que el vínculo entre hermanos biológicos. De hecho, Jesús vertió su sangre para hacernos una familia. Jesús hizo una profunda oración en el Evangelio de Juan: *"Padre santo, a los que me has dado, guárdalos en tu nombre, para que sean uno, así como nosotros"* (Juan 17:11). Todo el espíritu del Nuevo Testamento depende del amor y la unidad.

El asunto de la contención y la división se exacerba aún más por el hecho de que vivimos en una sociedad que nos dice que no somos iguales. Los negros están enfrentados a los blancos; los ricos están enfrentados con los pobres; los hombres están enfrentados a las mujeres. Esta no es la voluntad de Dios. Dios nos ve como miembros de un cuerpo, con funciones y dones únicos dentro de la Iglesia (véase Romanos 12:5-6). Mientras rehusemos reconocer el hecho de que somos uno, seguiremos perpetuando la táctica maligna del diablo mediante la calumnia y el chisme en la iglesia.

La maldición de Caín

¿Por qué mató Caín a su hermano? La sencilla respuesta es que estaba celoso, pero ¿y si hubiera algo más? ¿No es irónico pensar que Eva perdiera su herencia en el huerto del Edén al sucumbir a la tentación, y que su hijo sufriera un destino similar? Fue expulsado de la comunión con su familia como resultado del pecado de homicidio:

> *Y Jehová dijo a Caín: ¿Dónde está Abel tu hermano? Y él respondió: No sé. ¿Soy yo acaso guarda de mi hermano? Y él le dijo: ¿Qué has hecho? La voz de la sangre de tu hermano clama a mí desde la tierra. Ahora, pues, maldito seas tú de la tierra, que abrió su boca para recibir de tu mano la sangre de tu hermano. Cuando labres la tierra, no te volverá a dar su fuerza; errante y extranjero serás en la tierra.*
>
> (Génesis 4:9-12)

Dios maldijo a Caín, y dijo que la tierra no daría su fuerza. En otras palabras, ya no podría disfrutar de una vida fructífera. Quedó atado a una vida de esterilidad. Muchos creyentes han adoptado la misma suerte que Caín. Como resultado de la amargura y la ofensa en que caminan regularmente, sus vidas son incapaces de producir un fruto duradero. Son como fugitivos espirituales que corren de un lugar a otro y de iglesia en iglesia, buscando refugio. Por desgracia, muchas iglesias buscan y asisten a los fugitivos. Entran al coro de su iglesia después de haber asesinado el carácter de todos los miembros del coro de su anterior iglesia. Hablan efusivamente a su pastor, y asesinan el carácter de su anterior pastor. Aman su guardería y asesinan el carácter de los que ayudan en la guardería de su anterior iglesia.

Siempre que conozco a una persona que parece estar muy interesada en unirse a nuestro ministerio y su historia no parece muy coherente, le pregunto de qué o de quién está huyendo. Muchas personas están huyendo del pasado. Conectan con cosas y personas nuevas en un intento de esconderse de lo antiguo, pero esta no es la manera de Dios. Aunque es cierto que no todas las situaciones se pueden resolver como nos gustaría, debemos asegurarnos de que estamos haciendo todo lo que Dios nos ha exigido, y buscando guardar la unidad del Espíritu en el vínculo de la paz (véase Efesios 4:13).

HABLAMOS DE RESUCITAR A LOS MUERTOS MIENTRAS SEGUIMOS MATANDO A LOS VIVOS.

Anteriormente hablamos del espíritu vagabundo. Las personas que albergan la ofensa y la amargura a menudo se convierten en vagabundos y fugitivos espirituales. Se mantienen lejos de las relaciones íntimas. Raras veces conectan con comunidades espirituales. El rechazo lleva a la ofensa, la ofensa lleva a la amargura, y la amargura lleva al rencor. La clave para romper este ciclo de dolor es el arrepentimiento. Si observa, Caín nunca se arrepintió de su error. Cuando fue confrontado con su pecado, su respuesta fue: "*¿Soy yo acaso guarda de mi hermano?*", y no "Señor, ¡perdóname!". Su corazón estaba endurecido por el hecho de que Dios le había pedido cuentas del bienestar de su hermano. Dios también nos pedirá cuentas de los demás. No endurezca su corazón.

Confiese sus faltas

La Biblia nos dice: "*Confesaos vuestras ofensas unos a otros, y orad unos por otros, para que seáis sanados. La oración eficaz del justo puede mucho*" (Santiago 5:16). La mayoría de las personas no se da cuenta de que la iglesia se diseñó para ser un refugio seguro para los heridos. Muchas personas no saben esto porque la iglesia, en líneas generales, no se ha mostrado de esta forma en años recientes. En vez de ser un refugio seguro para los perdidos, muchas iglesias han sido cárceles para los atados. Muchas personas han sido los asesinos de su hermano (en un sentido espiritual), en vez del guarda de su hermano. Hablamos de resucitar a los muertos mientras seguimos matando a los vivos.

Esto no es lo que Jesús tenía en mente cuando vertió su preciosa sangre por la iglesia. Él desea un lugar de esperanza, sanidad y restauración.

¿Cómo nos convertimos en ese lugar de sanidad que Él desea? Debemos perdonarnos unos a otros, y comenzar a ver al otro como hermano y hermana y no como enemigo. Somos miembros los unos de los otros (véase Romanos 12:5). La Biblia nos dice que deberíamos confesar nuestros errores y nuestras faltas unos a otros y orar unos por otros, para que podamos experimentar sanidad.

Esto a menudo se ha malinterpretado como si significara que deberíamos confesar nuestros pecados a otra persona para recibir el *perdón*, pero eso no es lo que dice el versículo. La palabra usada es *sanar*. Debería haber una atmósfera de seguridad y confianza en la iglesia donde podamos compartir nuestros errores y nuestros retos con hermanas y hermanos maduros en Cristo, que nos ayuden a experimentar sanidad y plenitud en esa área.

Donde haya calumnia y chisme, será, claro está, muy difícil ser honesto y vulnerable. Las personas tienen incertidumbre respecto a si a lo que compartan será guardado en confidencialidad o no. Irónicamente, a veces las personas que más se quejan del chisme y la calumnia son los principales infractores. La única forma de crear un entorno de confianza es ser fiable. Usted debe dar lo que desea recibir.

El amor cubre una multitud

Antes hablamos de la parábola del hijo pródigo, una ilustración perfecta del corazón de nuestro Dios Padre. La sencilla verdad que vemos en esa historia es que *el amor cubre*. Somos demasiados los que hemos aceptado una filosofía de exposición en vez de cobertura. Cada vez que murmuramos o calumniamos, estamos exponiendo las faltas y defectos de las personas. De nuevo, esto no es lo mismo que la represión bíblica. Si usted está difundiendo asuntos privados sobre un amigo a una tercera parte, no le está ayudando en absoluto, sino que está lastimando. La Biblia dice: *"El odio despierta rencillas; pero el amor cubrirá todas las faltas"* (Proverbios 10:12). Y *"El que cubre la falta busca amistad; mas el que la divulga, aparta al amigo"* (Proverbios 17:9). La palabra *cubre* aquí significa ocultar o vestir.

Quizá se esté preguntando por qué deberíamos querer cubrir los pecados de otras personas. ¡Sencillo! ¡Jesús cubrió nuestros pecados! La única razón por la que podemos acercarnos al Padre sin culpa y vergüenza es porque hemos sido vestidos con la justicia de Cristo.

Cuando fui padre, este principio me quedó totalmente claro. Un día, uno de mis hijos se acercó a mí para decirme que su hermano desobedeció. Estaba muy orgulloso de sí mismo. Le pregunté cómo debía disciplinar a su hermano, y me dijo que debía darle unos azotitos. Le dije que accedería con gusto bajo una sola condición: también tendría que darle a él otro azotito. De repente, el castigo le pareció demasiado severo a mi hijo. Le pregunté por qué, y me dijo que él no había hecho nada malo. Le dije a mi hijo que él había hecho algo malo al haber expuesto a su hermano con orgullo en su corazón.

Ahora bien, creo que es importante entender que hay veces en que tenemos que contarle a otro alguna situación concreta, especialmente cuando tiene que ver con una persona que esté haciendo daño a otra o a sí misma, pero esto es distinto a exponer a otros por nuestro propio interés. Como mi hijo que corrió a mí para delatarlo, nosotros también a menudo queremos ver a la gente expuesta o avergonzada por lo que ha hecho, olvidando que Dios no trata con nosotros así, sino que en su lugar lo hace con amor y perdón.

**MENTIRA DE SATANÁS:
¡NO ES CULPA SUYA QUE
NO PUEDA GUARDAR SECRETOS!
#ELGUARDADEMIHERMANO**

Dios cubre para restaurar

Quiero que se imagine a alguien haciéndose algún tipo de daño físicamente, y que ese daño le dejase una herida abierta. ¿Qué es lo primero que haría? Los servicios de emergencia nos dicen que primero debemos cubrir la herida y detener la hemorragia. ¿Por qué es importante hacer esto? En primer lugar, para impedir la pérdida excesiva de sangre, ya que podría causar una situación de gravedad o incluso la muerte. Segundo, para impedir que la herida se infecte. El propósito de tapar la herida es facilitar que se produzca la sanidad.

Lo mismo ocurre espiritualmente. Como pastor, he visto que muchas situaciones se han resuelto y sanado cuando nos hemos esforzado por corregir a la persona en privado, y por cubrirle en amor. Esto no siempre es posible en un sentido convencional, pero siempre podemos hacer un esfuerzo consciente por cubrir a un hermano o hermana. Cubrir significa extender gracia. Cubrir significa mantener la dignidad. Cubrir significa ejemplificar la compasión. No siempre tengo que estar de acuerdo con usted, pero siempre debo cubrirle.

Cuando un agente del gobierno vende secretos a otro gobierno se le llama espionaje. Esto es una forma de traición. ¿Cuándo fue la última vez que alguien le dijo secretamente que tenía una lucha o un problema en su vida, y usted fue y se lo dijo a otra persona? Esto no es agradable para el Señor. ¿Se imagina acudir a un pastor para una sesión de consejería, y después oír todo lo que usted le contó en privado desde el púlpito como ilustración de un sermón al domingo siguiente? Probablemente se sentiría muy mal, y nunca regresaría. Sin embargo, las personas hacen eso todos los días en sus relaciones interpersonales.

Amados, Dios solo expone lo que pretende corregir y sanar. Seamos guardas de las almas de los demás, y cubrámonos unos a otros en gracia.

Superar la traición

Si no he sido lo suficientemente transparente, permítame tan solo decir: he sufrido más traición en mi ministerio que en ningún otro momento de mi vida. Han dicho mentiras de mí, me han apuñalado por la espalda, manipulado, difamado, y lo peor es que todo lo han hecho personas a quienes había amado profundamente, y a quienes había apoyado de forma regular.

Algunos de los dolores más profundos que experimentaremos serán en la iglesia porque la iglesia representa a Dios. Es un lugar donde expresamos nuestra adoración al Señor; es un lugar de comunión y comunidad. A veces sentimos más paz en la iglesia de la que sentimos en nuestro propio hogar, así que cuando nos lastiman en la iglesia, es algo profundo y visceral.

¿Qué hace usted cuando el lugar que representa sanidad es el que más le lastima? ¿Cómo continúa hacia delante cuando ha experimentado abuso espiritual? ¿Cuál debería ser nuestra reacción cuando experimentamos traición?

Jesús fue nuestro prototipo espiritual, demostrando el plan del Padre para que caminemos en libertad y paz. Su propio discípulo traicionó a Jesús entregándolo en manos de pecadores. ¿Se imagina lo doloroso que debió haber sido? Sin embargo, Él nunca abandonó su carácter. Muchos creen que esto fue fácil para Él porque era divino, pero yo no diría lo mismo. La Biblia es muy clara: *"Pues para esto fuisteis llamados; porque también Cristo padeció por nosotros, dejándonos ejemplo, para que sigáis sus pisadas"* (1 Pedro 2:21). Cristo es nuestro ejemplo, lo cual significa que es posible perdonar y mostrar amor al margen de lo que nos hayan hecho. Quizá su cónyuge ha traicionado su confianza. Quizá un hermano o hermana en Cristo ha mentido respecto a usted. Tal vez un hijo o una hija le ha rechazado. Quizá un pastor ha explotado una conversación privada. Al margen de quién o qué le haya causado dolor, Jesús es la respuesta. Así como Él llevó nuestra traición, también nos da la fuerza para llevar la traición de otros.

CADA VEZ QUE SUFRIMOS UNA TRAICIÓN, TENEMOS LA OPCIÓN DE AMARGARNOS O DE MEJORAR.

Una vez aconsejé a un pastor en particular que estaba espiritualmente y emocionalmente quemado. Su pastor supervisor le había prometido un ascenso a pastor principal dentro de su organización, y sin embargo, cuando llegó el tiempo del ascenso a su nueva posición, el pastor supervisor cambió de idea. Él se quedó totalmente devastado. Se sintió herido y traicionado.

Como este pastor, muchas personas parecen recibir a veces el "palito más corto". La traición es una parte muy real del ministerio. Cuando personas en quienes usted confiaba le decepcionan o salen de su vida (aparentemente de forma prematura), puede ser devastador. Hay personas que me han prometido: "¡Estaré contigo hasta el final!", y se han alejado cuando más las necesitaba. Sin embargo, Dios siempre quiere que pongamos nuestra confianza en Él y no idolatremos a las personas que nos rodean. Incluso Jesús mismo sufrió una profunda traición, pero pudo vencerlo porque siempre ponía su confianza en el Padre.

Esto no significa que debamos ser suspicaces o que nunca confiemos en las personas, sino que significa que nuestros ojos y nuestro corazón deben permanecer enfocados en Él, no en los demás. A través de cada traición que he experimentado, Dios me ha llevado a un lugar de mayor poder, influencia y compasión porque en algún momento estuve dispuesto a soltarlo y confiar en Él. Jesús sabía que Judas lo traicionaría, pero nunca se enfocó en la traición. En vez de eso, la Biblia dice: *"puestos los ojos en Jesús, el autor y consumador de la fe, el cual por el gozo puesto delante de él sufrió la cruz, menospreciando el oprobio, y se sentó a la diestra del trono de Dios"* (Hebreos 12:2). Jesús sabía que su recompensa eterna era mayor que su actual dolor, por lo tanto soportó la cruz, menospreciando el oprobio. No se preocupe, esto no significa que usted tenga que ser crucificado, sino que debe estar dispuesto a soltarlo y entregárselo a Dios. La mayor forma de traición es cuando traicionamos nuestra tarea por alguna ofensa. Manténgase fiel a su tarea, ¡así como Jesús se mantuvo enfocado en la suya!

El espíritu de apostasía

Hablando de traición, es importante entender el clima espiritual en el que vivimos, y lo que significa para la Iglesia hoy. La Biblia nos advierte: *"Pero el Espíritu dice claramente que en los postreros tiempos algunos apostatarán de la fe, escuchando a espíritus engañadores y a doctrinas de demonios"* (1Timoteo 4:1).

¿Alguna vez se ha preguntado cómo es posible que tantas personas sean engañadas en los últimos tiempos? O medite en esta realidad aún más desconcertante: gran parte de este engaño se manifestará en la iglesia, ¡de entre todos los sitios! Cuando pensamos en la apostasía, a menudo pensamos en la extrema caída de los creyentes en los últimos tiempos, pero la apostasía puede ser y será más sutil que eso. Creo que el espíritu de apostasía está vivo y coleando, y que desea esparcirse por todo el cuerpo de Cristo hoy, justo en este momento. No está esperando al final de los tiempos.

Pedro negó al Señor tres veces, después de prometerle que moriría por Él. En la mayoría de los casos, las personas nunca tienen intención de traicionar a nadie, sino que simplemente sucumben a un espíritu de traición. ¿A qué me refiero con esto? Siempre que ponemos nuestro propio interés por delante del de los demás, estamos abocados a traicionar a alguien o a algo. Pedro nunca imaginó que él, de todas las personas de la tierra, traicionaría a Jesús. Sin embargo, en el fragor del momento, sufrió un ataque de temor y puso su propia seguridad por delante de su lealtad a su amado Maestro. No digo esto para excusar la traición en modo alguno, pero ayuda a darle una perspectiva distinta.

Jesús nos advirtió así: *"El hermano entregará a la muerte al hermano, y el padre al hijo; y los hijos se levantarán contra los padres, y los harán morir"* (Mateo 10:21). El espíritu de traición es muy real, pero podemos guardar nuestro corazón y nuestra mente contra esta arma siniestra de Satanás, tratando nuestras propias heridas y ofreciendo perdón, no ofensa. Recuerde: las personas heridas tienden a herir a otros. Esto es algo más que una tendencia emocional; es una realidad espiritual.

NUNCA PERMITA QUE LA TRAICIÓN DE OTROS LE HAGA ADOPTAR UNA ACTITUD DE FALTA DE LEALTAD.

Debemos guardar nuestro corazón contra este espíritu de apostasía y engaño. Debemos aceptar las disciplinas de la oración, el ayuno y el compromiso espiritual. Demasiados en la iglesia han tenido un doble ánimo, sirviendo al Dios de comodidad y conveniencia, en lugar de servir al Dios de nuestro Señor Jesucristo que nos ha llamado al sacrificio y la rendición.

Autoevaluación del espíritu de apostasía

¿Está usted ayudando y permitiendo un espíritu de apostasía en su vida?

Estas son algunas preguntas que debe hacerse:

1. ¿Estoy comprometido con un cuerpo local de creyentes en una relación de pacto? ¿Soy parte de una iglesia local saludable basada en la Biblia?

Si es así, ¿cuál es su función y responsabilidad hacia esta comunidad? Ser parte de una buena asamblea de creyentes es un elemento clave para mantener a raya el engaño.

2. ¿He aprendido a comprometerme con las cosas de Dios, a pesar de la dificultad y los desafíos?

Si nunca aprende a comprometerse con las cosas básicas de Dios (es decir, oración, discipulado y estudiar la Palabra), ¿cómo se le pueden confiar cosas mayores? El espíritu de apostasía ciertamente operará en el vacío de una falta de compromiso.

3. ¿Está dispuesto a sufrir por causa de la justicia para honrar la Palabra de Dios?

Al margen de la creciente perversión y engaño de la sociedad de hoy, la Palabra de Dios nunca ha cambiado, y usted tampoco debería hacerlo cuando se trata de la moralidad y la verdad.

Cuando hacemos inventario de nuestro corazón, podemos determinar si estamos siendo fieles o no a la verdad de la Palabra de Dios, o si estamos desertando hacia otra doctrina. La mayor lección que el Señor me ha enseñado a través de la traición es la fidelidad. Continúe amando a aquellos que quizá no le otorguen a usted el mismo amor. El Señor recompensará su fidelidad.

Preguntas de discusión

1. ¿Qué nos enseña la historia de Caín y Abel sobre nuestras relaciones unos con otros?
2. ¿Cómo está usando el diablo la falta de unidad que nos rodea hoy para dividir la Iglesia? ¿Cómo podemos luchar contra ello?
3. ¿Alguna vez ha sido traicionado por alguien cercano a usted, en quien usted confiaba? ¿Cambió este capítulo su percepción de la traición de alguna forma?

Práctica

1. Ore acerca de prestar apoyo a los líderes espirituales de su vida. Pídale a Dios que le revele qué apoyo puedan necesitar: ¿una palabra de ánimo? ¿una bendición económica? ¿alguien a quien arreglarle el fregadero de su cocina? Actúe al respecto, recordando que así *"tus días se alarguen en la tierra que Jehová tu Dios te da"* (Éxodo 20:12).

2. ¿Se puede confiar en que usted será un refugio seguro para otros creyentes, o padece usted la enfermedad de "corro a contarlo todo"? ¿Puede usarle Dios como un instrumento para la sanidad y restauración de otro? Si está albergando ofensa hacia alguien, acuda a esa persona y pida la reconciliación. Oren juntos, y vea cómo Dios comienza a traer sanidad a su corazón.

3. La lealtad está directamente relacionada con el apoyo y la confianza porque una persona leal ofrece apoyo y es fiable, entre muchas

otras cosas positivas. Haga una lista de las áreas en su vida en las que quiere ser más leal, ya sea en las relaciones, actitudes, organizaciones o en otra área. Ore para que Dios le dé la fortaleza y decisión necesarias para ser disciplinado en su lealtad en esas áreas concretas.

Testimonio

Había sido pastor durante veinte años cuando mi hijo espiritual más cercano traicionó mi confianza, y se alejó para comenzar su propia iglesia sin mi conocimiento o bendición. Hubo muchas personas en mi iglesia que lo siguieron, incluidos algunos de mis miembros más activos y leales. Esto fue devastador para toda la iglesia, pero a mí me pasó una gran factura. Debo admitir que la situación me provocó mucha amargura. La situación no solo me afectó espiritualmente, sino también emocionalmente y físicamente. Afectó mi presión sanguínea, mi corazón y mi peso. Finalmente, decidí soltar a la persona que me traicionó. No fue fácil, pero el Espíritu Santo me ayudó a perdonar. Hoy por la gracia de Dios he perdonado, mi salud ha mejorado, y finalmente soy libre.
—Bob

Oración

Padre, en el nombre de Jesús, te doy gracias por la compasión y gracia que me has demostrado. Tú te deleitas en la misericordia. Te doy gracias por tu misericordia y tu amor infalible hacia mí. Señor, reconozco que soy el guarda de mi hermano. Por lo tanto, decido no exponer a mis hermanos y hermanas en el Señor. En vez de eso, decido cubrirlos con gracia. Señor, así como tú me has cubierto, decido cubrirlos a ellos. Gracias por darme una revelación de la importancia del cuerpo de Cristo. En el nombre de Jesús, te lo pido.

¡Amén!

15
CUANDO LA IGLESIA LASTIMA

Y los tuyos edificarán las ruinas antiguas; los cimientos de generación y generación levantarás, y serás llamado reparador de portillos, restaurador de calzadas para habitar. (Isaías 58:12)

En todo lo que hemos compartido hasta aquí aparece un tema recurrente: Dios desea la restauración. Casi todas las personas a las que Dios ha usado en la Biblia habían experimentado una restauración sobrenatural en algún punto de sus vidas. Creo que lo mismo ocurre con usted y conmigo. Quizá la iglesia le haya lastimado profundamente. Quizá le hayan advertido en contra de alguien en el liderazgo, o tal vez usted haya sido víctima de difamación o murmuración. No importa dónde esté o lo que haya sufrido, Dios desea restaurarle hoy.

Sé lo que es caminar por el dolor. Este libro no nació de una meditación teológica o un ejercicio filosófico. Este libro nació de mis propias luchas, y las revelaciones que Dios me dio en medio de ellas. Sé lo que es que el liderazgo le diga que nunca tendrá éxito. Conozco la frustración que supone que mientan sobre usted y hablen maliciosamente de usted, y también sé lo que es sufrir una profunda traición. Si puedo ser honesto, probablemente yo mismo he perpetrado algunas de estas cosas contra otros.

Permítame contarle una historia que escuché una vez de un abuelo y sus dos nietas. Las dos nietas estaban jugando con crayones de colores. Ambas querían el amarillo, y en su riña el crayón se rompió en pedazos. La más pequeña estaba furiosa y corrió con su abuelo con el crayón roto, gritando: "¡Ella rompió el crayón! ¡Ella lo rompió, ella lo rompió!". En su sabiduría, el abuelo tomó la mano de su nieta, recogió el crayón, comenzó a pintar en el papel, y dijo: "Mira, cariño, los trozos rotos ¡siguen pintando!".

SU DOLOR NUNCA ANULARÁ SU PROPÓSITO. USTED ES IMPORTANTE, VALIOSO Y AMADO.

Quizá usted se sienta roto hoy. Quizá esté desilusionado con la iglesia, o incluso tenga miedo de conectar con la comunidad. Quiero que entienda hoy que los trozos rotos aún colorean. A pesar de todo aquello por lo que haya pasado, usted no ha perdido su valor, su importancia ni su propósito.

De hecho, creo que Dios va a usarle como un reparador de portillos. En Isaías 58, la Biblia nos dice que edificaremos las ruinas antiguas, y que levantaremos los cimientos de muchas generaciones, y seremos llamados reparadores de portillos. Dios nos ha llamado a levantar los fundamentos rotos. Él nos ha ungido para llevar sanidad a los quebrantados. Si usted ha sido herido, lastimado u ofendido, es un candidato para ser un instrumento de restauración en la vida de otra persona.

La casa del alfarero

Quizá haya oído ya la historia de la casa del alfarero, del libro de Jeremías, pero merece la pena escucharla otra vez. Y si nunca la había escuchado, ¡preste atención!

Levántate y vete a casa del alfarero, y allí te haré oír mis palabras. Y descendí a casa del alfarero, y he aquí que él trabajaba sobre la rueda. Y la vasija de barro que él hacía se echó a perder en su mano; y volvió y la hizo otra vasija, según le pareció mejor hacerla. Entonces vino a mí palabra de Jehová, diciendo: ¿No podré yo hacer de vosotros como este alfarero, oh casa de Israel? dice Jehová. He aquí que como el barro en la mano del alfarero, así sois vosotros en mi mano, oh casa de Israel. (Jeremías 18:2-6)

Aunque esta historia se da en el contexto de la antigua Israel y su pecado, podemos extraer de aquí una poderosa aplicación para la iglesia actual. Así como fue un cuadro profético de la casa de Israel, es un cuadro profético de la iglesia hoy.

Dios quería que Jeremías fuera a la casa del alfarero. Allí, Él llamó su atención hacia una vasija que había en la rueda del alfarero. Jeremías observó que el barro estaba estropeado, y sin embargo el alfarero usó la rueda para restaurar la vasija, y darle de nuevo la forma que deseaba.

**MENTIRA DE SATANÁS:
USTED ESTÁ DEMASIADO ROTO
PARA ESTAR EN LA IGLESIA.**
#CUANDOLAIGLESIALASTIMA

Muchos de ustedes que están leyendo este libro se han echado a perder por los dolores, heridas y decepciones. Se han preguntado: *¿Dónde está mi lugar en el cuerpo de Cristo?* Dios le está haciendo una pregunta profunda hoy: "*¿Acaso no puedo yo hacer con usted lo mismo que hace este alfarero con su barro?*". Así como el barro estaba en la mano del alfarero, usted está en la mano del Dios Altísimo. Si se lo permite, Él llevará un nivel de restauración a su corazón y su alma, que nunca pensó que fuera posible.

La Iglesia le necesita

Si usted cree, es parte del cuerpo de Cristo. Y si es parte del cuerpo de Cristo, ¡*usted es necesario*! No es porque yo lo diga; está por todo el Nuevo Testamento. Pablo dice una y otra vez que cada creyente es necesario. En otras palabras, la iglesia le necesita: *"así nosotros, siendo muchos, somos un cuerpo en Cristo, y todos miembros los unos de los otros"* (Romanos 12:5).

Si le cortaran uno de los dedos de su pie, ¡el cuerpo no podría caminar! Todo su cuerpo está en peligro si no funciona una pequeña parte. Cualquiera que le diga que usted no tiene un papel en la iglesia o que no necesita la iglesia ¡está contradiciendo a la Biblia! Pablo es claro respecto a que la iglesia nos necesita, y nosotros necesitamos la iglesia.

> **MENTIRA DE SATANÁS: USTED NO NECESITA LA IGLESIA PARA SER UN BUEN CRISTIANO.**
> #CUANDOLAIGLESIALASTIMA

Por muy doloroso que sea, somos parte unos de los otros y el cuerpo necesita todas las partes:

Además, el cuerpo no es un solo miembro, sino muchos. Si dijere el pie: Porque no soy mano, no soy del cuerpo, ¿por eso no será del cuerpo? Y si dijere la oreja: Porque no soy ojo, no soy del cuerpo, ¿por eso no será del cuerpo? Si todo el cuerpo fuese ojo, ¿dónde estaría el oído? Si todo fuese oído, ¿dónde estaría el olfato? Mas ahora Dios ha colocado los miembros cada uno de ellos en el cuerpo, como él quiso. Porque si todos fueran un solo miembro, ¿dónde estaría el cuerpo? Pero ahora son muchos los miembros, pero el cuerpo es uno solo. Ni el ojo puede decir a la mano: No te necesito, ni tampoco la cabeza a los pies: No tengo necesidad de vosotros. (1 Corintios 12:14-21)

Pero no estoy diciendo que el dolor terrible y real no suceda. Lo que yo llamo TEPT en la iglesia es algo demasiado común.

TEPT: Trastorno por estrés pastoral traumático

Estoy seguro de que ha oído hablar del TEPT. Según la *Anxiety and Depression Society Association of America*, el "Trastorno por Estrés Postraumático es una enfermedad potencialmente debilitante muy grave, que puede ocurrir en personas que han experimentado o han sido testigos de un desastre natural, un accidente serio, un incidente terrorista, la muerte repentina de un ser querido, la guerra, un asalto personal violento como una violación, u otro evento que ponga en riesgo la vida".[4] La gente va a la guerra o vive un terrible desastre, y sufre una confusión en su mente y sus emociones para el resto de su vida.

Quiero informarle que los soldados y quienes son testigos de desastres naturales no son los únicos que experimentan los difíciles y transformadores efectos de la escena del trauma. Los miembros de la iglesia están sufriendo *espiritualmente* por las escenas traumáticas que suceden dentro de nuestras iglesias.

Cuando los miembros pasan por una terrible división de la iglesia o un desastre, eso puede alterarlos espiritualmente durante años. Es lo que yo llamo el Trastorno por estrés pastoral traumático. Es una enfermedad espiritual que ocurre cuando el liderazgo o personas dentro de la iglesia trauman a una persona. Si está sufriendo de esto, usted no dice "ese es mi pastor", cuando se lo señala a un amigo. Usted dice "ese es el pastor de mi iglesia". La gente que ha experimentado TEPT nunca desarrolla relaciones auténticas e íntimas dentro de la iglesia, por miedo a resultar herido o traicionado de nuevo.

Cuando un pastor no está viviendo según el estándar de lo que debería ser un pastor, ¿cómo supera usted esa experiencia traumática? He ministrado a miles de personas en la iglesia que fueron heridas por los líderes espirituales, y como resultado eran incapaces de lograr la victoria en su vida espiritual. Algunos de ellos han desertado permanentemente de la iglesia, pero esa no es la voluntad de Dios. Las personas sufren cuando las cosas salen mal. La clave para la recuperación es un profundo arrepentimiento y sanidad interior. Debemos permitir que el Espíritu Santo administre el poder de Dios en las áreas de nuestros dolores y decepciones más profundos, porque entonces y solo entonces podremos convertirnos en miembros productivos del cuerpo de Cristo.

La diferencia entre juzgar y condenar

Ya hablamos acerca de la importancia de honrar a nuestros líderes. Pero, ¿cómo honramos a un líder que nos ha fallado? Que nos ha *fallado* moralmente, espiritualmente y prácticamente. ¿Qué debería entonces hacer la iglesia?

---

4. "Entienda los hechos: Trastorno por estrés postraumático (TEPT)", Anxiety and Depression Association of America, actualizado en junio de 2016, https://www.adaa.org/unerstanding-anxiety/posttraumatic-stress-disorder-ptsd, consultado en línea el 7 de octubre de 2016.

Es un asunto complejo, pero realmente hay dos opciones: condenar o juzgar. Puede parecer lo mismo, ¡pero no lo es! La Biblia dice: *"No juzguéis, y no seréis juzgados; no condenéis, y no seréis condenados; perdonad, y seréis perdonados"* (Lucas 6:37). En el contexto de este pasaje, la palabra *juzgar* significa "someter a juicio" a otra persona, y la palabra *condenar* significa "declarar culpable". Si bien es cierto que Dios nos enseña en su Palabra a usar la discreción y el discernimiento respecto a lo que es correcto y lo que no, Él no nos da el derecho de "someter a juicio" a otros, o sentenciarlos a la condenación. En cambio, somos llamados a ser compasivos con los que fallan o luchan en su carne. Jesús fue duro con los líderes religiosos, pero fue misericordioso con los recaudadores de impuestos y los publicanos. ¿Por qué? Porque las personas siguen siendo valiosas, incluso cuando fallan.

LA CONDENACIÓN ES UN CALLEJÓN SIN SALIDA, PERO JUZGAR DA UN CAMINO HACIA DELANTE.

Sin embargo, en otros pasajes bíblicos somos llamados a juzgar. *"Abre tu boca, juzga con justicia, y defiende la causa del pobre y del menesteroso"* (Proverbios 31:9). *"¿O no sabéis que los santos han de juzgar al mundo? Y si el mundo ha de ser juzgado por vosotros, ¿sois indignos de juzgar cosas muy pequeñas? O no sabéis que hemos de juzgar a los ángeles? ¿Cuánto más las cosas de esta vida?"* (1 Corintios 6:2-3). El juicio en estos pasajes es decidir sabiamente el curso de acción necesario. Es un movimiento hacia delante. Condenar, por el contrario, es un callejón sin salida, no un camino hacia delante. Es la última palabra. No hay nada que seguir. ¡Solo Dios tiene el poder de condenar! Sin embargo, ¡Él nunca condena a sus hijos! ¿Se imagina que haya personas dispuestas a hacer a otros lo que Dios no está dispuesto a hacerles a ellos?

Juzgar (en un sentido espiritual maduro) es pedirle cuentas a las personas, incluso a nosotros mismos. Si, por ejemplo, estoy en una situación donde estoy haciendo algo mal en la iglesia, mi esposa, una persona extremadamente sabia y con discernimiento, puede ayudarme al aportar una perspectiva distinta, y finalmente pedirme cuentas por mi punto de vista erróneo o por mi error. Debe haber un juicio serio e inflexible. Gracias a

Dios por una esposa que es extremadamente honesta y objetiva, porque me ayuda a mantenerme equilibrado.

Sin embargo, también es muy saludable tener personas fuera de mi hogar que me puedan pedir cuentas, a pesar de todo, y juzgar lo que estoy haciendo. Tengo que dar cuentas ante Dios, una responsabilidad vertical, pero no se puede quedar ahí la cosa. También necesito una responsabilidad horizontal. Necesito seres humanos que me miren a los ojos, y me señalen la dirección correcta. Y mi esposa no puede ser la única fuente que me pida cuentas porque esa es una carga demasiado pesada que llevar. Por esa razón, me someto voluntariamente a padres en la fe que hablen a mi vida, y me reten a honrar la Palabra de Dios. En la multitud de consejeros hay seguridad (véase Proverbios 15:22). Hay varios pastores y otros líderes en mi vida que tienen mi permiso para hacerme preguntas duras, como "¿Qué tal va tu matrimonio?", o "¿Cómo te va emocionalmente?". La razón por la que los líderes de todo tipo deben rendir cuentas a los que están por encima de nosotros es para pedir cuentas a los que están por debajo de nuestro liderazgo. Si usted no rinde cuentas a los que tiene por encima, está a merced de las personas que tiene por debajo.

Hay una diferencia enorme entre pedir cuentas a alguien, y condenarle. Recuerdo experimentar un profundo error en mi vida. Me sentí avergonzado y condenado. El peso de la culpa y la derrota era tan grande que sentía que no podía avanzar. El enemigo constantemente me recordaba mi fallo y mi indignidad, pero Dios no aprovechó la ocasión para darme una patada mientras estaba en el suelo, sino que me recordó cuál era mi verdadera identidad en Cristo. Puso mentores y padres espirituales a mi alrededor que me dieron un consejo sabio. Me corrigieron, me reprendieron y me amaron. Como resultado de su fidelidad a Dios, pude experimentar el poder restaurador del Espíritu Santo en esa área de mi vida. Fui juzgado, pero no condenado.

Señales de abuso espiritual

¿Qué es abuso espiritual? Esencialmente, abuso es simplemente el uso indebido de alguien o de algo. El abuso espiritual es un mal uso de la autoridad espiritual. Muchas veces, las personas que están bajo abuso espiritual ni siquiera lo reconocen. Fue el difunto Dr. Myles Munroe quien dijo una vez: "Donde se desconoce el propósito, ¡el abuso es inevitable!".[5] Es importante

---
5. Dr. Myles Munroe, *Entendiendo el Propósito y el Poder de la Mujer* (New Kensington, PA: Whitaker House, 2001), 40.

entender el propósito y la intención de la iglesia. Cuando entiende el propósito de la iglesia, puede saber qué esperar de la iglesia y de su liderazgo espiritual. La iglesia no es un club social. La iglesia no es un centro de recreo o un programa de moda. Es un cuerpo de creyentes sometidos unos a otros por amor y honor, por causa de la extensión del evangelio.

¿Cómo sabe cuando está en una situación espiritualmente abusiva? ¿Cuándo es momento de irse de una iglesia u organización? Como pastor y líder, he visto decenas de casos de abuso espiritual en la iglesia, y también yo mismo he sido víctima de abuso espiritual. He observado varias características de una iglesia espiritualmente abusiva.

> MENTIRA DE SATANÁS:
> LA PALABRA DEL PASTOR
> TRIUNFA SOBRE LA PALABRA DE DIOS.
> #CUANDOLAIGLESIALASTIMA

Cuando un líder es manipulador o controlador, es una señal de que la atmósfera no está operando según la intención de Dios. Una vez alguien me dijo que su antiguo pastor les decía a sus miembros cuál era el color y el tipo de ropa que debían llevar. ¡Eso es absolutamente ridículo! Cuando el liderazgo está constantemente menospreciando y avergonzando a la congregación en un intento de obligarles a comportarse de cierta manera, ciertamente eso es una señal de abuso espiritual. Si el liderazgo de la iglesia está constantemente animándole a participar en actividades que violan directamente la Palabra de Dios, entonces puede estar seguro de que está en una situación espiritualmente abusiva.

Otra señal de abuso espiritual es el aislamiento: en tal caso, el pastor les dirá a los miembros de la iglesia que no se asocien con la familia y los amigos. Le dirá a las personas que dejne de tener comunión con personas que se hayan ido de la iglesia. El pastor es la única persona que puede predicar, enseñar o servir en alguna posición de influencia dentro de la iglesia. La represión es dura, cruel y debilitante. Los matrimonios y las familias a menudo son separadas por la iglesia. Es posible que no le permitan visitar otras iglesias, y si se va, le maldecirán verbalmente desde el púlpito.

Ahora bien, permítame equilibrar un poco esta discusión. Hay muchos que afirman ser víctimas de abuso espiritual, que simplemente son rebeldes y divisivos. He visto esto muchas veces. Puede que hayan recibido corrección bíblica, pero la corrección bíblica no es lo mismo que el abuso. Un buen pastor dará una corrección amorosa de vez en cuando, pero un buen pastor nunca cultivará una atmósfera de menosprecio o castigo. Si siente algo así cada vez que va a la iglesia, y siente que hay algo que le molesta en el entorno de la iglesia, creo que debería orar por ello y ponerlo en conocimiento del liderazgo. Si una iglesia está regularmente violando la Palabra de Dios y perpetuando el abuso, puede ser el tiempo de hacer la transición de forma tranquila y en oración a otra iglesia.

Rebaño abusivo

Hay un viejo adagio, que dice: "las personas heridas hieren a personas". ¡No podría ser más cierto! Cuando las personas están heridas, a menudo se vuelven hirientes. Lo mismo ocurre con los miembros de la iglesia. He dicho antes que a veces las ovejas *muerden*. ¿Qué hace un líder cuando las personas bajo su liderazgo se vuelven abusivas? ¿Cómo reconocemos este tipo de abuso?

Bueno, sabemos que los que están en el liderazgo tienen la responsabilidad de administrar el rebaño consecuentemente, pero las ovejas también tienen la responsabilidad de respetar, honrar y luchar por la unidad de la iglesia. Cuando las ovejas se vuelven excesivamente críticas y degradantes con sus líderes espirituales, esto también puede ser una forma de abuso espiritual. Las ovejas que constantemente drenan a los pastores de su tiempo y energías, y nunca muestran aprecio ni respeto por su líder están abusando emocionalmente de su pastor. Le dicen al pastor que vaya a cortarles el césped, a cambiar las luces de su hogar y que aconseje a sus hijos, y a la vez no ofrecen apoyo alguno a la iglesia o al líder, espiritualmente o financieramente. Había un dicho que oí una vez: "Danos un pastor, y le mantendremos domado y humilde".

Algunas personas creen que el pastor está en deuda con cada uno de sus antojos y opiniones. Siempre están preguntando: "¿Por qué el pastor tiene ese automóvil? ¿Por qué el pastor vive en esa casa? ¿Por qué el pastor lleva un traje tan bonito?". Todo lo que el pastor hace debe estar bajo su escrutinio e investigación.

He visto a iglesias contratar a pastores y tratarlos como a niños. Nada de lo que el pastor hace es suficientemente bueno. Incluso he oído a consejos de diáconos cambiar la cerradura de las puertas de la iglesia cuando el pastor ya no cumple con el criterio de ellos. Amados, eso es manipulación y control, y a Dios no le agrada. Esos individuos necesitan reconocer que están actuando en la carne y no en el Espíritu. ¡El abuso puede ir en ambas direcciones!

Necesitamos una UCI en la iglesia

Aunque todos tenemos la *capacidad* de abusar de otros, el otro lado de la moneda es que todos tenemos la *responsabilidad* de guardar la paz. Todos tenemos la responsabilidad de la reconciliación. En algún momento todos resultamos heridos, y necesitamos una UCI. A veces es usted. A veces soy yo. A veces es el pozo de la depresión porque ha pecado, y otras veces es el pozo de la depresión porque han pecado contra usted.

> **MUCHOS LÍDERES ESTÁN SANGRANDO, ¡Y LOS CONDENAMOS POR DEJAR SANGRE EN LAS ALFOMBRAS!**

Sabe, es interesante que Dios pasó más tiempo en la Biblia hablando de la restauración que hablando de la corrección. En todos los libros proféticos, Dios habló sobre el castigo, pero siempre con la restauración incorporada. Todo en el Nuevo Testamento deja espacio para la restauración. Cuando entendemos esto, nos da un mejor contexto para cómo tratar con los que nos han fallado, y esas veces en que nosotros nos fallamos a nosotros mismos. También nos ayuda a entender ¡cómo montar una UCI en la iglesia!

Leí un extracto recientemente sobre un pastor, que me partió el corazón. Este hombre había sido un pastor exitoso en una gran iglesia con un nuevo libro cada año y una bonita familia. Era bastante famoso en el mundo cristiano. Pero en poco tiempo, las cosas se enredaron. Mediante errores personales y profesionales arruinó su ministerio, abandonó su iglesia, se divorció, y básicamente intentó apartarse del ojo público. Las cosas empeoraron tanto, que finalmente contempló suicidarse, y escribió una nota suicida.

Eso fue para mí muy doloroso leerlo. ¡No estoy diciendo que él no hiciera nada malo! Pero lo que no vemos es que cuando un pastor cae, hay muchas cosas que han pasado antes. Muchos líderes están sangrando, ¡y les condenamos por manchar de sangre la alfombra! Están gravemente enfermos, y nunca debemos demonizar o vilipendiar la enfermedad. En lo profundo de esas tinieblas, ¿por qué no había nadie ahí para ministrarle? ¿Nadie que se pusiera a su lado? Hablamos mucho de orar por las personas. Alguien viene a nosotros con un problema, y decimos: "Voy a estar orando por ti", pero ¿realmente lo hacemos?

¿POR QUÉ CONDENAMOS A LAS PERSONAS PÚBLICAMENTE POR LO QUE DIOS PERDONA PRIVADAMENTE?

¡Debemos ayudarnos unos a otros! Debemos recordar siempre que la perfecta voluntad de Dios es la restauración. Desgraciadamente, la Iglesia ha hecho un trabajo terrible a la hora de restaurar al caído. La Iglesia ha intentado dominar la disciplina, pero no ha dominado la restauración. Somos muy buenos exponiendo, pero algo muy distinto es llevar sanidad y bienestar al herido. La Biblia nos amonesta:

> *¿Osa alguno de vosotros, cuando tiene algo contra otro, ir a juicio delante de los injustos, y no delante de los santos? ¿O no sabéis que los santos han de juzgar al mundo? Y si el mundo ha de ser juzgado por vosotros, ¿sois indignos de juzgar cosas muy pequeñas? ¿O no sabéis que hemos de juzgar a los ángeles? ¿Cuánto más las cosas de esta vida? Si, pues, tenéis juicios sobre cosas de esta vida, ¿ponéis para juzgar a los que son de menor estima en la iglesia? Para avergonzaros lo digo. ¿Pues qué, no hay entre vosotros sabio, ni aun uno, que pueda juzgar entre sus hermanos, sino que el hermano con el hermano pleitea en juicio, y esto ante los incrédulos?* (1 Corintios 6:1-6)

Pablo plantea una pregunta muy profunda: "*¿sois indignos de juzgar cosas muy pequeñas?*". La idea de que no podemos juzgar cosas pequeñas por nosotros mismos, sino que tenemos que ponerlo en los tablones de anuncios, es despreciable. Al permitir que nuestros hermanos y hermanas sean juzgados en el tribunal de la opinión pública, estamos básicamente abdicando nuestra autoridad espiritual, y cediendo nuestra influencia espiritual al mundo.

La restauración siempre ocurre en privado. ¿Por qué condenamos a la gente públicamente por lo que Dios perdona privadamente? Los pastores y los líderes seguirán cayendo, y fuertemente, a menos que fomentemos una atmósfera en la que puedan ser restaurados. La mayoría de las veces cuando los pastores dejan la iglesia es porque han sido expuestos. Pero ¿podemos proveer una atmósfera en la que el caído pueda exponer sus propias caídas? Incluso cuando nuestro hermano o hermana cae, necesitamos un espíritu de mansedumbre: *"Hermanos, si alguno fuere sorprendido en alguna falta, vosotros que sois espirituales, restauradle con espíritu de mansedumbre, considerándote a ti mismo, no sea que tú también seas tentado"* (Gálatas 6:1). Oremos unos por otros, especialmente por nuestros líderes. Si caen alguna vez, ¡aguantémosles! Busquemos entre nosotros personas sabias que juzguen cuando sea necesario, con el objetivo de restaurar.

Preguntas de discusión

1. ¿Hay alguna ocasión en la que debamos irnos de una comunidad? Si es así, ¿cuáles son las señales? ¿Cómo podemos saber cuándo irnos? ¿Cómo puede irse bien de la iglesia?

2. ¿Cómo mantenemos la dignidad de la persona que ha caído? ¿Cómo mantenemos nuestra propia dignidad?

3. ¿Por qué la iglesia lastima tanto, tan a menudo?

Testimonio

Había sufrido una herida muy profunda a manos de uno de los líderes de la iglesia. Era tan debilitador que me fui, y dejé de asistir a la iglesia durante años. Tras un largo periodo de tiempo, me mudé a otra ciudad y ahí encontré una iglesia. Al principio estaba reticente, pero finalmente asistí y me involucré. Fue en esta iglesia donde aprendí a tener una relación con Dios. Fue ahí donde finalmente encontré la paz, y pude perdonar a las personas que me habían herido en el pasado. Cuando perdoné, el dolor desapareció y pude encontrar la verdadera felicidad y libertad. —*Sr. Willis*

Oración

Padre, en el nombre de Jesús, te doy gracias por tu amor eterno. Reconozco que tu amor es incondicional. Tú no me miras según mis faltas, sino que me miras a través del velo de la sangre de tu Hijo Jesucristo. Por lo tanto, decido mirar a los demás con tus ojos. Sé que eres el Alfarero y yo soy el barro. Te doy todo el permiso de arreglarme y moldearme a la imagen que te agrade. Sana mi corazón roto. Restaura todas las áreas de mi vida. Quiero volver a estar completo. En el nombre de Jesús.

¡Amén!

16
SANAR LAS HERIDAS DEL PASADO

Mas a vosotros los que teméis mi nombre, nacerá el Sol de justicia, y **en sus alas traerá salvación**; *y saldréis, y saltaréis como becerros de la manada.* (Malaquías 4:2)

Sus ojos estaban llenos de suspenso, su corazón se aceleraba mientras miraba esa maravillosa escena. ¿Es esto real? se preguntaba mientras la voz majestuosa y portentosa atravesaba su alma. *"No temas"*, proclamó la voz, *"porque has hallado gracia delante de Dios. Y ahora, concebirás en tu vientre, y darás a luz un hijo, y llamarás su nombre JESÚS"*.

¿Cómo será posible?, pensaba María. ¿Qué dirá mi prometido? De nuevo la voz declaró:

Este será grande, y será llamado Hijo del Altísimo; y el Señor Dios le dará el trono de David su padre; y reinará sobre la casa de Jacob para siempre, y su reino no tendrá fin. (Lucas 1:30-33)

Y así, mediante un acto sobrenatural de Dios, la Semilla que se convertiría en el Cristo fue depositada en el vientre de María. Él libraría al pueblo de sus pecados en cumplimiento de la palabra profética dada a la serpiente en el huerto del Edén: *"Y pondré enemistad entre ti y la mujer, y entre tu simiente y la simiente suya; ésta te herirá en la cabeza, y tú le herirás en el calcañar"* (Génesis 3:15). Nacería un hombre-niño que revertiría la maldición liberada sobre Adán y Eva por su pecado. Miles de años después, el daño hecho por esa antigua serpiente sería deshecho.

Esta es la historia de la redención: el triunfo de la Simiente de la mujer sobre la serpiente que sedujo, engañó y robó la autoridad del hombre. Esta es la historia de nuestro maravilloso Salvador y Mesías, quien dio su vida para que pudiéramos ser libres. Todo acerca de la historia de la redención es un testamento de la gracia de Dios, la cual nos capacita para poder encontrar sanidad y redención de las heridas del pasado. Adán falló, pero Cristo (el segundo Adán) tuvo éxito.

El propósito de este libro es llevar a los lectores por un camino de sanidad y restauración de las heridas debilitantes que han tenido a tantos viviendo por debajo de la vida que Dios pretende. Quiero ayudar a las personas a encontrar lo que Dios les ha llamado a hacer, y a caminar en la gracia que les capacita para cumplir ese llamado. También quiero ayudar a las personas a reconocer que nuestra verdadera lucha no es con *personas*, sino con el acusador de los hermanos, quien nos acusa cada día delante de Dios y de los demás. Dios desea sacar a la luz las mentiras del enemigo para que usted y yo podamos vivir en libertad y victoria duraderas.

¿Quieres ser sano?

Si recuerda, en el capítulo 1 hablamos sobre cómo Eva fue embrujada por las calumniadoras palabras del enemigo; ella se permitió ser seducida y manipulada mediante una conversación que finalmente le llevaría a su muerte espiritual. ¿Quién habría pensado que una conversación podría costar tanto? Descubrimos que la naturaleza de Satanás es calumniar y acusar a los hijos de Dios, y privar a los creyentes de su vida abundante en Cristo. Sabiendo estas cosas, usted y yo tenemos una decisión muy seria que tomar. ¿Seguiremos en nuestro dolor, temor e ignorancia, o permitiremos que el Espíritu Santo nos restaure por completo?

En Juan 5, el Señor nos da un ejemplo muy poderoso de alguien que experimentó sanidad y plenitud:

Después de estas cosas había una fiesta de los judíos, y subió Jesús a Jerusalén. Y hay en Jerusalén, cerca de la puerta de las ovejas, un *estanque, llamado en hebreo Betesda, el cual tiene cinco pórticos. En éstos yacía una multitud de enfermos, ciegos, cojos y paralíticos, que esperaban el movimiento del agua. Porque un ángel descendía de tiempo en tiempo al estanque, y agitaba el agua; y el que primero descendía al estanque después del movimiento del agua, quedaba sano de cualquier enfermedad que tuviese. Y había allí un hombre que hacía treinta y ocho años que estaba enfermo. Cuando Jesús lo vio acostado, y supo que llevaba ya mucho tiempo así, le dijo: ¿**Quieres ser sano**? Señor, le respondió el enfermo, no tengo quien me meta en el estanque cuando se agita el agua; y entre tanto que yo voy, otro desciende antes que yo. Jesús le dijo: Levántate, toma tu lecho, y anda.* (Juan 5:1-8)

El hombre de esta historia estaba claramente quebrantado y herido, y había estado en esta condición durante mucho tiempo. Pero Jesús aparece en escena, y todo cambia. Quiero que sepa que no importa cuánto tiempo haya estado enfermo, herido o dolido, ¡Jesús es el Sanador! Jesús le hizo al inválido una pregunta muy profunda: *"¿Quieres ser sano?"*. ¿Por qué haría esa pregunta? Podríamos pensar: *¡Por supuesto que el hombre quiere ser sano de nuevo!* Pero la verdad revelada aquí es que debemos tomar una decisión. La sanidad es un asunto de nuestra voluntad; debemos *desear* ser sanados.

LA SANIDAD ES UN ASUNTO DE NUESTRA VOLUNTAD; DEBEMOS *DESEAR* SER SANADOS.

Como sospechará, el hombre del estanque de Betesda comenzó a poner excusas para su condición. Dijo que no había nadie que le llevara al estanque, y todos los demás llegaban allí antes que él. En otras palabras, su enfoque estaba aún en lo que la gente había hecho por él. Durante treinta y ocho años había estado herido y ofendido por otras personas religiosas. Nadie fue compasivo con él. Nadie se tomó el tiempo de entender su situación u ofrecerle ayuda. Pero Jesús se detuvo delante de él, y le hizo la pregunta más poderosa de su vida: *"¿quieres ser sano?"*. Yo le hago la misma pregunta hoy: ¿quiere *usted* ser sano?

¡Las siguientes palabras dichas por nuestro Señor son absolutamente impactantes! *"Levántate, toma tu lecho, y anda"*. Esto fue una orden. Esto fue una invitación. Esto fue otorgar poder. "Levantarse" literalmente significa despertar del sueño o salir del dormitar de la muerte. Este hombre estaba en un estado de muerte espiritual. Jesús fue para resucitarlo de la muerte. El verbo *"toma"* es la palabra griega *airo*, que significa levantar, elevar, o apropiarse. En otras palabras, Jesús lo llamó a un lugar más alto; elevó su pensamiento. Jesús lo llamó a subir por encima de la actitud de victimismo para llegar a una actitud de victoria. Finalmente, Jesús le dijo al hombre del estanque de Betesda que caminase. Esta es la palabra griega *peripateo*, que significa: avanzar, progresar y regular la vida de uno. Jesús le dijo que avanzara. Capacitó a este hombre para que pudiera caminar en el propósito de Dios para su vida.

Jesús nos está llamando a usted y a mí a levantarnos, a tomar nuestro lecho, y a caminar. Ya no estaremos más sentados junto al estanque de la autocompasión, esperando que Dios se mueva en nuestra vida: ¡Él se está moviendo ahora mismo! ¡Hoy es su día de sanidad, liberación, restauración y plenitud!

MENTIRA DE SATANÁS: DIOS NOS MANTIENE ENFERMOS PARA QUE SEAMOS HUMILDES.
#SANARLASHERIDAS

¡Vete y no peques más!

La pregunta permanece: ¿por qué estaba él en esta condición en un principio? Esto es muy importante en nuestra discusión sobre la plenitud y la sanidad, porque cuando descubramos la raíz de la aflicción de este hombre, nos ayudará a permanecer libres.

Cada vez que leo esta historia, siempre me enfoco en la sanidad del hombre del estanque. Pero si nos enfocamos solo en la sanidad, nos perdemos otra parte muy importante de esta historia. En el versículo catorce, Jesús encuentra al hombre en el templo. La Biblia dice: *"Después le halló Jesús en el templo, y le dijo: Mira, has sido sanado; no peques más, para que no te venga alguna cosa peor"* (Juan 5:14).

Recuerde: el hombre había sido incapaz de caminar, había estado en la cama durante más de treinta y ocho años. Yo hubiera pensado que Jesús diría algo parecido a: "Oye, es bueno verte de pie ¡y caminando por aquí!". Pero en su lugar, Jesús le dice al hombre que no peque más para que no le venga otra cosa peor. ¿Por qué? En la hermenéutica bíblica hay algo que llamamos la interpretación bíblica implícita. La implicación en este texto en particular es que fue el pecado del hombre lo que le hizo ser inválido. No nació así. Su pecado no solo le dejó en esa condición, sino que su actitud lo *mantuvo* en esa condición. Por eso Jesús confrontó su mentalidad. Le dijo que recordara de dónde venía. Jesús quería que él entendiera el valor de su sanidad para que nunca volviera atrás.

Muchos creyentes han quedado incapacitados por la ofensa y la amargura. Como este hombre del estanque de Betesda, se han visto incapaces de moverse y de operar en las cosas de Dios. El Señor quiere que vivamos en plenitud. Quiere que caminemos en nuestro propósito. Esto solo se puede conseguir cuando rehusamos participar en cosas que nos llevan a la atadura y el quebranto. Tiene una decisión que tomar: caminar en libertad o vivir encadenado a una silla. ¡La decisión es suya! Debemos rehusar participar en la calumnia y el chisme, porque estas cosas no promueven la sanidad.

ES SOLO LA PERSONA ENFERMA QUIEN CALUMNIA; LA PERSONA SANA DECLARA VIDA.

¿Alguna vez ha observado que Jesús sanó a este hombre con el propósito de que él testificara acerca de Cristo? En el versículo 13 leemos que no sabía quién era este hombre que le había sanado porque Jesús se había ido para evitar a la multitud. Después, cuando Jesús le encuentra en el templo y dice: *"Mira, has sido sanado; no peques más, para que no te venga alguna cosa peor"*, el hombre sintió la plenitud de su ser *espiritual*, no solo el físico, y de repente sabía que este hombre debía ser Dios. El siguiente versículo dice: *"El hombre se fue, y dio aviso a los judíos, que Jesús era el que le había sanado"* (Juan 5:15).

Cuando somos sanados y experimentamos el perdón de Cristo, tampoco nosotros podemos hacer otra cosa que reconocer que la sanidad espiritual solo puede venir a través de Dios, y damos testimonio de su santa presencia, contándoles a todos los que nos rodean lo que Él hizo. Esta es la señal de un creyente sanado, de una iglesia sanada. Usan su boca para testificar de Cristo, como María, en vez de prestar oído a la murmuración y participar de la calumnia, como Eva.

Sanar el corazón quebrantado

En el libro de Lucas, la Biblia registra:

Vino a Nazaret, donde se había criado; y en el día de reposo entró en la sinagoga, conforme a su costumbre, y se levantó a leer. Y se le dio el libro del profeta Isaías; y habiendo abierto el libro, halló el lugar donde estaba escrito: El Espíritu del Señor está sobre mí, por cuanto me ha ungido para dar buenas nuevas a los pobres; me ha enviado a sanar a los quebrantados de corazón; a pregonar libertad a los cautivos, y vista a los ciegos; a poner en libertad a los oprimidos; a predicar el año agradable del Señor. (Lucas 4:16-19)

> **MENTIRA DE SATANÁS: EL PERDÓN DEPENDE DE LA OTRA PERSONA.**
> #SANARLASHERIDAS

Jesús fue ungido por el Padre para sanar a los quebrantados de corazón (entre otras cosas), y para proclamar el año agradable del Señor. ¿Tiene quebrantado su corazón? ¿Ha experimentado el dolor de la traición? Si la respuesta es sí, entonces es un candidato a la sanidad. La buena noticia es que Dios quiere que usted sea sanado. Anhela restaurarlo en cada área de su vida.

Quizá haya sido víctima de la calumnia o la murmuración. Quizá haya sufrido abuso dentro de la iglesia, o tal vez haya calumniado a otros. No importa cuál sea su situación, el remedio sigue siendo el mismo. Debe perdonar. Debe perdonar a otros, y debe perdonarse a usted mismo. Esta es la única forma de recibir la unción que destruye todo yugo, y levanta toda carga de su vida. Esto no es algo teórico para mí; estoy hablando por experiencia personal. El Señor me sanó del dolor y de la traición de la iglesia. La clave es decidir avanzar.

Setenta veces siete

Es importante que entendamos que las personas no son perfectas. Todos conocen esta mentalidad, pero es algo totalmente distinto entenderlo *espiritualmente*. Antes dijimos que la acusación es la naturaleza de Satanás, y esto implicaría que la ofensa siempre es el resultado que quiere conseguir el enemigo. La Biblia nos dice que no le demos lugar. La Biblia continúa diciendo que si alguien tiene algo contra alguien, así como Cristo nos perdonó, también debemos nosotros perdonar a otros. No hay otra manera para sanar que perdonando.

CUANDO USTED SE AFERRA A LA FALTA DE PERDÓN, LA ÚNICA PERSONA QUE SE ESTÁ LASTIMANDO ES USTED MISMO.

A menudo pensamos que el perdón depende de las acciones de otros, pero ¡eso es absolutamente falso! La Biblia dice que aun siendo pecadores, Cristo murió por nosotros (véase Romanos 5:8). Él nos perdonó antes de que reconociéramos nuestros pecados. Para poder *recibir* el perdón debemos arrepentirnos, pero el perdón se nos *dio* como un acto solamente de la gracia de Dios. ¿Por qué es esto importante? La Biblia dice que debemos perdonar como Cristo nos perdonó. El último acto del Señor en la cruz fue decir: "Padre, perdónalos porque no saben lo que hacen" (véase Lucas 23:34).

Quizá me diga: "¡Yo no puedo perdonar!", pero cuando usted se aferra a la falta de perdón, la única persona que se está lastimando es usted mismo. Muchos creyentes están siendo atormentados por el enemigo porque rehúsan perdonar. De hecho, estábamos teniendo una reunión de sanidad y muchas personas sufrían de enfermedades físicas en sus cuerpos. Algunos de ellos tenían artritis, otros tenían fibromialgia, y otros la enfermedad de Crohn. Amaban a Dios y eran personas de fe, pero parecía que no podían obtener sanidad.

Cuando empecé a orar por las personas, el Espíritu Santo me reveló que el culpable que estaba detrás de su aflicción era la ofensa. La gran mayoría de esas ofensas se produjeron en la iglesia. Algunos incluso fueron ofendidos por sus pastores. Esas preciosas personas habían abierto sus corazones a las ofensas, y así habían abierto su cuerpo físico a enfermedades. El Señor me dijo que guiara a la gente con una oración de arrepentimiento y perdón por albergar ofensas. ¿Se creerá usted que las personas comenzaron a recibir la sanidad física al instante? Las artritis fueron sanadas. La fibromialgia fue sanada. ¡La esclerosis múltiple fue sanada!

Las Escrituras nos dicen que a medida que los tiempos se vuelvan más oscuros, una de las señales de los tiempos será la ofensa (véase Mateo 24:10). El corazón de las personas se enfriará; habrá divisiones y dolor. Mire nuestra nación. Fue necesario un tiroteo en Charleston, Carolina del Sur, en 2015, para que las personas de distintos grupos étnicos y trasfondos se unieran para orar. Es porque hay un espíritu de división en la tierra. Es una señal de los tiempos en que vivimos. Pero si nos aferramos a la Palabra de Dios, podemos vivir por encima de la ofensa. Podemos vivir, y trabajar, y *amar* por encima de ella.

Durante demasiado tiempo la iglesia ha recibido indicaciones de la cultura pop en lugar de ser quien establece el estándar para la sociedad. ¡Ya no podemos permitir que el mundo nos dicte cómo debiéramos pensar y vivir! Unámonos en un toque de trompeta para que la iglesia se levante y sea lo que Dios siempre nos ha llamado a ser desde un principio. No importa lo que suceda en la Casa Blanca, solamente importa lo que suceda en la casa de Dios. *Eso* es lo que determinará el destino de la sociedad, y no el presidente, ni el vicepresidente, ni el secretario de estado, ni el portavoz de la casa, sino los hijos de Dios en la casa de Dios, porque la Biblia dice que *ese* es el pilar y el fundamento de la verdad.

Diez características de una iglesia del reino

A menudo hablamos de las cosas erróneas de la iglesia, pero pocas personas saben lo que debe ser una iglesia. Hasta que no entendamos el bosquejo espiritual para la iglesia, seguiremos frustrados por las aparentes faltas que vemos. Si está buscando una iglesia, o considerando comprometerse con una iglesia que actualmente está visitando, quizá se pregunte: *¿Cómo sé si es la adecuada para mí y mi familia?* La respuesta es que nunca encontrará "la ideal"; ¡todas las iglesias son imperfectas! Sin embargo, si la iglesia es una iglesia del reino, será una bendición para usted, y usted será una bendición para ella. Estas son diez características de una iglesia del reino:

1. Hay una cultura neotestamentaria de capacitación y equipamiento de todos los santos para hacer la obra del ministerio. Se anima a la gente a participar en su propio desarrollo y crecimiento espiritual. En una iglesia del reino, los dones espirituales se identifican, se activan y se celebran.

2. Las iglesias del reino no son territoriales y competitivas. El liderazgo no edifica la confianza menospreciando a otras iglesias y líderes, sino mediante asociaciones estratégicas que acentúan el valor de otros ministerios y líderes. Las iglesias del reino y sus líderes no compiten por miembros, sino que dan a luz hijos e hijas a través del evangelismo y el discipulado.

3. La gloria de Dios se manifiesta a través de una cultura de adoración, fe, honor y amor. La presencia de Dios es la búsqueda más alta; sanidad, restauración y el avance del reino de Dios es el resultado.

4. El evangelio no adulterado se predica con señales y maravillas que le siguen. Hay una auténtica demostración del poder de Dios que es evidente a través de las vidas tanto del pastor como de las ovejas.

5. Hay un fuerte énfasis en que las personas sean *transformadas*, en vez de tan solo *desempeñar* roles religiosos y responsabilidades dentro de un sistema jerárquico. Las personas no son solo números; son componentes esenciales de una comunidad espiritual viviente. El enfoque no está en las actividades, sino en llegar a convertirse en hijos e hijas activamente involucrados.

6. Hay un sistema bíblico de rendir cuentas basado en un deseo genuino de agradar a Dios, en vez de la manipulación y el control basados en la inseguridad. Las personas rinden cuentas en base a los estándares del discipulado establecidos en la Palabra de Dios.

7. Hay una atmósfera de diversidad, tanto cultural como étnicamente. Si cada uno en la iglesia fuera exactamente como usted, habría una incongruencia entre el mensaje creído y el mensaje proclamado. El reino refleja a toda nación, tribu y lengua. El crecimiento y la madurez son evidentes, tanto cualitativa como cuantitativamente.

8. Se anima a las personas a ser de impacto en su esfera de influencia. Esto extiende el alcance del mensaje más allá de las cuatro paredes del edificio de la iglesia. Las iglesias del reino impactan naciones.

9. La meta principal es edificar personas en vez de infraestructuras. La infraestructura solo se ve como un medio para albergar la visión y

madurar creyentes. Los anuncios desde el frente no son todos acerca de pedir dinero para el siguiente proyecto, sino acerca de invitar a las personas a las oportunidades para crecer espiritualmente.

10. Se desalientan con fuerza la ambición personal, el orgullo y la murmuración porque crean un entorno tóxico que desarma al creyente, y estanca el crecimiento espiritual. En su lugar, hay un enfoque muy fuerte en el ánimo mutuo, la edificación y la verdad.

Esta no pretende ser en modo alguno una lista exhaustiva de atributos, sino más bien una guía para ayudarle a identificar características que le ayudarán en su crecimiento espiritual como creyente. Recuerde también que la iglesia no se trata solo de su crecimiento espiritual, sino del avance del reino de Dios dentro de la comunidad, tanto local como globalmente. Una vez que se compromete con una iglesia, la mejor pregunta que se puede hacer no es: "¿Cómo puede suplir la iglesia mis necesidades?", sino más bien: "¿Cómo puedo suplir yo las necesidades de la iglesia?".

LA MEJOR PREGUNTA QUE SE PUEDE HACER NO ES: "¿CÓMO PUEDE SUPLIR LA IGLESIA MIS NECESIDADES?", SINO MÁS BIEN: "¿CÓMO PUEDO SUPLIR YO LAS NECESIDADES DE LA IGLESIA?".

El poder de la bendición

La Biblia nos dice en el libro de Efesios que somos bendecidos con toda bendición espiritual en los lugares celestiales en Cristo Jesús. El escritor de Efesios usa una palabra griega muy interesante: es la palabra *eulogia*, que significa *una bendición oral*. De aquí obtenemos la palabra *panegírico*. Un panegírico, o elogio, es una bendición declarada sobre una persona en su funeral. Es un anuncio de sus buenas cualidades, carácter y atributos.

En un sentido, Dios nos ha elogiado. Ha proclamado una bendición de primogenitura espiritual sobre sus hijos. Una de las claves para caminar en sanidad y mantener la plenitud es proclamar la bendición. La calumnia es una maldición. El chisme es una maldición. Estas cosas no salen del corazón de Dios, sino que fluyen del corazón perverso del acusador mismo. Como el rey Balac, Satanás desea maldecir a los hijos de Dios y busca usar a los cristianos para hacer el trabajo sucio.

La clave para una libertad y sanidad duraderas es el poder de la bendición. En vez de revivir su pasado, declare la bendición. En vez de regodearse en amargura y derrota, declare la bendición. Al hacerlo está liberando el poder sobrenatural de Dios para sanar y restaurar. Dígase lo bendecido que está. Dígase lo amado que es. Dígase lo poderoso que es en Cristo. Hable la verdad. Usted es más que un vencedor. Usted es el hijo del Altísimo. Usted es sanado y liberado por las llagas de Jesucristo. Nunca volverá a vivir en esclavitud.

> MENTIRA DE SATANÁS: USTED NO PUEDE HACER NADA CON SU SITUACIÓN.
> #SANARLASHERIDAS

Es tiempo de que la Iglesia reconozca que el acusador de los hermanos es nuestro enemigo. Es tiempo de que despojemos la máscara de su plan siniestro para destruir a la Iglesia desde dentro. Es tiempo de que nos pongamos la armadura de luz, y seamos la iluminación que necesita este mundo oscuro. ¿Cómo sería la Iglesia si de verdad caminásemos en amor unos con otros? ¿Cuántas personas serían sanadas si aprendiéramos a decir *no* a la murmuración, la calumnia y la ofensa? ¿Cuántos de nuestros hermanos y hermanas caídos serían restaurados si aprendiéramos a declarar bendición en vez de maldición?

Dios ha puesto delante de nosotros la vida y la muerte.

Hermanos y hermanas, ¡ahora es el tiempo de *escoger la vida!*

Los corazones de los padres

El plan de Dios es restaurar su Iglesia. ¡Todo su plan es la restauración! Dios Padre desea restaurar matrimonios, relaciones familiares, buenas amistades y comunidades. Todo esto comienza con su restauración de nuestra alma, como dice el Salmo 23, que comienza con la salvación. Cuando nuestra alma es restaurada, nuestra vida es restaurada.

"El hará volver el corazón de los padres hacia los hijos, y el corazón de los hijos hacia los padres, no sea que yo venga y hiera la tierra con maldición" (Malaquías 4:6). Este es un versículo maravilloso. Está hablando directamente sobre la Palabra de Dios, mediante la predicación del segundo Elías, volviendo los corazones a su estado original: orientado hacia Dios, y hacia los demás. Esto sigue siendo totalmente relevante y esencial para el mundo de hoy. Los creyentes a menudo luchan en sus relaciones unos con otros debido al estado de su relación *con Dios*. ¿Está su corazón orientado hacia Dios, su Padre celestial? ¿O su actitud ha sido la de "Sí, es mi Padre, pero..."? ¿Realmente ha pensado lo importante que es estar sintonizado con Él, y que estar sintonizado con Él afecta a todas sus relaciones?

NO HAY CRISTIANDAD SIN COMUNIDAD

Ahora bien, quizá algunos no estén de acuerdo y digan: "Mi relación con Dios es buena; no tiene nada que ver con mis relaciones con las personas", o incluso: "Yo tengo al Señor y no necesito a nadie más". No hay manera de que ninguna de estas dos declaraciones sea cierta. ¿Por qué? Porque el ministerio que hemos recibido cada uno tiene que ver con la conexión. Nuestra conexión con el Padre nos capacita para conectar genuinamente con otras personas, *especialmente* con otros creyentes.

Dediquemos un momento a mirar el papel del padre en una familia como un ejemplo. Naturalmente, uno de los papeles clave para los padres es edificar la familia. Por esta razón, Dios desea que el padre sea el cabeza de familia. Los padres también representan fortaleza y estabilidad. Ahora bien, no estoy diciendo que las familias carezcan de estas cosas si el padre no está presente, ¡porque las madres son vitales y asombrosas! Sin embargo, el modelo de Dios para la familia es que tanto el padre como la madre personifiquen, ilustren, y cumplan papeles específicos en las vidas de los niños.

¿Qué tiene que ver eso con la Iglesia? Una relación sana y próspera con Dios Padre fomenta un cuerpo de creyentes sano y próspero. Se dice que el setenta y cinco por ciento del desarrollo de un niño se puede atribuir a la presencia del padre en el hogar. Esto sirve tanto a nivel individual como colectivo para cada creyente y, por lo tanto, para cada iglesia. En *Grace & Peace Global Fellowship* creamos deliberadamente oportunidades para conectar unos con otros, desde un tiempo de saludos y abrazos cada vez que vamos a la iglesia, hasta *House of Grace* (Casa de Gracia), nuestros grupos regulares para el hogar. La iglesia solo es posible cuando hacemos las cosas del modo que Dios dice que las hagamos, cuando nos tratamos entre nosotros como Dios dice que lo hagamos, y cuando seguimos la guía del Espíritu Santo, lo cual siempre confirma las palabras que Dios ya ha declarado. Gálatas 3:26 dice: *"pues todos sois hijos de Dios por la fe en Cristo Jesús"*. El cuerpo de Cristo *no* es ilegítimo; *somos* hijos e hijas del Dios Altísimo.

Cuando nuestro corazón está siempre mirando al Señor, siempre está también abierto a otros. Creo que Dios está levantando una generación de padres que restaurarán los corazones de los hijos e hijas. Este es el siguiente gran mover del Espíritu de Dios en la tierra. Imagínese una compañía de hijos e hijas que abrazan su identidad en Dios, y se levantan para liberar el reino en todas las esferas de la sociedad. El Padre no nos acusa o condena, sino más bien nos llama a tal grandeza y propósito. Él anhela sanar al quebrantado de corazón y al herido. Ahora es el tiempo de que la Iglesia se levante y sea restaurada. Ahora es el tiempo de rechazar la calumnia, la murmuración y la ofensa porque no provienen del Padre. Ahora es el tiempo de experimentar sanidad y plenitud en nuestro corazón, ¡para que podamos cumplir la Gran Comisión!

Preguntas de discusión

1. ¿Qué podemos aprender sobre nuestro proceso de sanidad de la historia del hombre en el estanque de Betesda?
2. ¿Cómo puede usted declarar bendición a su propia vida?
3. ¿Cuáles son algunas de las formas en que puede aplicar, y aplicará, las características del reino a su vida, comenzando hoy mismo?

Práctica

1. ¿Tiene el corazón roto por las heridas del pasado? ¿Desea ser sanado? Declare que hoy es su día de sanidad, liberación, restauración y plenitud. Pida perdón y perdone cuando Dios le revele la necesidad.

2. ¿Alguna vez ha pensado lo que está buscando en la iglesia? Aunque esté contento de ser parte de esa iglesia, haga una lista de lo que es importante para usted en una iglesia, usando este capítulo como referencia.

3. Describa cómo su relación con Dios, su Padre celestial, se compara/contrasta con su relación con su padre terrenal. ¿De qué formas estas relaciones le han afectado a usted, y a su forma de relacionarse con otras personas? En base a lo que ha leído en este libro, piense en cómo Dios verdaderamente se siente respecto a usted, qué piensa de usted, cuánto le ha amado siempre, y cuánto le amará. Pida a Dios que siga moldeándolo, como el barro, a su imagen, para que su amor, y no la ofensa, dicte su conversación y sus acciones. ¿Cómo puede buscar la restauración en su vida?

Testimonio

> Cuando llegué por primera vez a *Grace & Peace Global Fellowship*, realmente no conocía mi lugar. Había estado involucrada en el ministerio antes, pero me había desilusionado con todo ello. Tras escuchar las enseñanzas y recibir el entrenamiento que necesitaba, comencé a experimentar sanidad y restauración. Ahora puedo caminar en mi don con confianza y gozo, sabiendo que Dios me ama, y que puedo caminar en victoria.
> —Kathy

Oración

Padre, en el nombre de Jesús, te doy gracias por quien eres y por todo lo que has hecho en mi vida. Te doy gracias porque tu Palabra nunca vuelve a ti vacía, sino que cumple todo aquello para lo que fue enviada. Tú deseas que camine en plenitud. Tú deseas que experimente tu poder sanador en cada área de mi vida. Hoy decido perdonar libremente a todos los que me han herido. Decido soltar las heridas del pasado, y caminar en tu propósito para mi vida. Como el hombre del estanque de Betesda, me levantaré, tomaré mi lecho, y caminaré. Me doy cuenta hoy de que mi destino es más poderoso que mi dolor. Mi propósito es mayor que mis problemas. A partir de este día, camino en la bendición del Señor, que enriquece y no añade tristeza con ella a mi vida. En el precioso nombre de Jesús, te lo pido.

¡Amén!

ACERCA DEL AUTOR

El Dr. Kynan T. Bridges es el pastor principal de *Grace & Peace Global Fellowship* en Tampa, Florida. Con una profunda revelación de la Palabra de Dios y un ministerio de enseñanza dinámico, el Dr. Bridges ha revolucionado las vidas de muchos en el cuerpo de Cristo. A través de su enfoque práctico para aplicar las profundas verdades de la Palabra de Dios, revela la autoridad e identidad del creyente del nuevo pacto.

Dios ha depositado sobre el Dr. Bridges una peculiar unción para entender y enseñar las Escrituras, además de los dones de profecía y sanidad. El Dr. Bridges y su esposa Gloria, mediante una unción apostólica, están comprometidos a equipar al cuerpo de Cristo para que viva en lo sobrenatural cada día, y para cumplir la Gran Comisión. El deseo del Dr. Bridges es ver las naciones transformadas por el amor incondicional de Dios.

Conferencista muy solicitado y autor de varios libros, incluidos *Kingdom Authority* (Whitaker House, 2015) y *The Power of Prophetic Prayer* (Whitaker House, 2016), el Dr. Bridges es también un esposo comprometido, mentor y padre de cuatro preciosos hijos: Ella, Naomi, Isaac e Israel.

Norma Oquendo